어메이징
한국사

어메이징 한국사

초판 1쇄 발행 2012년 10월 10일 ＼**초판 3쇄 발행** 2014년 11월 25일

지은이 도현신 ＼**펴낸이** 이영선 ＼**편집 이사** 강영선 ＼**주간** 김선정 ＼**편집장** 김문정
편집 임경훈 김종훈 김경란 하선정 ＼**디자인** 정경아
마케팅 김일신 이호석 김연수 ＼**관리** 박정래 손미경

펴낸곳 서해문집 ＼**출판등록** 1989년 3월 16일(제406-2005-000047호)
주소 경기도 파주시 광인사길 217(파주출판도시) ＼**전화** (031)955-7470 ＼**팩스** (031)955-7469
홈페이지 www.booksea.co.kr ＼**이메일** shmj21@hanmail.net

ⓒ도현신, 2012

ISBN 978-89-7483-537-8 43900
값 11,900원

이 도서의 국립중앙도서관 출판시도서목록(CIP)은 e-CIP 홈페이지(http://www.nl.go.kr/ecip)에서
이용하실 수 있습니다.(CIP제어번호: CIP2012004361)

상식을 되집고 오류를 바로잡고 진실을 파고드는

어메이징
한국사

서해문집

역사, 좋아하십니까?

지금 이 책을 배우고 있는 청소년, 그리고 우리나라에서 중고등학교를 다닌 성인들 중 이 질문에 쉽게 "그렇다."라고 대답하는 사람은 많지 않을 것이다.

그것은 사실 입시 위주의 우리 교육 시스템 탓이 크다. 시험을 치르고 그에 따라 점수를 매겨야 했기 때문에 청소년 시기 학교 역사 수업은 전체적인 역사 흐름을 조망할 수 있는 내용보다는 연대표나 중요한 사건들의 암기가 많을 수밖에 없었다.

《어메이징 한국사》《어메이징 세계사》두 권의 책은 청소년 시기 역사수업, 역사 교과서가 부족했던 부분을 채워 주고, 역사로 더 깊이 들어갈 수 있는 계기를 만들어 주기 위해 쓰게 된 책이다. 구체적으로, 교과서가 한정된 지면 때문에 일부분만 소개한 역사적 사건 중 꼭 알아야 하고 흥미를 끌 만한 것들을 찾아내 그 내용에 깊이를 더하고 풍부한 주변 이야기들을 덧붙였다. 또한 강대국의 시선으로 보고 서구의 입장에서 해석했던 내용들을 다시 끄집어내 균형된 시각으로 다시 풀어냈으며, 우연한 계기에 의해 잘못 알려진 역사적 지식을, 사실과 상식적 논리에 입각하여 바로잡았다. 그리고 일반에게 잘 알려지지 않은 역사적 사실 중 특히 지금 시기에 큰 의미가 있는 것들을 찾아서 소개했다. 전체적으로 교양 역사서의 모습을 띠면서도 실제 청소년들의 역사 교과와도 긍정적인 상호작용을 할 수 있도록 힘을 기울였다.

우리나라는 지정학적으로 강대국들에 둘러싸여 있고, 활발한 무역과 해외교류를 통해야만 국가경제가 유지되는 상황에 있다. 또한 남과 북의 통일이라는 중대한 세계사적 사건을 준비해야 한다. 따라서 우리와 세계의 역사적 흐름을 이해하고 그것을 통찰하는 능력이 있어야만 시시각각 변하는 국제정세 속에서 우리의 목소리를 내고 우리의 미래를 우리 힘으로 결정할 수 있다.

그 시작은 바로 역사에 흥미를 갖는 것에서부터 시작된다. 그 소중한 초석을 쌓는 일에 《어메이징 한국사》《어메이징 세계사》가 작은 보탬이 된다면 더 바랄 것이 없다.

2012년 9월,
저자 도현신

平壤城於西始稱朝鮮人檀君都於白岳山阿斯達又名

1

고조선은
어떤
나라였을까?

학교에서 정규교육을 받은 사람이라면 누구나 우리의 시조는 단군이라고 말할 것이다. 그리고 단군이 세운 나라가 고조선이라는 것도 당연히 알고 있을 것이다.

그러나 한국사 최초의 나라인 고조선이 대체 어떤 나라였는가에 대해서는 누구도 확실하게 대답하지 못한다. 고조선의 영토가 어디에서 어디까지 자리 잡고 있었는지, 고조선 사람들이 어떤 말을 썼는지, 어떤 옷을 입었는지, 어떤 음식을 먹었는지, 어떤 글자를 썼는지, 어떤 생각을 가지고 살았는지에 대해서는 제대로 밝혀진 바가 없다.

《환단고기》나 《규원사화》《단기고사》 같은 사서들은 고조선이 중국과 만주를 포함한 동아시아 대륙 전체를 지배했던 대제국이었다고 서술하고 있다. 그러나 이런 책들은 20세기 초, 국수주의적인 사관에 입각하여 서술된 위서라고 평가받고 있어 그대로 믿을 수는 없다.

그렇다면 우리는 고조선이라는 나라의 윤곽을 어떻게 파악해야 할까?

고조선의
영토

현재 고조선에 대해 남아 있는 기록들은 그 양이 많지 않다. 더욱이 자료의 대부분이 외부인인 중국인들이 남긴 것이라 고조선이라는 나라의 실체와 진면목을 파악하기 어렵다. 하지만 고조선을 알기 위해서는 어쩔 수 없이 그들이 기록한 내용이라도 참조할 수밖에 없다.

삼국유사에 기록된 고조선의 시조인 단군왕검.

고려 말기의 승려인 일연이 1281년에 지은 역사서 《삼국유사》에 따르면, 고조선은 기원전 2333년경, 하늘에서 내려온 환웅의 아들인 단군왕검이 지금의 평양인 아사달에 도읍을 마련하고 약 1400년 동안 다스렸다고 한다. 그러나 단군왕검에 대한 내용은 지극히 신화적이라 역사적 사실로 받아들이기는 어렵다.

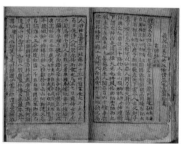

고조선과 단군왕검에 대해 언급하고 있는 역사서인 《삼국유사》.

《삼국유사》를 제외한다면, 고조선에 관련한 최초의 기록은 전국시대 말기 무렵이다. 고대 중국의 신화와 지리를 편찬한 사서인 《산해경》의 '해내북경'에 의하면, 조선은 열양의 동쪽과 바다 북쪽 산의 남쪽에 있다고 서술되어 있다.

또한 한나라의 역사가 사마천이 지은 사서인《사기》의 '소진전'에는 "연나라의 동쪽에 조선이 있다."라는 짤막한 내용이 보인다.

중국의 삼국시대, 위나라의 역사를 다룬 위략의 주에 인용된 내용이다. 전국시대 7국의 하나이자 지금의 북경 지역을 중심으로 활동하던 연나라가 왕을 칭하자, 고조선의 후侯 역시 스스로를 높여 왕이라 일컬었다고 한다. 후라는 것은 고대 중국의 주나라에서 비롯된 작위인데, 요즘 말로 하면 귀족의 5등급(공작, 후작, 백작, 자작, 남작)에서 두 번째인 후작侯爵인 셈이다.

참고로 중국의 춘추전국시대 당시, 중국 각 나라의 지배자들이 왕이라고 칭한 것은 전국시대로 접어든 이후이며, 그 이전까지는 종주

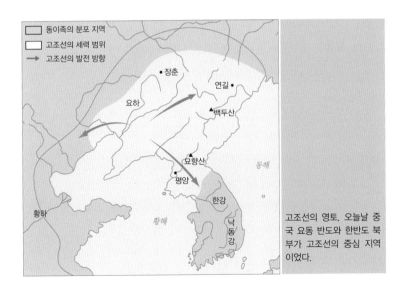

□ 동이족의 분포 지역
□ 고조선의 세력 범위
→ 고조선의 발전 방향

장춘

연길

요하

백두산

묘향산

동해

평양

한강

황하

황해

낙동강

고조선의 영토. 오늘날 중국 요동 반도와 한반도 북부가 고조선의 중심 지역이었다.

국인 주나라의 권위를 존중하여 공작公爵인 공公의 칭호를 쓰는 데 그쳤다. 만약 고조선의 통치자가 정말로 처음에는 후라고 했다가 연나라의 영향을 받아 왕이라고 했다면, 고조선도 형식적이나마 주나라의 권위를 인정하고 있었던 셈이다.

고조선은 지리적인 관계상, 주로 연나라와 싸웠는데 연나라 사람들은 고조선을 가리켜 '잔인하고 교만한 자들'이라고 불렀다고 한다. 고조선에 대한 감정이 매우 나빴던 것이다. 지금도 주변 국가들끼리는 서로 이권이 겹치고 싸울 일이 많아 사이가 나쁜 경우가 대부분이다. 영국과 아일랜드, 러시아와 폴란드, 터키와 그리스, 중국과 베트남만 보아도 그렇다.

고조선은 기원전 4세기 무렵, 연나라의 장수 진개가 이끌고 쳐들어온 침략군에 의해 큰 타격을 입고 영토 2000리를 빼앗겼다고 한다. 진개는 고조선으로부터 빼앗은 영토에 연진장성이라는 성을 쌓았는데, 그 흔적은 요동 반도에서 압록강 지역에까지 이르렀다고 전해진다. 아마 철제 무기로 무장한 연나라 군대에 비해 청동제 무기를 가진 고조선 군대가 불리했던 것 같다.

연나라에서 건너온 위만, 조선 왕이 되다

진나라의 진시황이 중국을 통일하자 연나라가 고조선에게서 빼앗은 땅은 고스란히 진나라의 차지가 된다. 그러나 진시황 사후, 진나라가 항우와 유방이 주동이 된 반란으로 멸망하고 중국이 격렬한 내분에 휩싸이자, 중국과 조선 경계의 땅은 제대로 관리되지 않아 사실상 방치 상태에 있었다.

《초한지》에 잘 묘사된 것처럼 유방은 항우를 쓰러뜨리고 한나라를 세워 중국을 통일하는 데 성공한다. 그러나 그는 지나치게 의심과 시기심이 많았다. 그는 황제가 되자, 자신을 도와 중국을 통일한 한신과 영포 같은 공신들을 대부분 숙청해 버린다. 심지어 자신의 절친한 벗인 노관마저 위협하는 바람에 그는 한나라의 적국인 흉노로 망명하고 말았다.

이때 심상치 않은 인물의 이름이 등장하는데 바로 위만이다. 그는 자신을 따르는 무리 1000여 명을 이끌고 머리카락을 상투처럼 틀고, 오랑캐(만이蠻夷)의 복장을 하고서 조선으로 건너갔다고 한다. 위만이 했다는 상투와 오랑캐 복장은 고조선인들의 머리카락과 복식인 듯하다.

고조선으로 이주한 위만은 진나라가 진개 시절, 차지했던 고조선의 땅에 자리를 잡고 점차 세력을 길렀다. 고려 말, 일연이 편찬한 《삼국유사》에 의하면 위만은 고조선의 준왕을 몰아내고 자신이 고조선의 왕이 되었다고 전한다. 위만에게 쫓겨난 준왕은 지금의 한반도 중부로 도망쳐서 진국을 세우고 진왕이라 불렸다고 덧붙였다.

고조선의 왕이 중국에서 온 망명자 위만이었다는 사실에 당혹스러움을 느낄 사람도 있을 것이다.

그러나 18세기 말, 제정 러시아를 다스린 여황제 예카테리나는 본래 독일 귀족이었다. 20세기 중엽, 소련을 통치한 스탈린은 그루지야인이었다. 그렇다고 러시아와 소련 역사가 독일이나 그루지야 역사로 종속되지는 않는다.

만약 위만이 중국 문물의 힘을 등에 업고 고조선인들을 위압시키려 했다면 중국인의 옷과 복식을 하고 나타났겠지만, 그는 조선식 상투를 틀고 조선의 옷을 입었다. 이는 그가 스스로 조선인이 되려 했으며, 자신이 적극적으로 조선에 동화되겠다는 열망을 뜻한다.

비슷한 예로 남월국을 세워 오늘날 베트남인들에게 초대 황제로 인정받는 조타도 그렇다. 그는 원래 진시황이 파견한 관리였지만, 진나라가 망한 틈을 타서 남쪽에서 자립했는데, 한나라 사신이 그를 접견했을 당시 남월인들의 방식대로 옷과 상투를 틀고 있었다고 한다. 조타 역시, 위만처럼 원주민들인 남월인들의 문화를 받아들이고 그들에게 사실상 동화되었던 것이다.

이렇게 해서 기원전 194년, 고조선 왕에 오른 위만은 왕검을 도읍으로 하고, 주변의 이민족들을 복속시켜 사방 수천 리의 영토를 확보했다. 그리고 위만의 손자인 우거가 다스릴 무렵에는 한나라에서 고조선으로 도망쳐 오는 사람들이 많았다. 고조선은 한나라에 스스로를 신하라 칭하기를 거부했으며, 주변 국가들이 한나라와 외교 관계를 맺으러 사신을 보내는 길도 막았다. 오늘날로 비유하면 고조선은 중동에서 나름대로 지역 강국이 되려고 했던 이라크와 비슷했던 것같다.

한나라와의
전쟁

그러나 고조선의 좋은 시절은
오래가지 못했다. 팽창주의 정
책을 펼치던 한무제가 등극하
자, 한나라는 더 이상 조고선을
가만히 두지 않았다. 기원전
109년, 한무제는 섭하를 고조선
에 사신으로 보내 한나라에 복
속할 것을 강요하였다.

진시황에 이어 중국의 영토를 크게 넓힌 강력한
군주로 평가받는 한무제.

하지만 고조선 왕인 우거가
끝내 거부하자, 섭하는 한나라
로 돌아가던 도중에 자신을 배
웅하러 나온 고조선의 비왕裨王

장長을 찔러 죽였다. 말할 것도 없이 매우 비열한 짓이었다. 그러나 이
사실을 보고받은 한무제는 섭하를 전혀 처벌하지 않고, 오히려 그를
칭찬하며 요동을 다스리는 동부도위東部都尉에 임명하였다. 벼슬을 받
은 섭하는 의기양양하게 부임지로 갔다가, 분노한 고조선인들에게 죽
임을 당한다.

어쩌면 이것은 한무제가 일부러 고조선과의 전쟁을 결심하고 벌인
일일지도 모르겠다. 섭하의 죽음을 핑계로 조선을 공격할 명분을 만

말을 탄 기마병을 묘사한 한나라 시대의 인형.

들기 위함이 아니었을까? 비슷한 예로 19세기 중엽, 메이지 유신 당시 일본에서도 호전적인 극우 인사 사이고 다카모리는 자신이 조선에 사신으로 가면, 조선 왕을 모독하는 말을 하여 그들이 자신을 해치게 할 터이니, 그것을 빌미로 삼아 조선을 공격하라는 계획을 세우기도 했었다.

이리하여 한무제는 고조선과의 전쟁을 선포하고, 죄수들을 병사로 모집해 조선 원정군을 일으켰다. 먼저 누선장군 양복에게 5만 명의 군사를 주고, 좌장군 순체에게 요동에서 출정하여 고조선을 공격하게 하였다.

하지만 고조선은 만만한 상대가 아니었다. 순체가 거느린 졸정卒正 다多라는 사람은 먼저 요동 군사를 이끌고 멋대로 진격하였으나, 고조선군과의 싸움에서 패하고 도망쳐 왔다. 다는 순체에 의해 곧바로 군법 위반으로 참수당한다.

누선장군 양복은 제나라 출신 군사 7000명을 거느리고 고조선의 수도인 왕검성으로 쳐들어갔으나, 성을 나온 고조선 군사들에게 격파당하고 다처럼 달아나 버렸다. 이때의 정황을 묘사한 사기에 의하면 양복은 병사들을 모두 잃은 채 열흘 동안이나 산속에 숨어 있다가 흩어졌던 군사들을 모아서 다시 군대를 수습했다고 한다. 이것은 양복이 이끈 군대가 고조선군과의 전투에서 궤멸을 당해 참패하고 총수인 양복마저 혼자 산속에 도망쳐 있었을 정도로 한나라 원정군이 풍비박산한 상태였다는 사실을 은연중에 묘사한 것이다.

좌장군 순체가 이끄는 군대도 고조선과 한의 경계선인 패수 근처에서 더 이상 진격하지 못하고 그대로 머물러 있었다. 순체의 군대도 고조선의 방어선을 뚫지 못하고 엉거주춤했던 것이다.

서전에서 예상치 못한 패배를 당하자, 한무제는 고조선을 회유해 보려는 생각으로 위산을 우거왕에게 사신으로 보냈다. 《사기》에는 우거왕이 위산에게 "한나라 장군 두 명이 나를 속여 죽일까 봐 두려웠는데, 이제 황제의 사신을 보았으니 한나라에게 항복하겠다."라고 말한 것으로 나온다. 그러나 사실은 한무제가 우거왕에게 한나라에 형식적인 복속을 하면 더 이상 공격하지 않겠다는 사실상의 휴전을 제의한 내용이었을 가능성이 높다.

우거왕은 태자를 한나라에 사신으로 보내겠다고 제안했다. 그런데 이 과정을 묘사한 《사기》의 기록이 심상치 않다. 태자가 5000필의 말과 1만 명의 사람들을 거느리고 패수를 건너오려 했다고 한다. 태자가 단지 한나라에 항복하러 가려고 했다면 이렇게나 많은 사람들을 데리고 가려고 했을까?

혹시 우거왕은 태자를 항복하는 사신이라고 위장해서 한나라 군대를 안심시킨 다음, 불시에 기습하여 그들을 쳐 없애려는 속셈이 아니었을까? 항복 사절을 1만 명이나 데리고 가는 일은 역사에서 찾아볼 수 없다.

　태자의 행렬을 본 좌장군 순체와 위산은 그들에게 무기를 버리고 가라고 요구하였는데, 태자는 저들이 자신을 죽이려는 속셈이라고 의심하여 돌아가 버렸다. 위산이 이 사실을 알리자, 한무제는 위산을 처형해 버렸다. 어째서? 사실 한무제는 정말로 고조선과 휴전할 뜻은 애초부터 없었고, 휴전을 핑계 삼아 고조선의 태자를 한나라로 불러들여 인질로 삼은 뒤, 고조선을 위협하려는 계획을 세우고 있었던 것이 아닐까? 그런데 자신의 그런 의중을 모르고 위산이 고조선의 태자를 돌려보내자, 태자를 인질로 삼으려는 계획이 실패한 것에 분노하여 한무제가 위산을 처형해 버린 것이 아니었을까?

　고조선이 항복을 거부하자, 한무제는 고조선을 무력으로 밀어붙이려는 정책을 강행했다. 황제의 의중을 읽은 좌장군 순체는 패수에서 고조선군을 격파하고 계속 전진해 왕검성에 이르러 성의 서북쪽을 포위했다. 누선장군 양복도 왕검성의 남쪽에 도달했다. 그러나 왕검성의 방비가 튼튼해서 한나라 군대는 쉽게 성을 함락시킬 수 없었다.

　1년 동안 왕검성의 포위가 계속되자, 고조선의 내부에서 동요하는 분위기가 일어났다. 고조선의 재상인 노인과 한음, 삼과 장군 왕겹 등이 서로 모의하여 왕인 우거를 죽이고, 끝까지 한나라에 저항하려는 재상 성기마저 죽인 뒤, 한나라 군대에 항복하고 말았다.

　이리하여 마침내 기원전 108년, 고조선은 멸망하였고 그 영토에는 한나라가 설치한 4군인 낙랑, 임둔, 진번, 현토가 설치되었다. 그 위치는 오늘날 평양과 원산, 의주 등지로 추측되고 있다.

고조선의 멸망,
그 이후

하지만 고조선을 멸망시켰다
고 한무제와 한나라 장군들이
승전의 분위기에 젖어 의기양
양했던 것은 아니었다. 조선
과의 전쟁에서 승리를 거둔
좌장군 순체는 전공을 다투고
계획을 어긋나게 했다고 해서

기원전 87년, 고조선을 멸망시키고 4군을 설치하
여 최전성기에 달했던 한나라의 영토.

한무제에게 소환되어 기시棄市형에 처해졌다. 기시란 고대 중국의 처
형 방식인데, 죄수를 죽여 그 시체를 시장에 전시하는 형벌이다.

　또한 누선장군 양복도 순체의 군대와 합류하지 않고 멋대로 진군
했다고 해서 사형을 선고받았으나, 벌금을 물고 장군의 직위를 박탈
당한 채 서민이 되었다. 참고로 한무제는 잦은 대외 원정에 필요한 군
사비를 충당하기 위해, 사형수들도 돈을 내면 형벌을 면제받는 제도
를 도입했다.

　《사기》에서 고조선 전쟁을 기록한 사마천도 다음과 같이 비판적인
어조로 전황의 끝을 서술했다.

　　한나라와 조선 군대 모두 치욕을 당했으며, 전쟁에 참전한 장군 중
　　누구도 포상을 받지 못했다.

후대의 역사에
남긴 영향

고조선의 역사에 관련된 기록은 여기서 대부분 끝난다. 그러나 고조선이라는 이름과 그 이미지는 쉽게 사라지지 않았다.

한나라가 고조선의 영토에 설치한 4군은 낙랑을 제외하면 오래가지 못했다. 진번, 임둔, 현토는 설치된 지 30년 후, 토착민인 조선인들의 반발에 부딪쳐 폐지되거나 중국 본토로 이동되었다. 다만 기름진 영토이자 중국과의 교통 요충지인 평양에 위치한 낙랑은 약 400년 동안 더 존속하다가 서기 315년, 고구려 미천왕에게 멸망당한다.

고조선이 망하고 훨씬 이후인 서기 7세기 무렵에도 고조선에 대한 기억은 중국인들에게 남아 있었다. 수나라는 고구려 전쟁 당시, 고구려 원정로 중 하나를 조선도朝鮮道라고 불렀으며, 당나라는 고구려의 마지막 임금인 보장왕을 다시 고구려로 돌려보낼 때, 그를 조선군왕朝鮮郡王이라고 호칭했다. 즉, 수나라와 당나라도 고구려를 고조선의 연장선상에서 보았던 셈이다.

그리고 서기 1392년 중국 명나라의 황제인 주원장은 고려의 장군인 이성계가 세운 새 나라의 이름을 조선이라고 승인했다. 그 이유로 주원장은 "조선이라는 이름이 유래가 오래되었다."라고 했다. 주원장은 이성계의 조선 왕조가 바로 옛 고조선을 잇는 후계 국가라고 인정한 것이다. 고조선이 망한 지 1500년이 지났지만, 여전히 고조선은 사람들의 머릿속에 강한 이미지로 남아 있었다고 볼 수 있다.

2

신비의
고대
왕국,
탐라

제주도는 한국에서 가장 큰 섬이다. 하지만, 육지에서 떨어진 바다 한가운데 위치해 있는 지리적인 여건 때문에 본토와는 다른, 자신들만의 독특한 역사와 문화를 지니고 있다. 고대 제주도에는 '탐라'라는 왕국이 존재하고 있었으며, 당시 한반도 본토 사람들은 제주도를 신비의 왕국으로 알고 있었다. '신비의 왕국 탐라', 제주도의 오랜 역사를 하나씩 파헤쳐 보자.

제주도의
시조 설화

예부터 제주도는 흔히 탐라국耽羅國라고 불리어 왔다. 고구려나 백제, 신라와 가야 같은 고대 왕국들처럼 탐라에도 시조 설화가 있다. 그 내용은 《고려사 지리지》에 실려 있다.

《고려사 지리지》에서는 지금은 전해지지 않는 《고기古記》라는 책을 인용하여 탐라의 시조 설화를 전하고 있다. 그 내용은 대략 아래와 같다.

> 태초에 (탐라에는) 사람도 생물도 없었다. 세 신인神人이 한라산 북쪽 산기슭의 구멍으로부터 솟아나왔다. 그중 첫째를 양을나良乙那라 하고 둘째를 고을나高乙那라 하고 셋째를 부을나夫乙那라 하였다.
>
> 세 사람은 적 없는 황량한 곳에서 사냥질을 하여 가죽옷을 입고 고기를 먹고 살았다. 하루는 자주색 봉인한 나무 상자 하나가 바다 위에 떠서 동쪽 바닷가에 이르거늘 가서 열어 보니 상자 안에는 또 돌 상자가 있고 붉은 허리띠에 자색옷을 입은 사신 한 사람이 따라 왔다. 상자를 여니 푸른 옷을 입은 처녀 셋과 망아지, 송아지, 다섯 가지 곡식의 씨앗들이 나타났는데 사신이 말했다.
>
> "나는 일본의 사신입니다. 우리 임금님이 세 명의 딸을 두셨는데 말씀하시기를 '서쪽 바다 가운데 산의 신이 아들 세 사람을 내려보내 장차 나라를 열고자 하나 신붓감이 없다.' 하시고 이에 저한

테 명령하여 세 명의 딸을 모시고 가게 하였나이다. 부디 신부로 삼아 큰일을 이루도록 하소서."

말을 모두 전한 사신은 문득 구름을 타고 가 버렸다. 양을나와 고을나와 부을나, 세 사람이 나이순으로 나누어 장가가서 샘물이 달고 토지가 비옥한 곳에 나아가 화살을 쏘아 땅을 점쳤다. 그리고는 양을나가 사는 곳을 제1도都라 하고 고을나가 사는 곳을 제2도라 하고 부을나가 사는 곳을 제3도라 하여 처음으로 다섯 가지 곡식을 씨 뿌리고 또한 망아지와 송아지를 길러 날로 살림이 풍부하여 갔다.

《고려사 지리지》에 기록된 이 시조 설화는 그동안 우리가 교과서에서 흔히 보아 오던 알에서 시조가 태어났다는 남방형 난생설화나 하늘에서 시조가 내려왔다는 북방형 천손강림설화 중 그 어느 곳에도 속하지 않는다. 시조가 땅에서 솟아났다는 설화에서 우리는 탐라가 한반도 본토의 시조 설화와는 전혀 다른 독특한 설화 구조를 가졌다는 사실을 알 수 있다.

또 탐라의 시조인 세 을나 형제가 동쪽 바다에서 온 일본 여인들과 결혼을 했다는 대목에서도 고대 제주도는 한반도 본토보다 일본과 더 밀접한 관계였음을 알 수 있다.

제주도의 시조 설화를 기록한 최초의 사서인 《고려사 지리지》.

백제와 신라에
복속되다

처음에는 세 형제가 각자 땅을 맡아 다스리던 탐라는 이후, 고을나의 15대 후손인 고후高厚와 고청高淸, 곤제昆弟 삼형제 대에 이르러 처음으로 외부 세계와 접촉을 하게 된다. 《고려사 지리지》에 따르면 그들 고씨 세 형제가 배를 만들어 바다를 건너 북쪽으로 향했는데, 지금의 강진康津인 탐진耽津에 상륙하여 신라를 방문했다고 전한다. 고후 삼형제를 맞은 신라 왕(이름이 전해지지 않아 누구인지는 알 수 없다.)은 고후에게 성주星主, 고청에게 왕자王子, 막내인 곤제에게 도내都內라는 호칭을 내려 주었다.

그리고 신라 왕은 세 형제들이 온 고을의 이름도 지어 주었는데, 그것이 바로 탐라耽羅였다. 《고려사 지리지》에서는 이름의 유래를 가리켜 세 형제가 처음 올 때, 탐진耽津에 상륙하였기에 때문이라고 하는데, 그보다는 세 형제가 상륙한 탐진의 탐과 신라의 라를 합친 이름에서 탐라라는 지명이 생겨난 듯하다.

《고려사 지리지》에는 이와 다른 설명도 있다. 탐라가 신라를 섬기게 되자, 고을나는 성주가 되고 양을나는 왕자가 되었으며, 부을나는 도상徒上이 되었다는 것이다.

그러던 탐라국은 498년, 백제 동성왕의 위협에 굴복하여 백제의 속국이 되었다고 전한다. (《삼국사기》《삼국유사》참조)

동성왕 이후 탐라는 약 160년 동안 백제에게 복속되어 있었는데,

660년 소정방이 이끄는 당나라 군대가 백제를 침공하여 의자왕을 사로잡는 사태가 발생한다. 그러자 탐라는 백제의 부흥을 위해 섬 전체를 통틀어 약 5000명의 지원군을 백제로 보낸다.

한라산 정상에 남아 있는 백록담. 화산 폭발 이후 생긴 구덩이에 빗물이 고여 만들어졌다.

그러나 663년 9월, 백제 부흥군이 내부의 분열로 자멸하자, 그동안 백제를 지원해 왔던 탐라도 어쩔 수 없이 신라에 항복했다. 이로써 약 200년에 걸쳐 탐라를 지배해 왔던 백제는 멸망하고, 대신 신라가 탐라를 지배하게 되었다.

고려 시절, 비극을 겪은 제주도

서기 939년, 신라가 무너지고 새로 등장한 고려가 한반도를 통일하자 탐라는 고려에 사신을 보낸다. 《고려사절요》에 의하면 탐라국의 태자인 말로가 고려를 방문해 태조 왕건을 만나자, 왕건은 그에게 성주 왕자의 작위를 내렸다고 한다. 이로써 탐라는 고려에 복속되었다.

고려 목종 10년인 1007년에는 탐라에서 신비한 일이 일어났다. 해저 화산이 폭발한 사건인데, 매우 놀라운 사건인지 《고려사》에도 자세하게 기록되어 있다.

> 탐라에서 아뢰기를, "상서로운 산이 바다 가운데서 솟아 나왔습니
> 다." 하므로, 대학박사 전공지를 보내어 가서 보게 하였다.
> 탐라사람이 말하기를,
> "산이 처음 솟아나올 때에 구름과 안개가 어두컴컴하고 땅이 움직
> 여 우뢰소리가 나는 듯하더니, 무릇 7일 만에 비로소 구름과 안개
> 가 걷히었는데, 산의 높이는 100여 장(약 300미터)이나 되고 주위는
> 40여 리나 되며, 풀과 나무는 없고 연기가 산 위에 덮여 있었으며,
> 이를 바라보면 석류황과 같으므로, 사람들이 두려워하여 감히 가
> 까이 갈 수 없었습니다." 하였다.
> 전공지가 몸소 산 밑에 가서 그 형상을 그림으로 그려서 바쳤다.

오늘날 화산활동이 빈번한 유럽의 아이슬란드에서는 실제로 해저
에서 화산이 폭발해, 새로운 섬이 만들어지는 일이 흔하다. 1007년
제주도에서도 이런 식으로 해저 화산이 폭발해 새로운 산이 솟아나왔
던 것이다. 제주도의 중심에 있는 한라산 자체가 화산이었으니, 어쩌
면 당연한 일인지도 모른다.

거란족의 침입을 격퇴하고 고려를 안정시켰던 현종은 1024년, 탐라
의 추장 주물과 그 아들 고몰에게 모두 운휘대장군 상호군이라는 직책
을 내려 주었다. 탐라의 토호들을 고려의 무관직에 임명한 셈이다.

5년 후인 1029년에는 탐라의 세자인 고오로가 내조하니, 현종은

그를 유격장군에 임명하고 상으로 포목 한 벌을 내려 주었다.

그런가 하면, 이런 일도 있었다. 현종 무렵, 탐라에 살던 정일이란 사람이 21명과 함께 항해하던 도중, 풍랑을 만나 동남쪽의 먼 섬으로 표류하게 되었다. 그 섬의 사람들은 온몸에 털이 잔뜩 나 있고 체격이 매우 큰데, 말이 전혀 통하지 않았다. 정일 일행은 섬에 억류된 지 7개월 만에 작은 배를 훔쳐 타고 바다로 도망쳐 동북쪽으로 향한 끝에 일본의 장기도에 도착해 간신히 살아서 제주도까지 돌아오게 되었다고 한다.

지리적인 위치로 보아, 정일 일행이 표류했던 섬은 지금의 일본 서남쪽인 오키나와 열도의 한 곳인 듯하다.

고려 역사상 가장 태평성대였던 문종 시절에는 왕이 탐라에서 벌채한 목재로 큰 배를 만들어 중국 송나라와 활발한 무역을 시도하려 한 적도 있었다. 그러나 내사문하성에서 "탐라는 땅이 메마르고 백성이 가난하여 오직 해산물과 배 타는 것으로써 생계를 삼는데, 나무를 벌채하여 큰 배를 만드는 데 백성들을 동원하면 백성들의 고생이 많으니 옳지 못합니다." 하며 반대하는 바람에 중단했다. 비록 탐라가 고려의 남쪽 바다 끝에 떨어진 영토이기는 했지만, 그래도 문종은 탐라 백성들의 고충을 생각했던 것이다.

탐라 사람이 조정의 고관에 오르는 일도 있었다. 고려 의종 시절, 고조기란 사람은 탐라 출신으로 조정에 출사했는데, 천성이 강직하고 유교 경전과 역사서를 잘 알았으며, 오언시에도 능했다고 한다.

그러나 탐라가 항상 평화로웠던 것은 아니었다. 중앙정부로부터 거리가 먼 점을 악용해서, 탐라에 파견된 관리들이 주민들을 닦달하여 토산물을 착취하고 부역을 시키는 일도 있었다. 이런 관리들의 토색질에 견디다 못한 탐라 주민들이 봉기를 일으켜 중앙정부에 반대하는 일도 종종 일어났다.

고려 명종 때는 탐라 주민들이 영위(令尉)의 포학에 시달려 반역을 일으켰는데, 이에 놀란 명종은 예전에 탐라의 수령을 지내, 주민들로부터 칭송을 받았던 척경을 탐라에 파견했다. 척경을 본 탐라 사람들은 모두 창을 던지고 절을 하면서, "공(公)이 왔으니 우리들은 다시 살았다."라고 말하면서, 봉기를 멈추었다고 한다.

하지만 이후로도 탐라 주민들의 봉기는 계속 이어졌다. 고려 신종 무렵인 1204년 10월, 탐라에서 다시 조정에 반대하는 봉기가 일어났다. 신종은 서둘러 소부소감 장윤문과 중낭장 이당적을 보내어 백성들을 진정시키도록 하였는데, 이번에는 불행히도 폭력적인 처벌이 뒤따랐다. 장윤문과 이당적은 조정에 돌아와서 봉기를 일으킨 탐라 주민들의 우두머리 번석과 번수 등을 모두 처형하였다고 보고했다. 당시 상황을 알려주는 구체적인 사료가 없지만, 추측컨대 번석과 번수 등은 고려 중앙에서 파견한 토벌군에 의해 체포되어 죽임을 당했던 모양이다.

두 차례 봉기가 있고 나서 한동안 조용했던 탐라는 1271년, 더 큰 피해를 입게 된다. 1271년, 조정이 몽골에게 항복하는 것을 반대하던 삼별초의 우두머리인 김통정이 진도에서 삼별초를 이끌고 탐라로 도망쳐 와서 항파두리성을 쌓고, 탐라 주민들을 강제로 군대에 징집해, 고려 조정과 몽골군에 맞서는 항전을 벌인 것이다.

2년 후인 1273년, 고려와 몽골 연합군 1만 명이 탐라에 상륙해 삼별초 군대와 크게 싸워 결국 그들을 모두 죽이고 탐라를 장악했다. 이때 삼별초에 강압에 못 이겨 어쩔 수 없이 가담했던 탐라 사람들 상당수도 정부군에게 죽임을 당하는 등 큰 피해를 겪어야 했다.

조선 시대 민간 기록에 따르면 당시 탐라 사람들은 김통정을 죽인 고려 무관을 신격화하여 그를 섬기는 사당을 세우고 해마다 제사를 지냈다고 한다. 김통정이 삼별초를 이끌고 들어오고 나서 섬 주민들을 강제로 동원해 성을 쌓고 곡식을 징발하는 등 주민들을 못살게 굴어서 탐라 사람들이 무척 괴로워했다는 것이다.

삼별초의 항쟁이 진압된 지 2년 후인 1273년, 탐라는 고려 땅이 아닌 몽골 원나라의 영토가 된다. 당시 원나라는 일본 원정을 계획하고 있었는데, 탐라를 전쟁에 필요한 물자들을 지원하는 후방의 병참 기지로 삼으려는 속셈이었다. 특히 탐라의 풍부한 목초지를 보고 감탄한 몽골인들은 고향 땅인 몽골에서처럼 탐라에 훌륭한 말들을 길러내는 목장을 만들 수 있다고 여겼다.

이후 탐라에는 원나라 관리인 다루가치들이 파견되어 목장을 만들고 군대에 필요한 말들을 기르는 일들을 도맡아 하게 된다. 오늘날 제주도가 한국에서 가장 유명한 말 산지가 되고, 제주도의 풍속이나 언어에 옛 몽골의 흔적이 남아 있는 이유도 원나라의 영토였던 시절에서 유래했다.

하지만 고려가 아무리 원나라의 종주권을 인정했다고 해도 엄연한 자국 영토인 탐라가 계속 외국의 차지로 있다는 현실은 무척 불편했다. 그래서 1293년, 충렬왕은 원나라에 직접 들어가서 탐라를 다시 고려의 영토로 돌려줄 것을 요청했다. 마침 충렬왕은 원나라 세조 황제 쿠빌라이 칸의 딸인 장목왕후莊穆王后와 결혼해 원나라 황실과 인척으로 맺어졌기 때문에 원나라 황실에서도 발언권이 높았다. 충렬왕의 요청에 의해 탐라는 다시 고려의 영토로 반환된다.

다음 해인 1294년, 충렬왕은 탐라라는 지명도 제주濟州라 고쳤다. 오늘날 제주도라고 부르는 호칭은 고려 충렬왕 때부터 시작된 것이다.

제주도가 고려에 반환된 이후에도 제주에는 여전히 원나라 출신 목동들이 거주했고, 원나라 황실에서 쓰는 말들이 방목되어 원나라로 바쳐졌다. 제주도는 엄연히 고려 영토였지만, 그 안에서는 고려보다는 원나라에 충성하는 세력도 만만치 않았다.

그러던 제주도에 다시 큰 파란이 온다. 원나라가 가뭄과 농민 반란으로 쇠퇴해 가자, 강한 반원 자주 정책을 펼쳤던 공민왕이 집권한 것이다. 공민왕은 중국 대륙에서 새로이 등장한 명나라와 손잡고 원을 몰아내려는 정책을 시행했는데, 그중에는 제주도의 풍부한 산물인 말들을 명나라로 보내려는 일도 있었다.

그런데 1374년, 명나라가 제주도에서 나는 말 2000필을 보내달라고 요구한 일이 있었다. 공민왕은 수락하려 했지만, 제주도에 있던 원나라 출신 목동들이 들고 일어나서 반대했다.

"우리는 원나라 세조 황제의 명을 받고 이 땅에 살면서 말을 길러 왔는데, 원나라의 적인 명나라의 요구에 따를 수 없다!"

원나라 출신 목동들은 이렇게 외치면서 고려 조정과 명나라에 반대하는 봉기를 일으켰다. 이에 공민왕은 고려 최고의 명장인 최영에게 제주도의 반란을 진압하게 했다. 최영은 2만 5000명의 군사와 314척의 함대로 구성된 토벌군을 이끌고, 제주도에 상륙해 원나라 출신 목동들이 주동이 된 반란군과 싸워 힘든 전투 끝에 결국 모두 제압하는데 성공했다. 원나라에 의해 시작되었던 전쟁의 재앙이 원나라가 막을 내리면서도 계속되었던 것이니, 참으로 비극의 역사라 아니할 수 없다.

조선 시대까지 독자적인
문화를 가졌던 제주도

1392년 고려가 망하고 조선이 들어서자, 제주도는 자연히 조선에 복속되었다. 하지만 고려와는 달리 유교 정치에 입각해서 강력한 중앙집권적 정치를 운영하던 조선 조정은 이제까지 형식적으로나마 지켜지던 제주도의 자치권을 인정하지 않았다.

1404년 4월 21일, 태종 임금은 제주도의 토착 관리인 성주를 좌도지관耽州官左都知管으로, 왕자를 우도지관耽州官右都知管으로 호칭을 고치게 했다. 그나마 제주도 토호들이 가졌던 직함도 모두 없애고 중앙정부에 파견하는 관리가 제주도 전체를 다스리도록 개정한 것이다.

하지만 제주도가 중앙집권제에 편입되었다고 해서, 고유의 문화마저 사라지지는 않았다. 조선이 개국한 지 300년이 지난 1703년, 이형상李衡祥이란 사람이 제주를 다스리는 목사로 파견되어 왔다. 그는 제주도에 도착하고 나서 깜짝 놀랐다. 섬 주민들이 공자나 맹자 같은 유교의 성인들을 모시는 서원은 전혀 거들떠보지도 않고, 섬 전체에 뱀이나 귀신, 도깨비를 섬기는 129개나 되는 신당을 세워 제사를 지내는 데 골몰했던 것이다. 또한 제주도의 해녀들은 옷을 모두 벗고 바다에 들어가 해산물을 채취하였으며, 근친혼이 금지되어 있던 조선 본토의 사정과는 달리, 제주도 사람들은 같은 성을 가진 남녀들도 서로 결혼을 하며 지냈다.

엄격한 유학자였던 이형상은 이래서는 안 된다고 판단하여, 제주도의 풍속을 강압적으로 바꾸는 조치를 했다. 그는 우선 제주도 각지에 즐비한 온갖 신들을 섬기는 129개의 신당들을 모두 불태워 없애 버렸으며, 해녀들이 알몸으로 바다에 잠수하거나 같은 성끼리 혼인하는 풍습도 금지시켰다. 그리고 신당 대신 서원을 짓고 주민들에게 유학 경전 공부를 장려하였다.

이런 식의 제제 이외에도 이형상은 회유책도 구사했다. 제주도의 시조인 고을나와 양을나, 부을나 세 형제를 모신 삼성 사당三聖祠堂을 세워, 모든 관원들과 함께 제사를 지냈다. 제주도 주민들을 배려하기 위한 방편이었다.

《조선왕조실록》에 따르면 이형상은 제주목사로 있으면서 학문을 장려하고 미신을 없애며 주민들의 풍속을 교화하여 그를 칭송하는 송덕비가 제주도에 세워졌다고 한다.

그러나 이형상의 부임이 끝난 이후에도 제주도 사람들의 토착 신앙은 사라지지 않고 계속 살아남았다. 일제강점기에도 제주 사람들은 여전히 뱀과 귀신을 섬기는 신당에서 해마다 제사를 지냈으며, 해방 이후 한국에 기독교 열풍이 불었을 때에도 유독 제주도에서만은 교회가 제대로 발을 붙이지 못했다. 그만큼 제주도의 고유한 신앙과 문화는 끈질기게 살아 숨 쉬고 있었던 것이다.

오늘날 바리데기 공주 설화를 비롯하여 대별왕과 소별왕, 미륵 창세 신화같이 한반도 본토에서는 사라져 버린 한국의 오래된 신화들이 다시 사람들에게 알려질 수 있었던 것은 제주도 덕분이었다. 숱한 탄압에도 불구하고 섬 주민들끼리 오랫동안 간직해 왔던 제주도의 구전 문화와 무속 신앙들이 20세기 말에 들어서, 신화와 민속 연구자들에 의해 발굴되어 공개되었기 때문이다. 그런 면에서 볼 때, 제주도는 우리가 잃어버린, 조상들의 고유한 문화의 원형을 보존한 산실이라고 할 수 있다.

3

고구려
백제
신라는
과연
한
뿌리였나?

지금은 좀 잠잠하지만, 몇 년 전까지 사람들이 한국사에 관련해서 가장 많이 입에 올리던 화젯거리가 있었다. 바로 "왜 신라가 아닌 고구려가 삼국을 통일하지 못했을까?"라는 것이었다.

현재의 반으로 갈라진 한반도 남부, 그리고 여기에 얼핏 비슷한 신라의 영토에 반해 지금보다 더 드넓은 만주 벌판을 지배하던 대국 고구려를 본다면 누구나 그런 의문을 품을 만하다.

삼국은 한 뿌리에서 나온
같은 자손이었을까?

오늘날 우리는 고구려, 백제, 신라를 가리켜 서슴없이 삼국이라고 부른다. 그러나 오해하지 말아야 할 것이 있다. 한국의 삼국시대는 중국 소설인 삼국지에 등장하는 위, 오, 촉의 삼국시대와는 근본부터 다르다. 중국의 삼국은 원래 후한後漢에서 갈라져 나온 한 뿌리이지만, 한국의 삼국은 서로 다른 계통을 지녔다.

고구려와 백제는 그래도 부여-주몽 계통에서 갈라졌으니 어느 정도 동질성을 느꼈을 수도 있다. 실제로 백제는 부여의 후손임을 자처했고, 왕궁 안에 고구려의 시조인 주몽과 그 부모인 해모수와 유화부인을 섬기는 사당을 만들어 놓고 제사를 지내기도 했으니 말이다.

《삼국사기》나《삼국유사》같은 역사서들을 보면, 신라의 기원은 만리장성을 쌓다가 중국에서 도망쳐 온 탈출자들과 고조선의 유민들이라고 기록되어 있다. 그에 반해 고구려와 백제는 동부여, 혹은 북부여의 왕의 서자였던 주몽에서 갈라져 나왔다고 일관성 있게 서술하고 있다.

서기 6세기, 중국 양나라에 온 외국의 사신들을 그린 양직공도梁職貢圖. 왼쪽에서부터 백제와 고구려, 신라 사신의 모습이다. 백제와 고구려는 머리카락을 단정하게 위로 올린 모습인데 반해, 신라 사신은 머리카락을 아래로 길게 늘어뜨렸다. 외관으로 보면, 신라 사신은 백제나 고구려와 완전히 다른 모습이다.

6세기 중국 양나라를 방문한 외국 사신들의 모습을 그린 그림인 〈양직공도〉를 보면 고구려와 백제의 사신은 상투 차림의 머리에 까마귀 깃털이 달린 모자인 조우관을 쓴 것 이외에는 서로 비슷한 옷차림인데 반해, 신라의 사신은 머리카락을 길게 풀어헤친 모습이다.

　즉, 고구려와 백제는 서로 간에 어느 정도 동질성을 느꼈을 수 있었지만, 신라의 경우는 그렇지 않았을 가능성이 높다.

신라의 뿌리는
어디인가?

신라인들은 스스로의 정체성을 부여가 아닌, 전혀 다른 곳에서 찾았다. '삼국통일'을 이룬 신라 문무왕릉비에 의하면 신라의 시조는 '투후秺侯이자 하늘에 제사를 지내는 사람의 7대 후손(祭天之胤傳七葉)'이라고 한다. 여기에서 언급된 '투후이자 하늘에 제사를 지내는 사람의 7대 후손'이 대체 누구를 가리키는 것인지 몰라, 역사학자들은 한동안 당황스러워했다.

　그런데 1954년 중국에서 출토된 유물인 대당고김씨부인묘명大唐故金氏夫人墓銘의 비문을 해석하면서 문무왕릉비의 비문에 나온 '투후이자 하늘에서 제사를 지내는 사람의 7대 후손'이 누구인지 윤곽이 드러났다. 대당고김씨부인묘명은 당나라에서 살다가 864년에 죽었던 신라 여인의 묘비인데, 거기에서 신라의 시조는 옛날 한나라와 대립하다가 항복한 흉노족 왕자 김일제라고 언급된다.

김일제는 흉노족 휴도왕休屠王의 아들인데, 그는 흉노에 있었을 당시 금으로 만든 사람 모양의 신상인 제천금인祭天金人을 가지고 하늘에 제사를 지내는 일을 맡았다는 것이다. 이런 김일제가 한나라에 항복하자, 한무제는 그를 총애하여 투후라는 작위를 내려 주었다고 한다. 그런데 나중에 한나라가 왕망의 반란으로 혼란을 겪자, 김일제의 후손들은 멀리 동방으로 이주했는데, 그곳이 바로 신라라는 것이다. 즉, 문무왕릉비에서 말한 투후란 바로 김일제이며, 그가 신라의 시조가 되었다는 것이 문무왕릉비와 대당고김씨부인묘명에서 전하고자 하는 메시지이다.

신라가 왜 하필 자신들의 조상이 중국 한나라에 항복한 흉노족 왕자라고 하고 있는지, 그 이유를 놓고 역사학자들은 고민에 빠져 있다. 어떤 사람은 신라인들이 정말로 자신들이 흉노족의 후손이라고 믿었다는 증거이며, 그러니 신라는 북방 유목민족들의 자손으로 보아야 한다고 주장한다. 반면 김일제는 비록 흉노족이지만 한나라에 항복하여 완전히 중국화된 인물이니, 그런 김일제처럼 신라인들도 자신들이 흉노족 같은 이민족이지만, 중국에 동화되고 싶다는 욕망을 드러낸 것으로 김일제 시조 설화를 보아야 한다고 반박한다. 어느 쪽이든, 신라인들은 자신들의 선조가 중국에 항복했던 흉노족 왕자 김일제라고 보았다는 것에서는 차이가 없다.

그렇다면 스스로를 하늘의 자손天係이자 부여의 후손으로 여겼던 고구려와 백제인들과, 중국에 귀화한 흉노족의 후손이라고 생각했던 신라인들은 그 근원부터가 완전히 다른 집단이라는 말이 된다. 중국과는 전혀 다른 독자적인 세계관을 가진 고구려·백제와, 스스로 중국에 동화되고 싶어 한 신라인들을 처음부터 한 뿌리였다고 보기는 어려울 것이다.

이해관계에 따른
이합집산

비록 고구려와 백제가 같은 시조를 섬겼다고 해도, 고국원왕 이래 수백 년 동안이나 전쟁을 치러 온 사이다. 그들이 상대국과 같은 동족이니 통일을 해야 한다는 생각을 과연 했을까?

어쩌면 이것이 광개토대왕과 장수왕이 백제에게 막대한 타격을 입혔으면서도 끝내 합병하지 않고 내버려 둔 이유가 아니었을까? '우리가 왜 저 백제 놈들과 합쳐서 살아야 하나? 저놈들은 그냥 다른 나라가 접수하도록 내버려두자. 그게 더 우리에게 낫지 않겠나?' 하고 말이다. 고구려 전문 연구가이자 《새로 쓰는 연개소문전》의 저자인 김용만 교수는 이와 비슷하면서도 다른 의견을 제시했다. 고구려는 백제와 신라를 일부러 멸망시키거나 합병하지 않았다는 것이다. 역사적으로 고구려는 백제의 힘이 강해지면 신라와 동맹을 맺어 백제를 견제했으며, 신라의 힘이 강해지면 백제와 동맹을 맺어 신라를 견제했다. 만약 고구려가 백제나 신라 중 어느 한 나라를 없애버린다면, 한반도 남부는 온전

하게 백제나 신라의 소유가 되고, 그러면
예전보다 더 강력해진 백제나 신라가 고구
려의 후방을 위협할 우려가 있기 때문이었
다. 그래서 고구려는 백제와 신라가 적절하
게 대치하는 상황을 원했다는 것이다.

광개토대왕의 업적을 기리기 위
해 세워진 광개토대왕비. 중국
집안현에 위치해 있다.

만에 하나, 고구려가 정말로 백제와 신
라를 완전히 점령하려고 군사력을 동원했
다고 해도, 두 나라가 서로 힘을 합친다면
결코 만만치 않았을 것이다. 실제로 광개
토대왕과 장수왕의 팽창 정책에 큰 피해를
입은 백제는 신라와 나제 동맹을 맺었다.
신라는 광개토대왕이 왜구를 물리치기 위해 구원병을 보내 준 이후로
사실상 고구려의 속국이나 다름없었다.

그러나 신라는 고구려의 내정간섭을 받는 것에 내심 불만을 품고
있었으며, 바다 건너 위협적인 왜국의 침략에서 벗어나 강국이 되기
위해서는 북방 지역을 장악하고 있는 고구려의 영토를 쳐서 빼앗아야
했다. 이렇게 두 나라의 이해관계가 맞아떨어져서 약 100년에 걸친
나제 동맹이 결성된 것이다.

이렇듯 세 나라는 뿌리와 관계없이 자국의 이해에 따라 오늘의 적
이 내일의 친구가 되고, 오늘의 친구가 내일의 적이 될 수 있는 관계
였다. 당장의 이해관계에 따라 행동의 기준이 결정되는 냉혹한 국제
관계는 현대나 고대나 마찬가지였던 것이다.

4

동아시아 고대사 최대 비밀 수·당이 고구려를 집요하게 공격했던 이유는?

동아시아 고대사의 대사건 중 하나는 중국의 통일 제국인 수·당나라와 한민족의 대표 주자인 고구려가 벌인 70년 동안의 격전이다. 서기 598년 수문제가 보낸 원정군을 처음으로, 고구려가 당군에 의해 멸망된 668년까지 세 나라는 수백만 명이 넘는 대규모의 인원을 동원하여 총력전을 벌인 것이다.

총체적인 국력에서 밀린 고구려는 끝내 무너지고 말았지만, 강대국의 침공에 맞서 끝까지 저항한 고구려의 분투는 그 이후 한국사의 왕조들과 비교되어 민족주의를 자극하는 요인이 되고 있다.

고구려와 수·당의 투쟁사를 다룬 많은 연구 서적이나 TV 드라마들이 나왔지만 많은 결과물들이 전쟁의 과정과 결과만을 주목할 뿐 그 원인에 대해서는 별로 다루지를 않는다. 도대체 수와 당은 무엇 때문에 수백만의 인원을 투입하고 왕조의 명운까지 걸어가며 수십 년 동안 고구려를 공격했던 것일까?

중국인들은 정말 고구려를
두려워했을까?

가장 많이 거론되는 이유가 '방어적 목적을 띤 선제공격' 설이다. 고구려가 뛰어난 산성 방어 시스템과 철갑 기병으로 대표되는 강력한 군사력을 갖추었기에, 혹시 중국을 공격할 가능성을 우려하여 방어적인 목적에서 먼저 공격을 감행했다는 것이다.

하지만 조금만 생각해 보면 이런 주장은 매우 설득력이 없어 보인다. 많은 사람들의 인식과는 달리, 고구려는 700년의 기나긴 존속 기간 동안에도 중국을 향해 공세적인 입장을 취한 적이 거의 없었다. 최전성기라 할 수 있는 광개토대왕 시절에도 고구려 군대는 북경을 넘어 본 적이 없다. 그 시절의 중국은 5호 16국의 극심한 혼란기였는데도 말이다. 598년 영양왕이 1만의 말갈족 군사들을 이끌고 수의 변경 지대를 공격하기는 했지만, 수군의 저항에 부딪쳐 그대로 돌아온 게 전부였다. 그리고 그 후에 벌어진 70년의 전쟁 내내 수와 당은 언제나 먼저 쳐들어오고 고구려는 계속 방어만 하는 양상이 계속되었다.

오히려 수와 당나라의 안보에 심각한 군사적 위협을 가한 쪽은 돌궐과 토번 같은 북방과 서방의 유목 민족이었다. 돌궐은 안문성에서 수양제를 20일 동안 포위할 정도로 궁지에 몰아넣었고, 나중에는 이연과 손잡고 수를 전복시키는 데 힘을 보탰다. 이후 당의 북변을 수시로 침공하여 약탈을 일삼았으며, 심지어 626년에는 당의 수도인 장안 인근까지 10만의 대군을 이끌고 쳐들어오기까지 했다.

사서에는 당태종이 여섯 명의 신하만을 거느리고 돌궐의 영내로 들어가 그들을 꾸짖자 놀란 돌궐인들이 스스로 물러갔다고 기록되어 있지만, 이는 당태종을 찬양하기 위한 억지성 서술이다. 4년 후인 630년, 당의 명장 이정의 공격으로 돌궐이 무너지자 당태종은 이때를 회상하며 "금은과 비단을 있는 대로 긁어모아 돌궐에게 주며 화의를 구걸하였다."라고 밝혔다.

돌궐은 무너졌지만 그들보다 더욱 위협적인 군사행동을 가한 집단은 토번이었다. 토번은 670년 대비천에서 당군을 전멸시키면서 당의 안보에 가장 위험한 존재로 부각되었고, 그 후 약 170년 동안 당의 서부를 쉴 틈 없이 침입하였으며, 안사의 난으로 당이 혼란에 빠져 있는 동안 장안을 기습 공격하여 보름 동안이나 점령할 정도로 당의 심장을 겨누는 비수 역할을 하였다.

이런 돌궐과 토번에 비교해 본다면 고구려가 수와 당의 영토 깊숙이까지 쳐들어가거나 대군을 보내 지속적으로 군사 공격을 벌인 일은 전혀 없는 것이나 마찬가지이다. 따라서 수와 당이 고구려에 대해 심각한 두려움을 느끼고 먼저 선제공격을 했다는 가설은 설득력이 없다.

경제 문제?
고토 회복?

군사적인 요인이 없다면 다른 원인들은 무엇일까? 광활한 만주를 점령하여 경제적인 이득을 얻기 위해서가 아니었을까?

하지만 달리 생각해 본다면 이것도 정답이 아닌 듯싶다. 만주는 넓은 면적에 비해 그다지 따뜻하지도 풍요롭지도 않은 땅이다. 나중에 제국주의 일본이 만주를 점령하여 부이를 황제로 앉히고 위성국가인 만주국을 세우기는 했지만, 곧바로 노구교 사변을 일으켜 중국을 침공한 것은, 예상했던 것보다 만주를 점령하고 나서 얻은 소득이 턱없이 부족했기 때문이었다. 당시 일제의 분석에 의하면 석탄과 목재, 콩과 소금 말고는 만주에서 얻을 수 있는 자원이 매우 적었다고 한다.

고구려를 무너뜨린 후에도 당이 요동과 평양성 일대만 통치하고 나머지 땅은 그대로 남겨둔 이후에 굳이 만주 전체를 다 점령해 봐야 얻을 수 있는 이득이 별로 없기 때문이었다. 요동에서 생산되는 자원과 농산물쯤은 중원에서 더 많이 얻을 수 있다.

군사적인 위협도 경제적인 이윤도 아니라면 무엇일까?《활이 바꾼 세계사》라는 책을 보면 수와 당이 집요하게 고구려를 공격한 이유에 대해서, 한때 요동을 차지했던 선비족들이 고구려의 공세에 밀려 요동을 빼앗기자 선비족의 후예에 해당하는 수와 당 황실이 자신들의 조상이 살았던 요동을 되찾기 위한 일종의 고토 회복에 해당한다는 가설을 편 바 있다. 수와 당의 지배층들이 순수 한족이 아니라 선비족 내지 선비족과 한족의 혼혈이라는 주장은 학계에서도 널리 받아들여지고 있다.

하지만 수·당의 지배 계층이 선비족의 후손이라고 해도 그들이 자신들의 정체성을 선비족에서 찾았던 것은 아니었다. 그들은 어디까지나 자신들이 고대 한족의 문명인 진·한을 계승한다고 생각했지 저 북방 유목민인 선비족의 역사를 이어간다고 여기지 않았다. 당의 경우만 해도 자신들이 위대한 철학자인 노자의 후손이라는 주장을 했을 정도로 한화漢化되어 있었다.

더구나 이미 중원에 정착한 지가 수백 년이 흘렀는데 굳이 저 조그만 요동을 얻고자 엄청난 인력, 물력을 낭비해 가며 고구려와 전쟁을 벌였다는 가설 자체가 어불성설이다.

그렇다면 70년에 달한 고수, 고당 전쟁의 원인은 무엇이었을까?

제국의 자존심과 위신, 결론은 그것 때문이었다

아무래도 그 이유는 '제국으로서의 자존심과 위신을 지키기 위해서'였을 것으로 보인다. 겨우 자존심을 위해 전쟁을 한다는 것이 이상하게 들릴지도 모르나, 세계에서 가장 강력하고 발달된 문명을 지닌 대제국이 변방의 보잘것없는 작은 나라에게 계속 패한다면, 어떤 생각이 들겠는가? 더구나 한족처럼 자존심이 비정상적일 정도로 강한 민족이 말이다.

350년에 걸쳐 분열되었던 중국을 통일했던 수나라가 불과 30년도 못 되어 멸망해 버린 이유는 단연 고구려 원정의 실패였다. 수백만에

고구려가 당나라의 침입을
막아낸 안시성 싸움.

달하는 장병들이 모두 고구려 땅에서 죽어서가 아니다. 중원을 통일
하고 북방의 돌궐까지 복속시킨 강력한 수나라가 고작 동방의 작은
나라인 고구려 정복에 실패했다는 사실이 알려지면서 수황실은 위신
에 심각한 타격을 입었고, 국내외의 많은 세력들이 더 이상 제국을 두
려워하지 않게 되면서 반란이 속출해 결국 무너졌던 것이다.

물론 수와는 달리 고구려를 확실히 멸망시킨 당나라는 더 오랫동
안 존속하며 권위와 영향력을 유지할 수 있었다.

현대 세계에서도 이 같은 '제국의 자존심 지키기'는 변함이 없다.
난데없이 당한 9·11테러의 충격으로 미국인들은 이성적 판단력을 잃
고 레임덕 증상에 빠져 있던 조지 부시에게 전권을 위임했다. 이라크
행정부가 9·11테러와 아무런 연관이 없다는 증거가 계속 나왔음에도
끝내 무시하고 공격을 강행하여 점령해 버렸고 이를 전 국민의 70퍼
센트가 지지했다.

여러 가지 원인이 있겠지만, 가장 큰 요인은 세계 제일의 강대국이라는 미국의 위신이 9·11테러로 모독당함에 따라 미국인들은 자존심에 심각한 타격을 입었고 이를 어떻게 해서든 만회하려는 열망에 불타올라 이성적 판단력을 깨끗이 잊어버렸던 것이다.

제국은 그 자체가 힘을 바탕으로 하는 체제이다. 그 힘을 주변 세력들이 두려워하여 복종해야만 비로소 패권이 성립된다. 이 두 가지를 잃어버린 제국은 더 이상 존속하지 못하고 무너지게 된다. 수나라와 당나라가 그토록 집요하게 고구려를 무너뜨리려 안간힘을 썼던 것도, 미국이 3조 달러라는 엄청난 전비를 쏟아붓고 경제 파탄까지 감수해 가며 아프간, 이라크와 전쟁을 벌인 이유는 자국의 패권을 계속 유지하기 위한 고육지책이었다.

5

풍운아 연개소문은 영웅인가, 반역자인가

한국 고대사에서 가장 결정적인 순간이라고 할 수 있는 대목은 바로 고구려와 중국의 전쟁사이다. 약 70년에 걸친 이 치열한 전쟁에서 고구려와 수나라, 당나라는 모두 합쳐 수백만이 넘는 대군을 동원해 국운을 걸고 대격전을 벌였고, 그 전황은 마치 제2차 세계대전과 같은 총력전이었다. 그러나 결국 총체적인 국력에서 열세였던 고구려는 망하고 말았다.

말할 것도 없이 고구려가 망한 원인은 적국인 당나라의 침공 때문이었다. 당나라가 고구려와 싸울 무렵, 고구려의 최고 실권자는 국왕인 보장왕이 아니라 그의 신하이자 조정 내 신하들의 우두머리인 대막리지이면서, 사실상 실세였던 연개소문이었다.

연개소문이 없었다면
전쟁은 안 일어났다?

연개소문은 우리 역사에서 매우 상반된 평가를 받는 인물이다. 그를 비판적으로 보는 김부식이나 조선의 유학자들, 그리고 오늘날 한국의 보수적 지식인들은 그가 초강대국 당나라에게 무모한 항쟁을 고집하다 나라를 망하게 했다고 비난한다. 반면, 단재 신채호 같은 민족주의자들은 연개소문이 어려운 상황 속에서도 당나라 침략군과 맞서 꿋꿋이 싸워 민족의 자존심을 지켜낸 영웅이라고 추앙한다.

그러나 이러한 비난과 찬양의 목소리 중 어느 쪽만이 옳다고 단정하기도 힘들고, 또 틀리다고 무조건 버릴 수도 없다. 따지고 보면 양측의 말은 모두 나름대로 일리가 있다. 둘의 주장은 엄연히 서로 모순되는데 그게 무슨 소리냐고 물을 사람도 있을 것이다. 하지만 장님이 코끼리를 만질 때, 서로 다른 부위를 보고 놀라는 것처럼 연개소문이라는 한 인간을 볼 때에도 한 가지 면만 있지는 않다. 그도 다른 사람들처럼 긍정적인 면과 부정적인 면 양쪽을 모두 가지고 있는 것이다.

연개소문에 대해 비판적인 사람들은 그가 신하임에도 불구하고 반란을 일으켜 영류왕을 죽이고 불법적으로 정권을 찬탈한 뒤 반대파들을 무자비하게 숙청하여 당나라 황제인 이세민으로 하여금 고구려를 침공하게 하는 빌미를 제공했다면서 비난한다. 《삼국사기》를 쓴 김부식을 비롯하여 조선의 유학자들이나 중국의 역사가들도 같은 논지로 연개소문을 역적이자 살인마로 폄하해 왔다.

하지만 이는 잘못된 억측이다. 연개소문이 영류왕을 죽이기 이전부터 이세민은 고구려를 침공할 뜻을 품고 있었다. 641년 8월, 이세민은 고구려에 사신으로 갔던 진대덕을 만나는 자리에서 이렇게 말했다.

"원래 고구려는 한나라가 고조선을 무너뜨리고 세운 사군에 있었다. 수만의 군사로 요동을 침과 동시에 수군으로 평양을 공격한다면 쉽게 이길 수 있다. 하지만 아직 천하가 막 조용해진 뒤라서, 지금 바로 전쟁을 벌이면 백성들이 피곤해질까 봐 우려된다."

이때는 영류왕이 버젓이 살아 있었고 연개소문이 권좌에 올랐던 642년 9월보다 1년 1개월 전이었다. 즉, 이세민은 연개소문이 정변을 일으키든 말든 상관없이 고구려를 공격할 계획을 세워 놓고 있었던 것이다. 그런데도 이세민이 고구려를 아직 치지 않았던 것은 뒷부분에 보듯이 당나라의 내부 사정이 아직 안정되지 않았기 때문이었다. 영류왕을 좋게 생각하거나 고구려와의 우호 관계를 염려해서가 아니었다.

영류왕이 연개소문에게 죽임을 당한 이후에도 이세민은 곧바로 고구려를 공격하지 않았다. 642년 11월, 당태종은 연개소문이 정변을 일으켰다는 소식을 듣고 다음과 같이 말했다.

"연개소문이 왕을 죽인 일은 참으로 비통한 일이다. 하지만 고구려의 왕이

난세에 빠진 중국을 통일하고 사방을 정복하여 중국인들에게 가장 뛰어난 황제로 평가받고 있는 당태종 이세민.

죽었는데 곧바로 전쟁을 일으키는 것은 예의에 어긋난다. 또한 산동 지역에 전쟁 피해가 복구되지 않아서 아직 전쟁을 할 수가 없다."

여기서 고구려의 왕이 죽었으니 곧바로 전쟁을 일으키면 예의에 어긋난다는 말은 이세민의 본심이 아닌, 그저 핑곗거리에 불과하다. 이세민이 고구려 공격을 주저했던 이유는 바로 산동 지역의 내부 사정이 피폐해졌기 때문이었다. 고구려를 공격할 경우, 고구려와 가까운 지역인 산동의 경제 사정이 안정적이어야 군수 물자가 원활하게 보급될 수 있다. 바로 이런 사실을 잘 알았기에 이세민은 당나라의 내부 사정이 나아지기만을 기다렸던 것이다.

또한 643년 6월, 이세민은 처남이자 개국공신인 장손무기에게 "짐은 고구려를 치려는 생각이 있으나, 백성들을 동원하여 피곤하게 만들기는 싫소. 대신 고구려와 인접한 거란과 말갈을 사주하여, 그들로 하여금 고구려와 싸우게 하는 방책이 좋지 않겠소?"라고 제안한다. 이에 장손무기는 "현재 고구려는 싸울 준비를 잘 갖추고 있으니, 조금 시간이 지나서 고구려가 마음을 놓았을 때가 좋습니다."라고 대답했다. 이세민은 그 말을 듣고 고구려에 사신을 보내 화해의 뜻을 전했다. 이는 고구려의 경계심을 누그러뜨리려는 기만전술이었다.

그리고 645년 3월, 드디어 고구려 원정을 떠나면서 이세민은 이런 조서를 발표한다.

요동(고구려)은 원래 중국의 영토였다. 수나라 양제가 네 번이나 직접 군대를 이끌고 고구려를 공격했으나 전부 실패했다. 짐은 전쟁터에서 죽어간 중국 백성들의 원한을 갚겠다. 또한 연개소문에게 억울하게 죽임을 당한 영류왕을 위해 복수를 할 것이다. 지금 천하가 전부 당나라에게 복종하고 있는데, 유독 고구려만 이를 거부하고 있으니, 마땅히 굴복시킬 것이다.

이 조서에서 드러난 이세민의 본심은 ①수나라가 고구려에 패배했던 전쟁에 대한 복수 ②고구려 영류왕의 복수 ③사방의 이민족들에 이어 고구려마저 정복하겠다는 야심이었다. 물론 ②는 당나라 백성이 아닌 연개소문에게 반감을 품은 고구려 백성들에게 퍼뜨리는 메시지였다. 이세민이 내건 전쟁의 진짜 이유는 ①과 ③이었다.

다시 말해서 연개소문의 집권과는 상관없이 고구려와 당나라 간의 전쟁은 일어날 수밖에 없는 숙명이었다. 설령 645년에 영류왕이 계속 집권하고 있었다고 해도, 이세민은 ①과 ③의 명분을 내걸어 고구려를 침공했을 것이다.

이것이 이해하기 힘들다면 2003년 3월 이라크의 대통령 사담 후세인이 유엔 무기 사찰단의 조사를 받으며 이라크에는 대량 살상 무기가 없음을 증명했지만, 미국은 이를 무시하고 끝내 전쟁을 강행했던 사실을 떠올려 보라. 한쪽

수나라 양제가 직접 이끌고 갔던 수나라 100만 대군이 고구려에게 참패하는 살수대첩. 중국 역사상 가장 큰 치욕으로 평가받는다.

에서 전쟁을 일으키겠다고 작심을 했는데, 어떻게 계속 피할 수 있겠는가?

**연개소문은
왜 왕을 죽였나?**

그렇다면 여기서 또 의문을 제기할 사람이 있을 것이다.

"이세민이 끝끝내 전쟁을 일으킬 수밖에 없었다면, 연개소문도 굳이 왕을 죽일 필요 없이 그냥 왕의 명령을 따르면서 당나라 침공군에 맞서는 장수로 지내면 되는 일 아닌가?"

그러나 연개소문에게는 왕을 죽일 수밖에 없는 절실한 사정이 있었다. 그것은 연개소문이 왕을 믿지 못했던 것이다.

고구려의 도읍지였던 평양
성의 남문.

앞서 언급한 당나라 사신 진대덕은 641년 5월, 고구려로 파견되어 영류왕을 만났다. 그런데 영류왕은 진대덕이 어떤 제약도 받지 않고, 고구려 안을 자유롭게 돌아다니도록 그대로 내버려 두었다. 그로 인해 진대덕은 고구려의 고위 관리들에게 뇌물을 주고, 고구려를 돌아다니면서 고구려의 산천 지리와 내부 사정 같은 각종 정보들을 마음껏 입수하였다. 그리고 고구려에 포로로 잡혀 있던 수나라의 병사들과도 만났다고 전한다. 진대덕은 고구려 안에서 사실상 간첩으로 활동한 것이다.

요즘도 외교관은 허가받은 스파이라는 말이 있지만, 아무리 그렇다고 해도 외교관이 외국에서 함부로 첩보 활동을 하다가 적발되면 큰 항의를 받고 본국으로 강제 추방된다. 하물며 옛날이야 어떻겠는가?

그럼에도 영류왕은 진대덕의 행동에 아무런 제제나 항의도 하지 않았다. 이런 영류왕이 연개소문의 눈에는 영락없이 당나라의 횡포에 눈을 감는 비겁한 자로 보였으리라.

진대덕의 방문 이전에도 영류왕은 당나라에 저자세로 일관했다. 630년 당나라가 북방의 동돌궐을 멸망시키자, 영류왕은 당나라에 축하하는 사신을 보내는 한편, 고구려의 영토가 그려진 지도인 봉역도를 선물로 보내 주었다. 자국의 지리와 내부 사정이 담긴 지도는 고대에도 중요한 정보이자 군사 기밀이었다. 그런데 이런 지도를 잠재적국인 당나라에 보냈다는 것은 도대체 어떻게 해석해야 할까? 고구려의 땅과 성, 고을들의 위치는 이러하니 나중에 쳐들어오실 때 참조하십시오.' 하는 걸로 봐야 할까? 아니면 '고구려는 자발적으로 당나라의 속국이 될 터이니 제발 공격하지 말아 주십시오.'라고?

그러나 어떻게 해서든 전쟁을 피하려는 영류왕의 태도에도 불구하고 당나라는 더욱더 고압적인 자세로 일관했다. 631년 당나라 사신 장손사는 고구려에 와서 죽은 수나라 군사들의 유골을 모아 제사를 지내는 한편, 과거 고구려가 수나라 군사들의 시체를 모아 묻고 그 위에 세운 전승기념탑인 경관을 무너뜨렸다. 이는 영락없이 수나라와의 전쟁에서 승리한 고구려의 자존심을 허무는 폭거였다.

하지만 그런 장손사나 당나라 조정에 영류왕은 아무런 처벌이나 항의도 하지 않았다. 이런 영류왕의 태도는 연개소문을 비롯한 고구려 내의 강경 세력에게 큰 치욕으로 비추어졌을 것이다.

더구나 영류왕은 당나라와 고구려를 둘러싼 국제 정세도 제대로 활용하지 못했다. 아직 당나라가 중국 내의 군벌들과의 싸움을 한창 치르고 있느라 중국이 혼란에 빠져 있는 동안, 북방의 동돌궐은 매우 강성한 군사력을 보유하고 당나라를 압박해 조공을 받아낼 정도로 위세를 떨쳤다. 또한 서역에서도 서돌궐이나 고창국, 토번 같은 나라들이 나름대로 입지를 다지며 활동하고 있었다.

그런데 영류왕은 이런 나라들과 연대하여 당나라를 견제하는 외교적인 전술을 펼치는 일에 대해 아무런 시도조차 하려 하지 않았다. 오직 당나라에만 비굴할 정도로 매달리며 "우리는 결코 당과 싸우거나 맞설 뜻이 없다."라는 메시지만 처량하게 보내고 있었다.

하지만 이렇게 고구려가 국제 외교에서 두 손을 놓고 당나라만 쳐다보고 있는 사이, 당은 중국을 통일하고 주변국들을 차례로 제압하여 마침내 고구려 원정을 개시한 645년 무렵에는 돌궐과 고창과 토번을 모두 복속시켜 외국의 사정을 걱정할 필요 없이 안심하고 고구려를 공격할 입장에 서게 되었다.

이렇듯 영류왕의 무능하고 어리석은 대당 외교로 고구려의 자존심과 입지가 손상된다고 판단한 연개소문은 결국 그를 제거하고 자신의 뜻대로 고구려를 움직여 장차 있을 당과의 전쟁에서 유리한 상황에 서려 했던 것이다.

또한 신하가 잘못된 정치를 하는 왕을 죽이는 일은 연개소문 이전에도 있었다. 고구려의 5대 임금인 모본왕과 7대 임금인 차대왕, 14대 임금인 봉상왕은 폭정을 하다가 각각 신하인 두로와 명림답부, 창조리에게 죽임을 당했다. 하지만 세 폭군을 죽인 세 사람을 가리켜 역적이라고 성토하는 사람은 아직 보지 못했다.

그리고 연개소문이 단순히 권력욕에서 영류왕을 죽인 것은 아니었다. 그는 왕을 죽인 이후에도 자신이 직접 왕이 되지 않고, 보장왕을 새왕으로 옹립하고, 자신은 어디까지나 조정의 영수인 대막리지에서 만족했다. 비록 왕을 시해하기는 했으나, 왕실의 권위는 인정한 셈이다.

연개소문은 무능한 지도자였나?

연개소문을 비난하는 목소리 중 그가 왕을 시해했다는 사실을 제외하면 그의 집권 때문에 고구려인들의 마음이 분열되어, 당나라의 침입에 맞서 제대로 싸우지 못했다는 식의 비난이 가장 많다.

하지만 연개소문은 군사적으로 결코 무능력한 인물이 아니었다. 이세민이 직접 원정에 나선 1차 침공에서도 고구려의 요동 방어선은 무너지지 않았다. 초전에 백암성과 요동성이 함락되기는 했지만, 신성과 안시성에서 당나라 군대는 끝내 고구려의 방어선을 뚫지 못하고 퇴각해야 했다.

그리고 당의 2차 원정에서는 연개소문 본인이 직접 군대를 이끌고 나서 당의 명장인 방효태와 임아상, 유백영이 지휘하던 당의 대군을 사수 전투에서 모조리 몰살시키는 대승을 거두었다. 관련 기록을 보자.

> 연개소문이 사수에 진영을 설치한 당나라 좌효위장군 방효태를 공격하여 크게 이겼다. 이때 어느 사람이 방효태에게 고구려군의 포위를 뚫고 다른 당나라 장수인 유백영과 조계숙의 진영에 가서 도움을 요청하라고 말하자, 방효태는 이렇게 말하며 거부했다.
>
> "그들이 무슨 수로 나를 돕겠는가? 또 나와 함께 온 고향의 젊은이 5000명이 모두 죽었는데, 어떻게 나 혼자만 살아서 돌아간단 말인가?"
>
> 연개소문은 당군을 공격해 수만 명의 적을 죽였으며, 방효태는 13명의 아들들과 함께 모두 고구려군이 쏜 화살을 맞고 죽었다.
>
> —《삼국사절요》 9권 임술년 정월 기록에서 발췌

요약하면 방효태가 지휘하던 당군은 연개소문이 이끈 고구려군에게 포위되어 도망가지 못하는 상황에서 고구려군이 쏘아댄 화살 세례에 철저하게 전멸당한 것이다. 이로 인하여 당나라의 2차 고구려 침공은 완전히 실패했고, 충격을 받은 당나라 조정에서도 고구려 침공을 취소하기에 이르렀다.

이런 대승리를 거둔 연개소문을 두고 무능력하다고 비난할 수 있는가? 당나라 태종이 죽어서 "요동을 치지 마라."라고 유언을 남긴 것은 그 역시 연개소문을 결코 하찮게 보지 않았다는 증거다.

연개소문 체제의
치명적인 문제점

그러나 연개소문에게 잘못이 전혀 없었던 것은 아니었다. 연개소문은 뛰어난 군사적 재능으로 두 번에 걸친 당나라의 침공을 모두 물리쳤지만, 그에 못지않은 큰 문제점도 남겼다. 그것은 자신이 죽고 난 이후를 대비한 후계자 선정과 권력 구도 개편을 원만하게 하지 못했던 것이다.

연개소문은 남생과 남건, 남산 등 세 아들을 두었다. 그리고 자신이 죽으면 장남인 남생을 후계자로 삼고 직위인 대막리지도 역시 세습하려고 했다. 연개소문이 고안한 이런 체제는 고려 시기의 최씨 무인 정권이나 일본의 무사 정권인 막부와 비슷하다.

하지만 불행히도 연개소문의 세 아들들은 서로 화합하는 대신, 의심하고 권력을 다투어 내분을 벌이고 만다. 그리고 남생이 불안한 권력 구도를 다지고 전국을 돌아다니며 지방 영주들과의 친교를 맺기 위해 평양을 떠나자, 그 틈을 노려 남건과 남산 형제는 반란을 일으켜 자신들이 대막리지 자리를 차지하고, 보장왕을 압박하여 남생을 역적으로 몰았다. 궁지에 빠진 남생은 고심하다가 마침내 적국인 당나라에 투항하는 최악의 선택을 한다.

당나라로 넘어간 남생은 고구려의 정보를 자세히 알려주고, 그것도 모자라 자신이 직접 당나라 군대의 앞잡이가 되어 고구려를 쳐들어오기에 이른다. 고구려의 최상층부에 있던 사람이 당군의 편이 되었으니, 고구려는 도저히 이길 수 없었다. 그리하여 고구려는 연개소문 아들들의 내분으로 망하고 말았다.

역사에 만약은 없지만 연개소문이 자신의 아들들에게 실권을 물려주지 않고, 보장왕이나 다른 왕족에게 군사권을 넘겨주었다면 어떻게 되었을까? 아마 정통성에서 연개소문 집안의 무인 정권보다 더 대외적으로 인정을 받았을 테고, 그렇게 된다면 무리한 영토 확장과 정복 전쟁으로 국력의 한계가 드러나던 당나라도 더는 버티지 못하고 고구려 침략을 포기하지 않았을까? 지난 역사를 생각한다면 못내 이십기만 하다.

6

신라는
어떻게
당나라와의
전쟁에서
살아남았을까?

흔히 교과서에서 보게 되는 삼국통일의 가장 절정이라 할 수 있는 부분은 바로 당나라에 맞선 신라의 항쟁이다. 당나라와 협력하여 백제와 고구려를 무너뜨렸던 신라가, 어느새 신라마저 점령하려는 야욕을 보인 당나라와 힘겹게 싸워 매소산과 기벌포에서 대승을 거두고, 마침내 당나라를 쫓아냈다는 것이 교과서의 설명이다.

그러나 과연 서기 7세기 당시, 세계 최강대국이었던 당나라를 국력에서 훨씬 열세였던 신라가 혼자의 힘만으로 격퇴하는 것이 가능했을까? 신라보다 영토와 군사력에서 더 강력했던 고구려조차 20년의 전쟁 끝에 멸망시킨 당나라가 고구려보다 약소국인 신라를 이기지 못하고 물러간 것일까?

이번 장에서는 한국사 교과서에서 미처 설명하지 않았던 신라의 삼국통일 배후와 나당전쟁의 진실에 대해서 파헤쳐 보기로 한다.

'당나라 군대', 그러나 당나라 군대는 결코 약하지 않았다

오늘날까지 우리 사회에서는 군기가 빠진 부실한 군인들을 가리켜 '당나라 군대'라고 조롱하고는 한다. 그런데 역사적으로 정말 당나라 군대는 형편없는 엉터리 군대였을까?

결코 아니었다. 당나라가 존속했던 시기 중, 말기인 9세기와 10세기 무렵을 제외하면 당나라의 군대는 막강한 전력을 자랑했다.

수나라 말기, 무려 40만의 대군을 거느리며 중국의 제후들을 무릎 꿇게 하고, 한때는 당태종마저 위협해 굴복하게 했던 돌궐족突厥族(투르크)은 동으로는 만주 대싱안링 산맥에서 서로는 카스피 해와 페르시아에 이르는 광대한 지역을 지배하던 강력한 유목 제국이었다. 중국의 사관으로부터 "초원의 오랑캐로서 이보다 강성한 적이 없었다."라

당태종의 무덤인 소릉의 벽에 새겨진 부조에 묘사된 기병과 말의 모습. 당나라의 기병은 매우 뛰어나서 북방 유목 민족을 효과적으로 제압했다.

당나라의 최대 판도를 나타낸 지도. 서기 7세기 당나라는 아랍 제국과 더불어 세계 최강대국이었다.

는 찬탄을 받으며 동서양을 석권했던 돌궐은 630년, 당의 명장 이정이 이끄는 10만 대군의 공격을 받고 멸망하고 말았다. 이로써 682년, 독립을 선언할 때까지 중국을 그토록 무섭게 위협하던 돌궐족들은 약 50년이 넘게 당나라의 충실한 속국이 되어 복종했다.

돌궐을 무너뜨린 당나라 군대는 저 먼 서역인 아랄 해와 카스피 해까지 나아갔으며, 파키스탄의 북부까지 군사 요새를 두어 지배했다. 참고로 중국이 당나라 이후, 중앙아시아를 다시 지배하는 시기는 이보다 1000년 후인 청나라 때에 가서야 가능했다.

수양제의 대군을 거뜬히 격퇴했던 고구려도 끝내 당군의 공세 앞에 멸망하고 말았다. 또 신라의 40개 성을 빼앗고 위기로 몰아넣던 백제는 바다를 건너온 당군의 일격을 맞고는 한 번에 어이없이 무너져 버렸다.

동맹국인 백제를 돕기 위해 일본은 전 국력을 기울여 2만 7000명의 군사를 파견했지만, 663년 백마강 전투에서 당군의 압도적인 힘앞에 모조리 전멸당했다. 이 믿기지 않는 패전에 일본은 너무나 놀라그 후 50년 동안 당과의 외교 관계를 단절하고 나라의 문을 굳게 걸어닫았다.

일본이 당의 군사력에 얼마나 겁을 먹었는지를 보여 주는 사례가하나 더 있다. 755년 안록산이 반란을 일으키자 당시 천황을 대신해일본의 실권을 장악하고 있던 후지와라 가문의 실력자인 후지와라나카마로는 전국에 비상 경계 태세를 내렸다. 혹시 안록산의 군대가일본에까지 침략해 올지 모른다는 공포심에서 비롯된 일이었다. 실제로 당나라는 축차도호부를 세워 일본 원정을 심각하게 고려한 적도 있었다.

이상의 사례에서 보듯이, 당나라 군대는 결코 나약하고 썩어 빠진군대가 아니었다. 오히려 그 반대였다.

약한 군대를 가리켜 '당나라 군대'라고 조롱하는 표현은 일제강점기, 일본에서 생겼다고 한다. 일본은 당나라 때, 중국과의 교역이 가장 활발했는데 그로 인해 당나라가 무너신 이후에도 중국을 당唐나라라고 불렀다.

그런데 1930년대 일본군이 만주를 넘어 중국 본토로 진격할 당시싸웠던 중국군(국민당군)은 형편없고 무기력한 임전 태세로 일본군에게 속수무책으로 연전연패를 거듭했다. 이를 본 일본군 장병들이 허약하고 군기 빠진 군대라는 뜻으로 '당나라 군대'라고 조롱한 말에서 오늘날 '당나라 군대'라는 표현이 생겨났다는 것이다.

당나라를 두려워했던 신라

우리는 교과서에서 신라가 당을 상대로 싸워 이긴 매소성 전투만을 배운다. 그러나 매소성 전투 이후, 신라는 기묘한 행동을 한다. 신라는 675년, 매소성 전투에서 당군의 공세를 격파하고도 오히려 당에 사신을 보내 전쟁에 이긴 잘못(?)을 사죄하는 진풍경을 연출했다.

어째서? 답은 간단하다. 신라의 수뇌부들도 당이 전력을 쏟아 신라를 치면 도저히 감당할 수 없으리란 사실을 깨닫고 있었던 것이다. 그리고 신라가 맞서 항상 승리만 했던 것도 아니었다. 672년 백수산과 673년 호로하 전투에서 당나라 군대에게 패배하기도 했다.

비록 신라에게 여러 차례 패하기는 했지만, 20년 동안 수십만이 넘는 병사를 동원하여 기어이 고구려를 멸망시키고, 13만 대군을 바다로 건너 보내 백제를 무너뜨린 당나라가 과연 신라를 고구려나 백제보다 더 두려워해서 군대를 거두었던 것일까?

인구와 경제력 및 총체적인 국력에서 당은 신라와 비교도 할 수 없을 정도로 강력하고 거대한 제국이었다. 당은 신라보다 더 넓은 영토와 인구를 가졌던 대국인 고구려조차 20년의 시간을 들여서 마침내 멸망시키는 데 성공했다. 하물며 신라는 이미 고구려를 점령한 시점에서 고구려보다 훨씬 상대하기에 쉬운 나라였다. 그런 당이 왜 신라를 끝내 밀어붙이지 못하고 전쟁을 그만두었을까?

당나라가 두려워했던
서쪽의 강국, 토번

당이 백제와 고구려를 쳐 없애고 신라마저 넘보려 할 무렵, 대륙에서는 중대한 변화가 일어나고 있었다. 지금의 티베트 고원에 자리 잡고 있던 토번 왕국이 당에 반기를 들고 도전장을 내밀었던 것이다. 토번은 당나라의 수도인 장안과 가까운 곳에 위치해 있었고, 이로 인해 당은 신라보다 토번이 자국에 훨씬 위험한 나라라고 판단했다.

그래서 670년, 당은 한창 신라로 파견되어 신라군과 전투를 치르고 있던 명장 설인귀와 그가 이끄는 주력부대를 중국 본토로 소환하여 토번을 공격하도록 명령했다.

그러나 같은 해, 청해 고원의 대비천大非川에서 벌어진 전투에서 설인귀가 이끄는 6만이 당군은 토번의 영웅인 본흠릉이 지휘하는 10만의 토번군에게 전멸당하고, 설인귀 자신도 토번군에게 포로가 되는 치욕을 겪는다.

돌궐과 백제, 그리고 고구려를 멸하고 신라마저 밀어붙여 그야말로 동아시아 천하를 재패해 나가던 천하무적의 대제국 당나라가 티베트 고원의 가난한 부족민들인 토번에게 일격을 맞고 참패를 당했으니, 참으로 충격적인 사건이 아닐 수 없었다.

대비천 전투의 결과를 보고 놀란 당나라는 토번을 국가 안보를 위협하는 가장 큰 적으로 규정하고 이후로 40만이나 되는 대군을 동원해 계속 공격했다. 그러나 699년 3월, 소라한산素羅汗山에서 벌어진 전투에서 당군은 토번군의 용맹과 뛰어난 장군인 론흠릉의 전술에 휘말려 총사령관인 왕효걸과 누사덕만이 겨우 도망쳐 올 정도로 처절한 대패를 맛보았다.

이토록 강력한 토번군은 안사의 난이 한창이던 765년, 당나라가 안록산이 일으킨 반란군과 싸우느라 국경 경비가 허술한 사이, 20만 대군으로 당나라를 공격하여 수도 장안을 보름 동안이나 점령하면서 당의 황족을 허수아비 황제로 옹립할 정도로 위세를 떨쳤다.

여기서 한 가지 유념할 사실은 티베트인들이 선천적으로 용맹함을 물려받아서 이렇게 사나운 전사가 된 것은 아니었다. 티베트의 사회 체제가 전쟁터에서 용감한 사람들을 우대하고 패배한 자들을 멸시하는 구조였기 때문에, 티베트인들은 사회적인 성공과 남들의 존경을 얻기 위해서 저마다 용감하게 싸웠던 것이다.

이와 비슷한 예가 다른 나라에도 있었다. 임진왜란 무렵, 일본군에 포로로 잡혀 일본으로 끌려간 조선의 선비 강항은 다시 조선으로 귀국하고 나서 자신이 일본에 머물러 있으면서 만난 일본인들과 나눈 대화를 《간양록看羊錄》이라는 책으로 엮었는데, 거기에 보면 다음과 같은 내용이 나온다.

강항: 왜인(일본인)들이 호랑이처럼 사납고 늑대처럼 탐욕스럽게 전장에서 싸우는 것은 어째서입니까? 그들이 어미 뱃속에서 태어날 때부터 그런 성격을 가지고 나온 것입니까?

일본의 고위 무사: 아닙니다. 왜인들이 전쟁터에서 용감하게 싸우는 것은 타고날 때부터 그런 것이 아니라, 사회구조가 그것을 강요하기 때문입니다. 전쟁터에서 용감하게 싸워 적을 많이 죽이고 목을 가져오면, 자신이 섬긴 영주로부터 넓은 땅을 포상으로 받고 좋은 집에서 많은 봉록을 받으며 풍족하게 살 수 있습니다. 그러나 전쟁터에서 겁을 먹고 도망간 자가 고향으로 돌아가면, "저놈은 적에게 등을 보이고 달아난 비열한 겁쟁이다."라는 욕을 먹고 아무런 상도 없이 사람 취급을 받지 못합니다. 따라서 왜인들은 영주에 충성하는 것이 아니라 자신의 영달을 위해서 그렇게 목숨을 아끼지 않고 싸우는 것입니다.

즉, 전국 시대 일본 무사들은 아무런 대가도 바라지 않고 자신이 섬기는 주군에게 충성하기 위해서 싸웠던 충직하고 영웅적인 인물이 아니라, 사실은 전쟁에서 공을 세워서 출세하려는 열망에 불타서 용감하게 싸웠다는 말이다. 물론 그 이면에는 전쟁에서 용맹을 떨친 자를 우대하는 일본의 사회 분위기와 구조가 있었다.

다시 말해서 '태어날 때부터 용감하거나 유능했고, 태어날 때부터 어리석고 미개한 자'는 인간 세상에 존재하지 않는다. 인간의 능력이

유전으로 이어진다는 생각은 이미 1980년대 세계 생물학자들에 의해 "후천적으로 획득한 형질은 유전되지 않는다."라고 반박당한 바가 있다.

사실이 이럼에도 불구하고 아직도 전 세계와 우리나라의 많은 사람들은 '백인이나 일본인들은 원래 잘나서 잘살고, 흑인이나 동남아인들은 원래 못나서 못산다.'는 식의 어리석고 무지한 인종차별주의적인 미신에 사로잡혀 있으니, 안타까운 일이다.

이건 나중의 일이지만 서기 9세기 이후, 토번은 라마교를 국교로 삼고 사회체제를 군사적 병영 국가에서 종교 국가로 탈바꿈시킨다. 그에 따라, 용감했던 토번 전사들은 장삼을 입고 목탁을 두드리는 승려가 되었고, 중국을 공포에 떨게 할 정도로 무시무시했던 토번은 어느새 포탈라 궁전 안에 틀어박혀 불경을 외우고 불화를 그리는 조용한 나라로 바뀌고 말았다.

다시 본론으로 돌아와서 토번의 군사력과 제도에 대해 살펴보자. 당나라의 사서인 《구당서舊唐書》《신당서新唐書》와 《통전通典》에서는 토번의 군제에 대해 매우 비중 있게 묘사하고 있다.

먼저 《구당서》의 '토번전吐蕃傳'에 의하면 토번은 군인을 나라에서 가장 훌륭한 계급으로 우대하며, 군인이 되는 자들에게는 세금과 부역을 면제하고, 전쟁에서 승리한 자들에게는 넓은 집과 많은 가축 같은 재산을 주어 포상하는 등의 혜택을 베푼다고 기록되어 있다.

또한 토번의 군율은 굉장히 혹독한데, 전쟁에서 지고 돌아온 병사는 자기 의무를 다하지 못한 비겁한 자로 여겨져 사회로부터 매우 심

갑옷을 입고 말을 탄 토번 전사의 복식을
재현한 사진.

한 천대와 멸시를 받았으며, 이를 견디다
못해 자살을 하는 경우가 많았다고 한다.
전국 시대 일본 무사들이 전쟁터에서 도망
가면 비겁한 자라는 오명을 쓰고 사람
대접을 받지 못했던 것과 일맥상
통한다.

이 밖에 《신당서》와 《통전》에
의하면 토번의 군사들은 눈만 가
리고는 온몸을 가리는 사슬 갑옷
을 입었다. 방패와 창을 가진 상태
로 매우 단단한 밀집 보병 전술을
펼치며 싸울 때는 결코 후퇴하지 않고, 앞 열의 병사가 행여 죽거나
다쳐서 쓰러지면 뒷 열의 병사가 얼른 앞으로 나와 그 빈자리를 대신
했다고 한다. 기록으로만 보면 토번군은 고대 그리스의 군사인 호플
라이트처럼 중무장 보병들이 주력이었던 것 같다.

여기에 토번군은 이동할 때는 말을 타고 다니다가, 적을 만나면 얼
른 말에서 내려 진열을 갖추고 싸운다고 기록되어 있다. 기병의 기동
성과 보병이 견고함을 모두 갖춘 실로 막강한 군사였던 것이다.

토번을 우려하여 신라를
적극적으로 치지 못했던 당나라

당의 입장에서 볼 때, 바다 건너 멀리 떨어진 신라보다는 육지로 국경을 바로 맞대고 있으면서 막강한 힘을 가지고 수시로 당의 수도 인근에 쳐들어오는 토번이야말로 가장 위험한 적국이었다.

따라서 당으로서는 한반도에서 계속 신라와 소모전을 벌이는 것보다는, 수도인 장안을 노릴 수 있는 토번과 싸우는 것이 더 중요한 일이라고 판단했을 것이다.

이런 당에게 고작 생존을 보장받고 평양 이하의 땅만이라도 확보하기 위해 싸우는 신라는 그다지 중요한 상대가 아니었다고 결론을 내려도 지나치지 않을 것이다. 애초부터 당에 사신을 보내 백제와 고구려를 공격해 달라고 사정할 정도로 당에 우호적이었고, 당이 자신의 땅마저 점령하려 들자 그제야 당에 맞섰던 신라의 행동도 그것을 뒷받침한다.

실제로 당이 토번과의 전쟁을 대비하여 주력군을 한반도에서 빼내고, 신라가 보낸 화친 서약을 받아들이자, 신라는 언제 당과 싸웠냐는 듯이 금세 화해를 하고 전쟁을 중단했다.

이런 의미에서 볼 때, 신라가 대제국 당과의 전쟁에서 살아남아 반쪽짜리 통일이라도 계속 유지해 나갈 수 있었던 원인은 바로 토번의 발흥 때문이라고 볼 수 있겠다.

만약 토번이 계속 당에 종속된 상태로 있었고 반기를 들지 않았다면, 당은 분명히 수십만의 대군을 수십 년 동안 연이어 신라로 보냈을 것이다. 고구려와 백제마저 멸망시킨 당의 대군을 상대로 신라가 얼마나 버틸 수 있었을까? 더군다나 신라는 고구려나 백제와는 달리, 당이 적국으로 돌아선다면 주위에 아무런 동맹국도 없는 고립무원의 상태였다. 바다 건너 왜국도 고구려나 백제와 우호적이었지, 신라에게는 적국이었던 점을 감안한다면 더욱 그렇다.

신라의 삼국통일과 당과의 전쟁, 그리고 토번의 발흥 등을 고려한다면 신라의 대당항쟁은 단순히 한국사에만 국한되지 않고, 널리 동아시아적인 역사의 관점에서 보아야 좀 더 넓은 이해와 정확한 결론을 내릴 수 있다.

7

발해는 화산 폭발로 멸망했나?

668년, 고구려는 당과 신라의 협공으로 멸망했지만 그 흔적은 완전히 지워지지 않았다. 고구려가 망한 지 정확히 30년 후인 698년, 고구려의 유민이었던 대조영은 만주 길림성 동모산에 새로운 나라인 발해渤海를 세웠다. 발해는 228년 동안 존속하면서 당나라로부터 해동성국海東盛國이라는 칭송을 들을 정도로 번영했다.

발해의 멸망
그리고…

926년, 발해는 몽골 계통의 유목민인 거란족이 세운 요[遼]나라의 태조 야율아보기가 지휘하는 거란군의 공격을 받고 갑작스레 멸망하고 만 다. 훗날의 일이지만 고려 태조 왕건은 발해를 동족의 나라로 여겼고, 발해를 멸한 거란이 보낸 사신들을 모두 귀양보냈다. 그리고 그가 남 긴 유훈인 훈요십조에서 "거란은 오랑캐이니 그 풍습을 본받지 마라."라는 당부를 잊지 않았다.

그런데 발해의 멸망과 관련해서 흥미롭지만 미심쩍은 이야기가 인 터넷에 떠돌고 있다. 발해의 멸망 원인이 거란의 침공이 아니라, 백두 산에서 일어난 화산 폭발 때문이었다는 주장이다. 백두산에서 거대한 화산이 폭발하여 그 재가 하늘을 뒤덮어 햇빛을 가리는 바람에 기온

발해의 최대 영토를 나타낸 지도. 전성기 의 발해 영토는 고구 려보다 더 넓었다.

이 내려가 농작물들이 자라지 않는 냉해를 입었고, 그 때문에 극심한 흉년에 시달리던 발해는 거란의 침공에 속수무책으로 당하고 말았다는 것이다. 이 놀라운 이야기가 과연 진실일까?

백두산 화산 폭발,
과연 언제 있었나?

발해의 백두산 멸망설은 일본의 방송국인 NHK로부터 시작되었다. NHK는 일본 동북부와 홋카이도에 쌓인 화산재를 연구하는 프로그램을 방영하면서, 화산재의 근원지가 한반도의 백두산이며, 그 연대는 대략 10세기 초라고 추정했다. 그리고 백두산의 화산이 폭발한 막대한 피해로 해동성국이라 불리던 발해가 멸망했으며, 그 이후로 만주는 춥고 황량한 땅이 되었다고 주장했다.

이런 내용은 2000년대 중반, KBS에서도 방송되면서 사람들에게 널리 알려졌다. 신비한 미스터리를 다루는 MBC TV의 프로그램인 〈신

백두산 정상의 연못인 천지. 아득한 옛날, 백두산이 화산 폭발을 일으킨 후에 파인 구덩이에 빗물이 고여 오늘날과 같은 연못이 생겼다.

비한 TV 서프라이즈〉에서도 2010년 7월 25일, 비슷한 내용을 방송하여 세간의 호기심을 자극했다.

그러나 2008년 3월 출간된 《백두산에 묻힌 발해를 찾아서》의 저자가 직접 일본과 중국, 그리고 러시아를 방문해 화산 연구 전문가들과 만나 취재한 자료에 따르면, 백두산 화산 폭발이 실제로 일어났고 거기서 발생한 화산재의 양이 엄청나 일본 동북부 지역의 햇빛을 차단하여 기온을 떨어뜨리고 냉해를 가져온 사실은 맞으나, 방사선 탄소 동위 조사를 한 결과, 그 연대는 발해가 멸망한 연대인 926년보다 최소한 20년 후에 있었다고 한다. 다시 말해서 백두산의 화산 폭발은 발해 멸망의 원인이 될 수 없다는 것이다.

발해는 왜 거란의 침공에 무너졌을까?

백두산 화산 폭발이 아니라면 발해의 멸망은 거란의 침입 때문이라는 원론으로 귀결된다. 하지만 그렇다고 해도 의문점은 남는다. 고구려보다 더욱 넓은 영토를 지녔고, 당나라로부터 해동성국이라는 말을 들을 정도로 번영했던 발해가 어떻게 한순간에 무너졌단 말인가?

거란족이 세운 요나라의 역사를 담은 사서인 《요사遼史》와 《거란국지契丹國志》에 따르면 거란이 공격하기 전, 발해는 극심한 내분에 휩싸인 상황이었다. 왕족과 귀족들은 사치스러운 생활을 계속 누리기 위해 백성들에게 무거운 세금을 부과해 각지에서 농민들의 반란이 일어나고, 조정 고관들도 반란에 가담할 정도로 매우 혼란스러웠다고 전한다.

또한 발해 말기에 망명해 온 요나라 황제 야율아보기의 숙부였던 야율할저란 인물은 10년 동안 발해에서 살다가 갑자기 거란으로 달아났다. 그는 야율아보기를 만나는 자리에서 자신이 발해에서 10년 동안 지내면서 보고 들은 고급 정보들을 모두 말했고, 이로 인하여 거란은 발해의 정보망을 상세하게 손에 넣게 되었다. 그가 위장 귀순을 했다는 얘기도 있으나, 그보다는 진심으로 발해로 왔다가 세월이 흘러 자신이 받는 대접이 소홀해지자 불만을 품고, 다시 거란으로 가서 자신이 가진 발해 관련 정보를 내세워 융숭한 대우를 누리려 했을지도 모른다.

여하튼 이리하여 유리한 국면에 올라선 거란은 925년 12월, 황제인 야율아보기가 직접 대군을 이끌고 발해를 침공하였다. 유목 민족답게 뛰어난 기병이 주축이 된 거란군은 놀라울 정도로 빠른 기동력을 발휘하면서 전쟁이 시작된 그 다음 해인 926년 1월에는 발해의 부여성扶餘城(농안農安)을 함락시키고 마침내 발해의 수도인 상경용천부에 이르렀다.

갑자기 나타난 거란군을 본 발해의 왕 대인선은 매우 놀라 각지에 구원병을 보

발해의 정혜공주 무덤 앞에 세워진 돌사자 조각.

내라는 서신을 띄웠으나, 아무리 기다려도 구원병들은 끝내 오지 않았다. 도성이 포위된 채 식량의 공급이 끊기자 더 이상 견딜 수 없게 된 대인선은 1월 14일, 결국 성 밖으로 나와 야율아보기에게 항복을 했다.

발해의 멸망 과정을 알기 쉽게 비유하자면, 660년 백제가 수도인 사비성이 당나라와 신라의 기습 공격을 받아 함락되어 왕과 왕실 인사들이 포로로 잡히는 바람에 멸망한 과정과 비슷하다고 할 수 있다.

무려 200년에 걸친
발해인들의 치열한 투쟁

하지만 의자왕이 당군에게 항복을 한 이후에도 백제 각지에서 나라를 되찾으려는 세력들이 잇달아 들고 일어나 백제 부흥군을 결성한 것처럼, 대인선이 거란에게 항복을 했으나 발해의 각지에서는 여전히 거란에게 굴복하지 않고, 발해를 다시 세우려는 부흥 세력들이 끊이지 않고 봉기하였다.

야율아보기는 발해를 멸망시키고 나서, 자신의 큰아들인 인황왕으로 하여금 발해의 영토를 다스리는 동단국東丹國이라는 나라를 세우게 했다. 여기서 단은 거란을 한자로 쓸 때의 호칭인 계단契丹에서 유래한 것으로, 동쪽의 거란국이라는 뜻이 된다.

하지만 동단국은 발해 유민들의 격렬한 저항에 시달려 제구실을 못 하다가, 928년 요동 지역으로 철수하였다. 이때 발해의 도읍인 상경용천부는 발해 유민들이 점령하여 사용하지 못하도록 하기 위해서 거란군에 의해 철저하게 파괴되고 불태워졌으며, 수많은 발해 유민들이 거란 땅으로 강제 이주당하는 비극을 겪었다.

동단국의 철수로 발해 영토는 거란의 통치가 미치지 못하는 지역이 되었다. 그리하여 발해의 여러 지방에서는 거란에 복종하지 않으면서 독자적인 세력을 추구하는 지방 정권들이 속속 들어섰다. 그들이 내세운 대의는 모두 발해를 다시 세운다는 복국의 열망을 담았다.

가장 처음 발해의 후계자를 자처한 나라는 후발해국後渤海國이었다. 이 나라는 929년, 지금의 압록강 지역을 근거지로 하여 세워졌다. 후발해국은 발해의 왕족인 대씨大氏들이 주축이 되었으며, 발해의 남쪽 지역인 남경남해부南京南海府가 후발해국의 영토로 편입되었다.

말을 탄 거란족 귀족들을 나타낸 기록화.

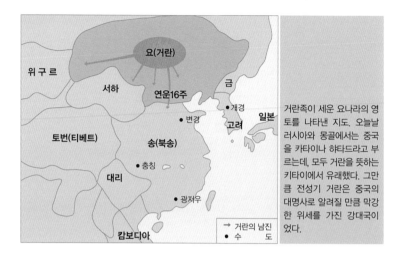

거란족이 세운 요나라의 영토를 나타낸 지도. 오늘날 러시아와 몽골에서는 중국을 카타이나 햐타드라고 부르는데, 모두 거란을 뜻하는 키타이에서 유래했다. 그만큼 전성기 거란은 중국의 대명사로 알려질 만큼 막강한 위세를 가진 강대국이었다.

후발해국은 936년까지 중국의 후당後唐에 사신을 보냈는데, 이때 자신들을 가리켜 발해국 사신이라고 칭했다. 발해 무왕武王이 일본에 사신을 보내면서 자신이 고려(고구려) 국왕이자 부여의 후손이라고 한 국서처럼, 후발해국 역시 자신들이 발해의 후계 국가라는 인식을 가지고 있었던 것이다.

970년, 후발해국은 중국을 통일한 송나라에 사신을 보냈는데, 이때 나라 이름을 정안국定安國으로 바꾸었으며, 왕족의 성씨도 열씨烈氏라고 칭했다. 정안국은 981년에 다시 송나라에 사신을 보냈는데, 나라의 이름은 그대로였으나 왕족의 성씨는 오씨烏로 바뀌어 있었다. 당시 송나라에 국서를 보낸 정안국 왕은 스스로를 오현명烏玄明이라고 말했다. 아마 정안국 내부에서 왕위를 두고 세 가문끼리 치열한 내분을 벌였던 모양이다.

정안국은 발해처럼 거란과 원수 관계에 있던 송나라와 연합해서 함께 요나라를 협공하려 했다. 그러나 당시 송나라는 거란 말고도 서북쪽에서 새로 등장한 서하西夏와 한창 전쟁을 벌이느라 거란 방면에 신경을 쓰지 못했다.

송나라가 소홀히 하는 사이, 거란은 중국 대륙으로 진출하기 위한 작업의 일환으로 후방에 있던 고려를 복속시키려는 계획을 세웠다. 그리고 고려로 가는 길목에 있던 눈엣가시 같은 정안국을 먼저 없애기 위해 985년, 대군을 보내 정안국을 공격했다. 정안국을 침공한 거란군은 포로 10만 명과 말 20만 필이라는 막대한 재물을 노획하였고, 건국한 지 약 60년 만에 정안국은 발해가 그랬던 것처럼 원수의 나라인 거란에게 끝내 멸망하고 말았다.

그러나 정안국 이후로도 발해 유민들의 복국 움직임은 계속되었다. 발해가 거란에게 망한 지 100년이 지난 1029년, 발해의 시조 대조영의 7대손이었던 대연림은 당시 거란에서 파견된 동경유수 부마도위가 잇따른 실정을 하여 옛 발해 주민들의 민심을 잃자, 따르는 사람들을 이끌고 거사를 일으켰다.

대연림은 원래 요나라의 동경東京인 요양遼陽 땅에서 동경사리군東京舍利軍의 상온詳穩이란 벼슬을 하던 사람이었다. 그가 봉기를 일으키게 된 동기는 한소훈과 소파득 같은 요나라 벼슬아치들의 지나친 가렴주구와 착취 때문이었다. 그리고 마침 요나라의 도읍인 연경 지역에 흉년이 들어 식량이 부족해지자, 요양 땅에서 많은 곡식들을 징발해 옮기는 바람에 요양 지역 사람들은 크게 굶주리는 고통을 겪었다.

이렇게 요양 백성들의 민심이 요나라 조정에 등을 돌리자, 대연림은 대세를 파악하여 요나라에 불만을 품은 백성들을 규합하였다. 그는 자신과 뜻을 함께한 무리들과 더불어 원성의 표적이 된 한소훈 등의 요나라 관리들을 모두 죽이고, 요양을 통치하고 있던 요나라 황족인 소효선蕭孝先과 부인 남양공주南陽公主를 붙잡아 옥에 가두었다.

그리하여 1029년 8월 3일, 대연림은 동경을 도읍으로 하여 흥요국興遼國이라는 나라를 세우고, 연호를 천경天慶(또는 천흥天興)으로 정하였으며, 문무백관들을 뽑아 본격적인 나라의 모습을 갖추었다. 흥요국이 등장하자, 거란족에게 많은 세금을 착취당하여 반反거란 감정이 높던 여진족들도 상당수 합류하였다.

왕이 된 대연림은 곧바로 9월, 대부승大府丞이란 벼슬에 있던 고길덕을 사신으로 고려에 보내 도와줄 것을 부탁했다. 고려가 거란과 치열한 전쟁을 치른 점을 노린 것이었으나, 한편으로는 고려 태조가 그랬던 것처럼 대연림도 고려를 동족의 나라라고 여겨서 그렇게 하지 않았을까?

흥요국의 사신을 맞은 고려 조정에서는 그들을 도울지 외면할지를 놓고 치열한 논쟁이 벌어졌으나, 곽원郭元이 나서서 도와줄 것을 주장하는 바람에 고려는 군대를 보내 흥요국을 돕기로 하였다. 그러나 출정한 고려군은 요나라의 수비군에 부딪쳐 흥요국으로 가지 못하고 크게 패하여 철수하였다.

고려의 지원이 실패하자, 흥요국을 둘러싼 운명은 더욱 어두워졌다. 발해 왕족 출신으로 흥요국에서 태사太師를 지내고 있던 대연정大

延定은 여진족으로 구성된 군대를 지휘하여 요나라 군대와 싸웠으나 크게 패하였다. 그리고 대연림과 미리 호응을 하기로 약속을 했던 요나라 관리들인 발해태보渤海太保 하행미夏行美와 동경부유수副留守 왕도평王道平이 돕지 않는 바람에 흥요국은 고립된 상황에 놓였다.

10월이 되자, 요나라는 소효목이 이끄는 토벌군을 편성해 흥요국을 침공하였다. 대연림은 12월과 1월에 두 번이나 고려에 사신을 보내 도와줄 것을 부탁했으나, 이미 지난번에 패한 데다가 더 이상 요나라와의 관계를 악화시키고 싶지 않았던 고려는 끝내 거절하였다.

결국 외부의 도움을 받을 수 없게 된 흥요국은 요나라의 거센 공격에 끈질기게 저항하다가 1030년 8월, 장군 양상세가 성문을 열어 요나라 군대에 항복함으로써 멸망하고 말았다. 국왕인 대연림과 많은 신료들이 요나라 군대에게 사로잡혔고, 많은 발해 유민들이 잔혹한 거란을 피해 고려로 망명했다.

흥요국은 실패로 돌아갔지만, 약 80년 후인 1116년에는 발해의 유민인 고영창이 들고 일어나 대발해국大渤海國을 세웠다. 고영창은 대연림처럼 원래 요나라에서 군사 3000명을 거느리는 벼슬인 비장裨將의 지위에 있었다.

그런데 당시 요나라의 운명은 바람 앞에 등불처럼 매우 위태로웠다. 1115년, 만주 동쪽에서 지금까지 요나라의 악랄한 착취와 학대에 시달리던 여진족들이 완안아골타라는 뛰어난 지도자를 중심으로 단결하여 금金나라를 세워 요나라에 맞섰던 것이다.

놀란 요나라는 대군을 보내 금나라를 진압하도록 했으나, 아골타는 불과 2만의 군사로 요나라 70만 대군을 섬멸하는 기적 같은 대승을 거두었다. 사태가 매우 위급해지자, 요나라는 고영창에게 옛 발해 유민들로 구성된 기병 부대인 발해무용마군 2000명을 편성하여 동경을 금나라의 침입으로부터 방어하라는 명령을 내렸다.

하지만 고영창은 원수의 나라인 데다 이미 여진족에게 얻어맞고 다 망해 가던 요나라를 위해 충성할 생각이 없었다. 그는 자신에게 주어진 발해무용마군를 주축으로 하여, 당시 동경유수로 있던 소보선의 가혹한 폭정으로 분노하고 있던 백성들을 모아서 소보선을 죽이고, 동경을 손에 넣었다. 그리고 고영창은 군사를 8000명으로 늘렸으며, 자신을 황제라 칭하고 대발해국이라는 나라를 세웠다.

거사 초반에 대발해국의 기세는 매우 강성했다. 고영창은 봉기한 열흘 동안 요동의 주 50개를 손에 넣었으며, 심지어 요나라의 왕족이

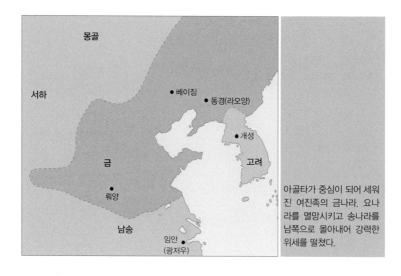

아골타가 중심이 되어 세워진 여진족의 금나라. 요나라를 멸망시키고 송나라를 남쪽으로 몰아내어 강력한 위세를 떨쳤다.

자 철령을 다스리던 영주인 야율여도조차 자발적으로 대발해국에 협조할 뜻을 밝혔다.

하지만 곧바로 토벌에 나선 거란군이 몰려오면서 대발해국은 어려운 상황에 놓이게 되었다. 고영창은 고심 끝에, 요나라의 적인 금나라에 사신을 보내어 동맹을 맺으려 하였다. 그러나 금나라의 완안아골타는 고영창이 황제의 명칭을 쓰고 있다는 점을 문제 삼았다. 자신은 대국 금나라의 황제인데 고영창은 한낱 작은 나라임에도 불구하고 외람되게 황제라고 자처하고 있으니, 고영창이 자신의 도움을 받고 싶다면 황제라는 칭호를 버리라는 것이었다. 하지만 나라가 망한 지 200년 만에 다시 나라를 되찾았다는 열망에 부푼 고영창은 대발해국 황제라는 이름을 버리길 거부했다. 그러자 아골타는 대발해국을 적으로 간주하였고, 이리하여 대발해국은 거란군뿐만 아니라 금나라와도 싸우게 되었다.

1116년 5월, 요양부는 금나라 군대의 손에 넘어갔다. 고영창은 자신이 직접 기병 5000명을 이끌고 요양의 남쪽인 수산에서 싸웠으나, 금나라 군대의 강력한 철기병에 참패하고, 달아나다가 금나라 군대에 죽임을 당하였다. 이로써 대발해국은 성립한 지 5개월 만에 막을 내렸다.

마지막으로 소개할 발해의 잔존 세력인 오사국烏舍國은 발해의 귀족 가문인 오烏씨가 세운 나라이다. 오사국에 관련된 자료들은 매우 적어서 구체적으로 어떤 나라였는지를 파악하기 힘들다.

빈약한 자료들이나마 모아 보면, 오사국의 지배층은 발해 귀족인 오씨들이지만, 백성들의 대부분은 여진족인 올야부족兀惹部들이었다. 오사국의 수도는 오사성烏舍城인데, 그 위치는 대략 지금의 러시아 연해주인 하바로프스크라고 추정된다.

요나라의 역사를 기록한 《요사》에 의하면 975년에 발해의 부여부에서 거란에 반란을 일으켰던 발해 유민들이 올야성兀惹城 혹은 오사성으로 달아나 오사국을 세웠다는 기록이 보인다.

그 뒤 1004년 여진족들이 국왕인 오소경과 그 가족들을 붙잡아 거란에 넘겨주었으며, 1012년에는 철리국鐵利國에서 오사국 100명을 포로로 잡아서 역시 거란으로 보냈다는 기록이 보인다.

1114년, 금나라가 거란을 공략하면서 오사국을 병탄했다는 기록이 있는 것으로 보아 최소한 오사국은 100년 동안 존속했던 것으로 보인다.

한편 새로운 나라인 금나라에 출사하여 살아간 발해 유민들도 있었다. 발해 유민들에게 원수의 나라였던 요나라는 그들에게 억압받던 여진족이 세운 금나라에게 멸망당한다. 발해 유민이나 여진족이나 모두 요나라에게 학대받던 신세여서 묘한 동질감이 생겼던 모양이다. 그래서 여진족이 금나라를 세우자 거란에 원한을 품고 있던 많은 발해 유민들이 금나라에 대기 힙세했다.

금나라에서 활약한 발해 유민 출신 사람 중 가장 출세한 사람은 장호張浩이다. 그의 원래 이름은 원래 고구려 왕족의 성인 고高씨를 쓰는 고호였다. 고호는 금나라의 태조인 완안아골타를 섬기는 신하가 되었으며, 아골타는 그가 고구려의 시조인 동명성왕 주몽의 후손이라고 인정해 주었다. 이후 장호는 금나라의 5대 황제인 세종 시대까지 계속 금나라의 고관에 머물면서 촉왕蜀王과 노국공魯國公이라는 작위를 받을 정도로 후한 대접을 받았다.

이처럼 발해가 멸망한 지 200년이 지난 후에도 발해 유민들은 여전히 '발해'란 이름을 잊지 않고 거란에 맞서 실로 치열하게 싸우고 있었던 것이다. 지금 우리는 그들의 존재조차 잊어버렸지만, 그들이야말로 우리가 외면하고 있었던 고구려의 진짜 후손들이 아닐까?

8

의문투성이
《삼국사기》,
어떻게
봐야
할까?

삼국시대를 비롯하여 한국의 고대사를 공부하는 데 없어서는 안 될 역사서 중 하나가 바로 《삼국사기》 이다. 《삼국사기》는 1145년 고려 인종 임금의 명령에 의해서 이름 높은 대신이자 유학자였던 김부식이 편찬한 책이다.

삼국의 역사라는 제목에서 알 수 있듯이, 《삼국사기》는 고구려와 백제, 신라 시대의 역사를 다루고 있으며, 28권의 본기와 10권의 열전, 9권의 지리학 내용과 3권의 표로 구성되었다.

《삼국사기》를 편찬할 무렵, 김부식은 70세의 고령으로 혼자서 작업을 하기 힘들었다. 그래서 서안정과 최우보, 김영온, 김충효, 정습명 등 총 10명의 사관들이 함께 작업을 했으며, 김부식은 감수국사監修國史라는 직책을 맡아서 모아 온 사료들의 오자 검사나 편찬 작업에 주로 치중했다.

《삼국사기》를
쓴 이유

《삼국사기》를 편찬할 무렵, 김
부식은 이미 벼슬에서 물러나
있던 상태였다. 더구나 고대 사
회에서 70세라면 결코 적지 않
은 나이다. 지금도 그렇지만, 나
이가 많아 공직에서 물러난 사
람이라면 보통은 그냥 모아 놓

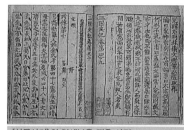

《삼국사기》의 인쇄본을 찍은 사진.

은 재산을 가지고 유유자적하면서 여생을 편안하게 보내기 마련이다.

그럼에도 불구하고 김부식은 고령의 나이에 왜《삼국사기》편찬에
몰두했을까? 아래는 그가 《삼국사기》를 지으면서 넣은 진삼국사기표
進三國史記表의 내용이다.

> 오늘날 많은 학사와 대부들은 중국의 역사서와 경전은 매우 잘 알
> 고 있으나, 우리나라의 옛 역사는 알지 못하니 이를 안타깝게 여
> 긴다.

즉, 김부식은 자신이 활동할 당시의 고려 사회에서 상류층에 있던
선비나 지식인들이 외국인 중국의 역사는 잘 알면서도, 자신들의 선조
인 고구려나 백제, 신라의 역사는 알지 못하고 관심을 두지 않는 것을

안타깝게 여겨 조상들의 역사를 알리기 위해서 《삼국사기》를 편찬했던 것이다. 물론 그런 생각은 김부식 혼자만 한 것이 아니라 《삼국사기》를 지으라고 명했던 고려 인종도 가지고 있었다.

그리고 김부식은 그다음 부분에서 "고기古記는 임금과 신하의 좋고 나쁨이나 국가의 사적과 백성들의 생활 같은 역사 기록들이 빠진 부분이 많다."라고 밝혔다. 김부식은 유교적인 사관에 입각하여 한 나라의 흥망성쇠와 그 요인들을 《삼국사기》에서 집중적으로 다루어 보려고 했던 것이다.

이처럼 김부식은 그 나름대로 우리 역사를 알리려는 확고한 주관을 가지고 《삼국사기》를 편찬했다. 이 부분만은 높이 평가할 만하다.

《삼국사기》의 문제점, 현지답사와 유적 발굴의 미비

그러나 원래의 취지에도 불구하고 《삼국사기》에는 수많은 결점들도 눈에 띈다.

우선 김부식은 《삼국사기》를 편찬하면서 결코 현장에 나가 현지인들로부터 전설이나 민담을 채록하거나, 유물들을 발굴하는 등의 조사를 전혀 하지 않았다. 책상 앞에 앉아서 중국 사서들에서 찾아낸 한반도 관련 자료들을 모아 짜깁기한 것이 《삼국사기》의 기본 토대이다. 심한 말로 표현한다면 '짜깁기와 베끼기' 로 만들어진 책이 《삼국사기》

다. 거기에 살짝 양념 뿌리듯 고구려나 백제, 신라나 가야 같은 나라들에서 전해진 사서들의 기록들을 약간 덧붙여서 《삼국사기》를 만들었다.

고구려 광개토대왕과 관련한 《삼국사기》의 기록을 보면 도대체 왜 광개토대왕이라는 표현이 붙었는지 알 수가 없다. 광개토대왕이라는 호칭에 걸맞은 정복 전쟁의 자세한 과정이나 내용은 거의 찾아볼 수 없고, 그저 중국에 열심히 조공했다는 기록들만 잔뜩 나온다. 《삼국사기》의 광개토대왕 기록을 보면 이런 왕을 가리켜 어떻게 넓은 영토를 개척한 대왕이라고 부를 수 있을지 의문이 들 정도이다.

김부식이 참고한 중국 사서들에는 광개토대왕의 정복 관련 기사들이 별로 없고, 조공 관련 기록들만 있어서 그것들을 보고 참조하다가 이런 일이 벌어진 것이 아닐까?

그나마 우리가 광개토대왕의 정복 전쟁에 관련된 내용을 알 수 있는 것은 고구려인들이 세운 광개토대왕비가 발견되면서부터이다. 만약 광개토대왕비가 발견되지 않았다면, 우리는 영영 광개토대왕의 사적에 대해 전혀 모르고 있었을 것이다.

김부식이 모범으로 삼았을 중국 역사가 사마천이 중국 각지를 돌아다니면서 현지 주민들과 만나 그들로부터 옛날 신화와 전설을 듣고, 유적지들을 방문한 사

고구려 초기 도읍지인 국내성의 성벽 유적, 현재 중국 집안현에 있다. 광개토대왕의 아들인 장수왕이 도읍을 평양으로 옮기기 전까지 수백 년간 고구려의 수도였다.

실들을 토대로 《사기》를 지은 것과 비교하면 너무나 대조적이다. 당시 고려 조정에서 국왕의 총애를 받던 최고 실권자였던 김부식이 마음만 먹었으면, 얼마든지 조정의 막대한 지원을 받아서 고려 각 지역이나 금나라 영토였던 만주 땅도 방문해서 유적지 방문과 현지 전설 채록들을 할 수 있었을 텐데 말이다.

《삼국사기》를 편찬할 당시, 김부식의 나이가 70에 이른 고령이라는 점도 있었겠지만, 본인이 하기 어렵다면 함께 편찬하고 있던 다른 사람들에게 자금이나 재원을 주어서 현지답사를 할 수도 있었을 것이다.

자료의 취사선택,
내가 쓰고 싶은 것만 넣겠다

또한 김부식은 《삼국사기》를 쓰면서 한 가지 큰 잘못을 했는데, 고대의 신화나 전설들을 거의 넣지 않았다는 것이다. 그 이유는 김부식이 철저한 유교적 합리주의자였기 때문이다. 유교의 창시자인 공자가 "괴상한 힘이나 어지러운 귀신怪力亂神에 대해 말하지 말라."라고 한 말을 근거로 해서, 옛날의 신화와 전설들이 모두 황당하고 근거가 없는 미신이라고 여겼던 것이다. 그래서 고구려의 시조인 주몽에 관한 설화도 《삼국사기》에는 없고, 승려 일연이 지은 《삼국유사》나 이규보가 쓴 《동명왕편》에 실려 있다.

이런 일은 고대 중국의 성인으로 칭송받는 공자도 했던 일이라고 한다. 공자도 유교 경전을 지으면서 자신의 가치관에 맞지 않는 이야기나 자료는 일부러 넣지 않았다고 고백한 바 있다.

하지만 신기한 전설이나 신화 등은 사마천도 《사기》에서 상당 부분 수록했고, 공자보다 1000년 후의 중국 사서들에서도 얼마든지 등장하는 내용이다. 김부식은 지나치게 고지식하고 융통성이 없었던 셈이다.

더구나 고대의 신화와 전설이 허황된 미신이니 역사에 전혀 기록할 가치가 없다고 깡그리 무시해 버리는 것은 역사를 연구하는 사람으로서 결코 올바른 태도가 아니다. 그리스 신화가 황당한 미신이라고 폄하하는 역사학자는 없다. 이집트나 수메르, 바빌론, 인도, 중국 신화들도 마찬가지이다.

또한 고대인들은 신화의 형식을 빌려 역사를 기록했다. 그렇기 때문에 신화를 연구하면서 그 안에서 고대 역사의 원형을 찾으려는 역사학자나 고고학자들도 많다.

《삼국사기》와 관련해서 일부 연구자들은 김부식이 객관적인 서술을 했다고 긍정적으로 평가하기도 한다. 하지만 이 세상에 완벽하게 객관적인 시각이란 존재하지 않는다. 하다못해 뉴스 기사를 쓸 때에도 기사에 어떤 내용을 넣고 넣지 않을 것인지 결정하는 단계에서 이미 글쓴이의 주관이 들어가기 마련이다.

말하자면 《삼국사기》는 김부식 자신이 넣고 싶은 내용만 넣고, 넣고 싶지 않은 내용들은 모두 빼 버린, 취사선택을 통해 편찬된 책이다. 그런 면에서 김부식은 역사를 보는 관점이 지나치게 편협했다고 할 수 있다.

너무나 지나친
신라 편향

그러나 《삼국사기》의 가장 큰 문제점은, 편찬자인 김부식의 주관이나 호불호에 의해 책의 전체적인 내용이 신라에 지나치게 치우쳐 있다는 점이다.

김부식은 《삼국사기》에서 신라가 기원전 57년에 건국되었고, 고구려와 백제는 각각 기원전 37년과 18년에 건국되어, 신라의 역사가 제일 오래되었다고 기록했다. 하지만 신라는 삼국의 고대 왕조들 중에서 발전이 가장 느렸던 나라다. 신라는 서기 6세기 전까지 백제와 가야, 왜와 고구려의 압력에 시달리면서 줄곧 위험한 상황에 놓였고, 고구려와 왜국에 왕자를 인질로 보내야 했을 만큼 국력이 미약했다. 신라가 삼국 중에서 건국한 지가 가장 오래되었다면 그만큼 국가의 토대가 튼튼하여 다른 나라들보다 더 발전된 모습을 보여야 하는데, 전혀 그렇지 않다.

특히나 광개토대왕비와 경주 땅에서 발견된 유물 등 고고학적인 기록을 본다면 서기 5세기와 6세기까지 약 100년 동안, 신라는 사실상 고구려에 예속된 속국이나 마찬가지였다. 《일본서기》에 따르면 광개토대왕이 군대를 보내 백제와 가야, 왜의 연합군을 격퇴시킨 이후, 신라 영토에는 고구려 군사 100명이 상시 주둔하면서 왜군의 침입을 막아낼 정도였다.

그런데 《삼국사기》에는 이러한 내용들이 전혀 없다. 심지어 393년 고구려 광개토대왕이 신라 내물왕(내물마립간)의 구원 요청을 받고 군대를 보내 왜군을 격퇴시킨 일도 기록되어 있지 않다. 대신 내물왕이 외부의 도움이 전혀 없이, 독자적으로 계략을 써서 왜군을 격파했다고 써 놓았다. 김부식이 일부러 뺀 것인지, 아니면 김부식이 참고한 사서들에 그런 사실들이 없었는지는 알 수 없지만 말이다.

이런 이유로 오늘날 많은 역사학자들은 김부식이 신라를 돋보이게 하기 위해서 일부러 신라의 건국 시점을 올려 잡은 것이라고 보고 있다.

한 개인의 사적을 담은 열전 부분은 《삼국사기》에서 모두 열 권인데, 그중 신라의 장수 김유신의 열전이 세 권을 차지한다. 아무리 김유신이 삼국통일의 공이 크다고 해도 한 개인의 열전이 전체 분량의 3분의 1이나 된다니, 형평성을 잃은 조치가 아닌가?

그에 반해 백제 인물들의 열전은 단 한 권도 없다. 또한 《삼국사기》 전체의 내용 중에서도 백제 관련 기록이 신라나 고구려에 비해 제일 적다.

이는 김부식 본인이 신라 왕가인 경주 김씨의 후손이라는 점에서 그 원인을 찾을 수 있다. 김부식은 자신이 신라 왕실의 후손이라는 점을 무척이나 자랑스럽게 생각했던 인물이었다. 그래서 조상의 사적인 신라의 역사를 삼국사기 전면에 잔뜩 늘어놓아 가득 채우고, 반면 신라와 매우 사이가 나빴던 백제의 역사는 일부러 넣지 않거나 양을 줄여서 넣은 것이 아닐까?

고구려에 대해서도 김부식은 마찬가지 관점을 취했다. 수양제가 직접 지휘했던 100만 대군을 격퇴시켜 엄청난 대승리를 거둔 고구려의 명장 을지문덕에 대해서는 단 한 권의 열전도 수록하지 않았고, 생몰 연대도 기록하지 않았다. 고구려의 승리도 오직 을지문덕 한 사람만의 공이라고 매우 폄하하는 입장을 취했다. 김부식은 고구려도 백제 못지않게 탐탁치 않은 나라로 보았던 것일까?

《삼국사기》열전을 보면 김부식의 신라 편향 관점이 잘 드러난다. 김유신을 제외하면 《삼국사기》열전에 들어간 사람은 총 68명인데, 그중 신라가 삼국통일 전쟁을 벌이던 7세기에 활동했던 사람이 절반인 34명이나 된다. 김부식에게는 백제와 고구려를 멸하고 삼국을 통일했던 태종 무열왕과 문무왕 시기의 신라인들이 무척이나 자랑스러웠던 모양이다.

하지만 그에 반해 7세기 이전에 활동한 사람들의 사적은 너무나 적다. 앞에서도 언급했듯이, 《삼국사기》에 기록된 광개토대왕의 내용과 광개토대왕비문에 적힌 내용을 한번 비교해 보자. 두 기록을 비교해 보면 김부식이 광개토대왕을 어떻게 평가했는지를 확연히 알 수 있다. 너무나 차이가 나서 아찔할 정도이다.

고구려나 백제가 이 정도이니 부여나 옥저, 동예, 마한, 진한, 변한, 가야, 우산국, 탐라국같이 '삼국'의 기준에 못 들어간 나라들의 역사는 나라들의 이름만 짧게 언급하는 수준에 그쳐, 너무나 양이 적다. 오죽하면 한국 고대사를 연구하는 학자들이 《삼국사기》를 제쳐두고 중국의 역사서인 《삼국지》 '위지 동이전'을 뒤지고 있을까?

특히나 김부식은 가야의 역사에 대해 지나치게 홀대했다. 《삼국사기》에는 가야의 초기 건국 관련 내용과 신라에 항복하여 멸망하는 부분만 포함되어 있으며, 그 중간에 가야에 어떤 지도자들이 있었고 어떤 일들이 있었는가에 대해서는 거의 들어가 있지 않다. 이런 이유로 가야사를 알려면 《삼국사기》보다 차라리 《고사기》나 《일본서기》 같은 일본 역사서들을 보는 것이 더 나을 정도이다.

가야가 서기 6세기 중엽 신라에 항복하였고 김유신 같은 신라 고위층도 가야 왕족 출신이었다고는 하지만, 가야의 역사에 관련된 기

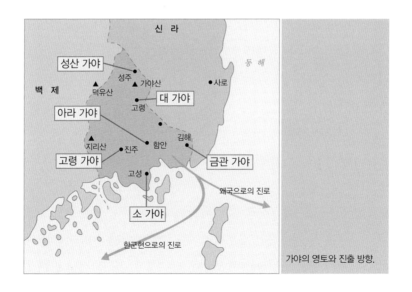

가야의 영토와 진출 방향.

록인《개황록》도 남아 있었다는 내용으로 볼 때, 김부식이 가야의 역사를 쓰려면 얼마든지 넣을 수 있었을 텐데 그렇게 하지 않은 처사는 정말 아쉽다.

이 밖에 김부식은 사마천의 《사기》에도 실려 있는 고조선의 역사는 전혀 넣지 않았다. 《삼국유사》에 다룬 환웅이나 단군왕검 부분도 찾을 수 없으며, 그나마 고구려 동천왕이 수도를 평양으로 옮겼다는 부분에서 평양이 "옛날 선인 왕검이 살던 곳이었다."라고 매우 간략하게만 언급했을 정도이다.

그리고 고구려가 망한 지 30년 후에 다시 일어나 200년 넘게 만주를 지배하면서 당나라로부터 해동성국이라는 찬탄을 받을 만큼 번영했던 발해의 역사도 《삼국사기》에는 전혀 없다. 대체 김부식은 왜 발해의 역사를 넣지 않았던 것일까? 발해 말기에 고려로 귀화해 온 발해인만 수만 명이 넘고, 그들에게 발해의 역사나 사적에 대해 조사하면 충분히 자료가 나올 텐데 말이다. 도무지 알 수가 없다.

사대주의적
관점

도입부에서 말했듯이 《삼국사기》와 관련해서 가장 큰 논란을 빚고 있는 부분은 바로 편찬자인 김부식의 사대주의적인 관점이다. 《삼국사기》를 긍정적으로 평가하는 사람들은, 김부식이 고구려 전쟁 관련 기사를 다루면서 "당태종은 동방을 모두 황폐하게 만든 다음에야 전쟁을 그만둘 생각이었다."라고 우회적인 논평을 넣은 부분을 들면서 김부식이 흔히 알려진 것처럼 중국을 일방적으로 옹호하는 인물이 아니었다고 주장하고 있다.

하지만 유감스럽게도 《삼국사기》 전체의 내용을 보면 그렇지 않은 부분들이 더 많이 눈에 띈다. 김부식은 중국과 고구려, 백제, 신라 같은 한반도 왕조들이 대립하는 부분이 나오면 거의 철저하게 중국을 옹호하는 입장에 선다.

고구려 2대 임금인 유리왕이 하늘에 제사를 지내는 제천의식을 한 장면에서 김부식은 "감히 천자만이 할 수 있는 제사를 지내다니, 분수에 맞지 않는다."라고 비난했다.

또한 고구려 말기 실권자로 당나라의 침략군에 맞섰던 연개소문의 성을 김부식은 《삼국사기》에서 엉뚱하게 천泉으로 바꾸어 천개소문이라고 불렀다. 당나라의 시조인 이연李淵의 이름과 연개소문의 성이 같아, 이를 임금에 대한 불경으로 여겨 일부러 성을 바꾼 것이다. 즉, 김부식은 연개소문을 당고조 이연의 신하라는 관점을 가졌다. 그러나 당의 침공에 거세게 저항했던 연개소문이 정말로 자신을 당나라의 신하라고 생각했을까? 사실 그러한 인식은 김부식 개인만의 주관이 아니었을지.

그리고 백제와 고구려의 멸망 원인이 "소국인 주제에 대국에 맞섰으니 그 죄가 망해야 마땅하다. 특히 고구려는 무례하게도 현도와 낙랑을 점령하여 중국과 대등한 관계에 서려 했고, 당태종이 그에 대해

죄를 묻는 군사를 일으켜 망하였으니, 당연한 일이다."라고 논평했다.

이런 김부식이 모화慕華 사대주의자가 아니라면 대체 누가 사대주의자인가?

그 외에도 중국의 역사서들이 으레 주변 이민족이나 외국에 대해 일정한 부분을 할당해서 서술했던 것과는 달리, 《삼국사기》에는 외국의 역사를 담은 기록이 전혀 없다. 이는 김부식이 삼국의 역사가 철저하게 중국의 속국이라는 주관을 가지고 있었기에, 일부러 넣지 않은 것이다.

아마 이런 모화 사대주의적 관점은 《삼국사기》라는 책이 갖는 정체성에서 찾아야 할지 모른다. 《삼국사기》는 편찬되고 나서 고려에서 읽힌 것은 물론, 1174년에는 송나라에 보내지기도 했다. 《삼국사기》는 고려인들만이 아닌 중국인들도 읽었던 책이었다. 그러니 오만한 중화사상을 지녔던 중국인들을 배려하는 차원에서 일부러 사대주의적인 관점에 의해 서술되지 않았을까?

《삼국사기》의 가치

이러한 문제점들이 있으나, 《삼국사기》는 《삼국유사》와 함께 우리 고대사를 아는 데 결코 빼놓을 수 없는 중요한 책이다. 비록 사대 모화

사상을 지니고 있었지만, 김부식이 남긴 《삼국사기》로 인해서 우리는 그나마 어둠 속에서라도 더듬거리며 고대사의 흔적을 파악할 수 있다.

하지만 《삼국사기》가 많은 결점에도 불구하고 아직까지 각광을 받는 것은 《삼국사기》나 《삼국유사》 같은 몇 권의 책들을 제외한다면 우리가 남긴 사서들이 온전히 전해지지 않고 있기 때문이다.

만약 중국이나 일본의 고서점이나 유적지에서 고구려인들이 영양왕 시절에 지은 역사서인 《유기》나 《신집》, 또는 백제인들이 지은 《서기》와 신라인들이 쓴 《국사》가 발견된다면, 그때 《삼국사기》는 더 이상 지금처럼 한국 고대사를 파악하는 데 독보적인 위치를 계속 차지하지 못할 것이다.

9

고려
멸망의
원인은
무엇인가?

보통 국사 교과서는 고려의 멸망 원인이 홍건적과 왜구 같은 외적의 침입 때문이라고 설명한다. 고려 말기, 북방으로 홍건적이 쳐들어오고 남쪽에서는 왜구들이 노략질을 일삼는 바람에 나라 전체가 쇠약해졌고, 그러다가 이성계가 이끄는 신흥 사대부 집단이 위화도의 난을 계기로 고려를 무너뜨리고 조선을 세웠다는 식으로 기술하고 있다.

교과서에 언급된 고려의 멸망 원인이 잘못된 것은 아니다. 실제로 홍건적과 왜구의 침입으로 고려가 인명과 물질 면에서 큰 피해를 입은 것은 사실이었다.

그러나 이는 사실의 절반에 불과하다. 고려가 망한 이유는 단순히 외적의 침입 때문만이 아니었다. 외세의 침략을 받았다고 나라가 모두 망하는 것은 아니다. 외침을 격퇴하고 피해를 복구할 힘과 기반을 갖춘 나라라면 금세 다시 일어선다. 조선은 임진왜란과 병자호란이라는 크나큰 국난을 겪고도 260년이나 더 버텼다. 현대에도 소련은 나치 독일의 기습을 받고 2000만이나 되는 인명을 잃었지만, 끝내 반격에 성공하여 나치를 멸망시키고 미국에 맞먹는 초강대국으로 성장했다. 그렇다면 고려가 무너진 진짜 원인은 무엇일까?

고려를 지배했던 핵심 계층, 문벌귀족 가문

여기서 고려 사회의 본질을 잠시 이해할 필요가 있다. 흔히 고려는 조선과 같은 맥락에서 받아들여지지만, 고려와 조선은 엄연히 다른 나라였다. 조선은 중앙집권적인 관료 국가였는 데 반해, 고려는 중세 봉건적 귀족 국가였다.

귀족이란 말을 듣고 현재의 영국 왕실을 떠올리며 긍정적으로 생각할 사람이 있을지도 모르겠다. 그러나 현대 민주주의의 시작을 연 프랑스 대혁명에서 귀족들이 숙청의 대상이 되었듯이, 귀족이란 그 자체가 구시대적인 봉건제도의 악습에서 비롯된 계층이다. 귀족은 그 자신의 능력이 아닌, 가문의 후광에 빌붙어 부와 권력을 누리는 자들이다. 쉽게 말해서 본인이 아무리 멍청하고 무능하며 사악해도, 가문의 배경에 기대어 잘 먹고 잘사는 자들이 바로 귀족인 것이다.

조선에서는 최고 벼슬인 영의정의 아들이라도 과거에 합격하지 않는 한, 높은 벼슬에 오를 수 없었다. 하지만 고려는 고관대작의 아들이면 자동적으로 부친의 벼슬을 물려받았다. 조선은 개인의 능력으로 시험을 보아서 관직에 등용되는 관료 사회였지만, 고려는 가문의 힘이 개인의 능력보다 더 우선되었기 때문이었다.

고려를 세운 태조 왕건도 개성의 강력한 토호 세력이었듯, 고려는 건국 초기부터 철저한 귀족 국가였다. 특히나 고려에서는 문벌귀족들이 득세했는데, 이들의 부패와 전횡과 권력 독점이 하도 극심해서,

1170년 정중부와 이의방같이 문벌귀족들에게 천대받던 무신들이 반란을 일으키기까지 했다.

2012년 방영된 MBC의 〈무신〉과 2003년 인기를 끈 KBS의 〈무인시대〉가 바로 이 무신들이 문벌귀족들을 제압하고 정권을 잡았던 역사적 사실을 다룬 드라마였다. 1170년을 시점으로 무신들은 약 100년 동안 왕실과 귀족들을 억누르고 조정의 실권을 장악한다.

그러나 아무리 칼을 쥔 무신들이 실권을 잡았다고 해도, 수백 년 동안 고려를 움직였던 문벌귀족들의 영향력을 완전히 능가할 수는 없었다. 귀족들은 무신들의 칼에 억눌려 있으면서도, 자기들끼리 무신들을 '갑자기 하루아침에 벼락출세한 무식하고 천한 칼잡이들' 정도로 여기고 업신여겼다. 그래서 이의방이나 최충헌, 최우같이 현명한 무신들은 자신들의 권위와 가문의 위상을 높이기 위해서 고위 귀족이나 왕실과 사돈 관계를 맺으려 노력했다.

무신들의 집권은 1231년 몽골의 침입으로 흔들리기 시작한다. 몽골군의 침략이 시작되자, 당시 권력을 잡고 있는 최우가 내린 방어책은 기껏해야 백성들을 산이나 섬으로 대피시키고, 수도를 섬인 강화도로 옮기는 것뿐이었다. 몽골군의 침입이 계속되고 있는데도 불구하고, 최우는 대규모의 군대를 모아 몽골군의 공격을 정면으로 맞서 격퇴할 생각은 하지 않았다. 혹시나 대군을 편성했다가 자신을 몰아내려는 반란이 일어날 것을 두려워해서였다. 실제로 몽골군에 앞서 거란족 유민들이 고려를 침입했을 때, 최충헌이 거란족을 격퇴하기 위해 대군을 모았다가 최충헌을 몰아내려는 반란이 일어난 적도 있었으니 말이다.

하지만 이런 식의 무책임한 최우의 태도에 불만을 품은 사람들도 많았다. 몽골군이 고려 본토에서 백성들을 무자비하게 학살하고 약탈하고 있는데도 최우는 이들을 구할 생각은 않고, 그저 강화도 안에 틀어박혀 호의호식하며 세월만 보내고 있다는 여론이 점차 들끓기 시작했다.

최우는 1249년 사망하고, 그의 권력은 아들인 최항과 손자인 최의에게 넘어갔다. 하지만 최항과 최의는 최우가 했던 정책을 그대로 되풀이하며 여전히 강화도에서 사치와 향락에 빠져 있었다.

결국 1258년, 최의는 자신의 종이면서 삼별초를 지휘한 장군인 김준과 임연에게 피살되었다. 이렇게 해서 최충헌으로부터 4대 60년 동안 시작된 최씨 무신 정권은 막을 내렸다.

최의의 죽음 이후에도 김준과 임연이 이어서 10년 동안 정권을 잡았으나, 그동안 큰 변화가 일어났다. 몽골족이 세운 원나라가 대륙을 지배하면서, 그때까지 무신들에게 눌려 있던 고려 왕실과 귀족들이 원나라의 후원을 받고 무신 정권에 대항하기 시작한 것이다.

1270년, 고려 국왕 원종은 원나라 황제 쿠빌라이 칸을 만나 원의 종주권을 인정하는 대가로 그에게서 정식으로 고려의 국왕임을 승인받았다. 그리고 원과 고려 왕실에 저항하는 삼별초 등의 무인 세력들을 제압하고, 1273년 정식으로 왕정복고를 선언한다. 약 100년 동안 고려를 지배하던 무인 정권은 이렇게 해서 완전히 무너졌다.

무인 정권의 몰락,
그리고 원나라와 손을 잡은 문벌귀족의 득세

그러나 무인 정권의 소멸 이후, 고려는 우리도 알다시피 원의 강력한 간섭하에 놓였다. 특히나 충렬왕부터 고려의 왕들은 계속 원나라 공주와 혼인을 해야 했으며, 그로 인해 고려는 원나라의 사위 나라이자 속국 신세로 전락했다. 심지어 충선왕과 충혜왕 같은 경우는 원나라의 압력에 의해 강제로 왕위에서 쫓겨나 원나라로 끌려갈 정도였다. 사실상 고려 왕실은 원나라의 입김에 좌우되는 꼭두각시나 다름없었다.

왕실이 이렇게 원나라의 힘에 짓눌려 허수아비가 되자, 고려의 문벌귀족들은 원나라와 직접 손을 잡고 자신들의 부와 권세를 늘려 나갔다. 그들이 선택한 방법은 가뭄이나 흉년이 들었을 때, 가난한 농민들의 토지를 헐값에 사들이고 그들을 소작농으로 편입시켜 자신의 종으로 만드는 일이었다. 이리하여 원의 간섭기가 한창인 14세기 초, 고려에서는 국가 토지의 대부분이 귀족들의 손에 들어갔다. 그들이 차지한 토지가 어찌나 넓었는지, 산과 강을 경계로 해야 할 정도였다고 전한다.

이런 귀족들의 토지 겸병과 기득권 강화가 백성들의 삶에 위협이 된다고 판단했던 충선왕은 토지 개혁 정책과 귀족들의 권력 약화를 목표로 하는 개혁을 추진했다. 하지만 원나라와 손을 잡은 고려 귀족들의 반격으로 실패하고 그 자신도 왕위에서 쫓겨나 원나라로 끌려갔던 것이다.

갈수록 가난해졌던
고려의 서민들

소수의 귀족들이 살쪄 갈 때, 대다수의 백성들은 굶주려야 했다. 귀족들의 전횡을 막아줄 견제 세력이 없는 상황이니, 귀족들의 부와 권세는 계속 커져만 갔다. 그와는 반대로 대부분의 백성들은 귀족들에게 얽매여, 자신들의 땅도 없이 귀족들의 땅을 빌려 농사를 짓고, 수확한 농산물의 거의 전부를 귀족들에게 세금으로 바치며 자신들은 찌꺼기로 배를 채우는 형편이었다.

이리하여 말기로 갈수록 고려는 전 국민의 '천민賤民화' 현상이 심해졌다. 천민이라는 단어가 어렵다면, 빈민이나 저소득층이라고 바꿔도 된다. 쉽게 말해서 극소수 상류층들을 제외한 99퍼센트의 백성들이 가난해졌고, 더 이상 궁핍을 견디지 못한 민간 경제와 국가 재정이 파탄하면서 고려도 무너졌던 것이다.

그런데 이런 현상은 비단 고려에서만 있었던 것이 아니다. 고려의 전 왕조인 신라에서도 그랬고, 멀리는 프랑스 혁명 직전의 프랑스에서도 마찬가지였다.

동서고금을 막론하고 한 나라가 망하는 말기 무렵에는 공통된 현상이 나타난다.

1. 나라 전체의 부를 소수의 상류층들이 독점한다.
2. 중산층이 붕괴되고 인구의 절대다수를 가난한 서민과 빈민 등 저소득층이 차지한다.
3. 부자는 계속 재산을 늘려 더욱 큰 부자가 되지만, 가난한 사람은 계속 가난하게 산다.
4. 부유한 상류층들이 자기들끼리 똘똘 뭉쳐 하류층의 사람들이 상류층으로 올라오는 것을 강력히 막는다. 새로 상류층에 진입하는 사람들이 많아지면 이미 기존의 상류층인 자기들과 서로 이권을 차지하려 다툴 테고, 그러면 자신들이 가질 몫이 줄어들기 때문이다. 그리고 가난한 사람이 아무리 열심히 노력을 해도 신분 상승이 거의 불가능해진다. 반대로 부자들은 군대와 납세 같은 의무를 지키지 않는다.
5. 부자들 대신 가난한 서민들에게 무거운 세금과 병역 같은 의무들이 잔뜩 부과되며, 중앙정부의 재정이 텅 비어 간다. 가난한 사람들이 세금을 내봐야 얼마나 내겠나?
6. 지방 곳곳에서 더 이상 가혹한 현실을 견디지 못한 백성들의 봉기가 일어나 나라 자체가 갈가리 찢어져 무너지게 된다.

한 예로 고대 서양 세계를 지배했던 로마 제국도 고려와 비슷한 길을 걸었다. 로마 초기, 카르타고의 명장 한니발 장군이 쳐들어오자 로마의 지배층인 원로원 의원들은 앞다투어 군대에 자원하여 카르타고 군대와 싸웠다. 유명한 칸나에 전투에서 로마 원로원 의원 수십 명은 카르타고 군대와 싸우다 전사했지만, 원로원 의원들은 나라를 위해 목숨을 바친 일을 크나큰 자랑이자 영광으로 여겼다.

그러나 서기 5세기인 말기 무렵이 되자 로마의 귀족들은 칸나에 전투에서 보여주었던 노블리스 오블리제의 정신을 잊어버렸다. 게르만족과 훈족들이 쳐들어오자, 로마 귀족과 원로원 의원들은 군대에 끌려가는 것이 무서워 징병을 회피하기 위해 일부러 엄지손가락을 자르는 짓을 저지를 정도였다. 게다가 로마 원로원의 의원 세 명이서 이탈리아 전체 부의 절반을 차지할 정도로 로마의 빈부 격차는 극심했다.

사회를 이끌어가는 상류층들이 희생과 의무를 내팽개치고 특권만을 챙기려 할 때, 결국 그 나라는 망하기 마련이다. 매우 간단하지만 변하지 않는 진리다.

고려를 개혁하려 했던 신돈과 신흥 사대부들

갈수록 극심해지는 빈부 격차와 서민 경제의 피폐 등 고려 말기의 사회문제를 해결하려는 뜻 있는 사람들이 없었던 것은 아니었다. 승려 신돈과 원나라에서 들어온 성리학을 공부하던 신흥 사대부들이 개혁을 외치며 등장한 것이다.

신돈은 본래 가난한 지방 선비와 절에서 일하던 여종 사이에 태어난 천민이었다. 그는 어릴 때 절에서 노비로 일하면서 온갖 힘든 일을

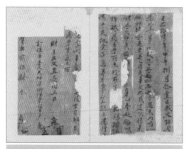

고려의 노비문서. 서기 1354년 공민왕 시절의 것이다.

겪으며 자랐는데, 어른이 되자 원나라로 유학을 가서 불교와 라마교의 교리를 배우고, 다시 고려로 돌아와 승려가 되었다.

그의 눈에 비친 고려는 아귀와 수라도가 판치는 지옥이었다. 부와 권세를 가진 자들이 서민들의 땅을 마구 빼앗고 호사스러운 생활을 즐기는 동안, 대다수 서민들은 자기 땅도 갖지 못한 채 가난과 고통에 시달렸다. 고려의 현실을 보면서 신돈은 귀족들에 대한 분노와 잘못된 세상을 바꾸겠다는 일념에 불탔다.

당시 친원파 귀족들에 대항하여 개혁 정치를 추진하던 공민왕은 아내인 노국 공주의 죽음 이후 정치에 대한 의욕을 잃고 우울증에 빠진 상태였다. 그런데 신돈의 이름을 듣고는 자기 대신 나랏일을 잘 해낼 사람이라고 생각하여 그를 불러 중책에 임명하고 권세를 부여해 주었다.

왕으로부터 전권을 위임받은 신돈은 토지 개혁 기구인 전민변정도감田民辨整都監을 설치하여, 다음과 같은 법령을 발표했다.

지금부터 귀족들은 그동안 백성들에게서 빼앗은 땅을 모두 원래 주인에게로 돌려주어라. 또한 땅을 팔고 권세가들의 노비가 된 백성들도 전부 노비 신분에서 해방시켜 원래 양민의 신분으로 돌아

신돈의 포고를 들은 고려 백성들은 일제히 환호하고 "성인이 나타나셨다!"라며 기뻐했다고 한다.

그러나 졸지에 부와 권세를 잃은 귀족들이 신돈을 가만히 내버려 둘 리 없었다. 귀족들은 끊임없이 공민왕을 찾아가 "신돈은 요새 술과 여자에 빠져 방탕하게 살고 개혁의 의지를 저버렸습니다. 게다가 요즘에는 전하를 업신여기며, 심지어 자신을 추앙하는 백성들의 민심을 등에 업고 모반을 하려고 합니다."라는 식의 모함을 하면서 왕과 신돈의 사이를 갈라놓으려 애를 썼다.

마침내 1371년 7월, 공민왕은 신돈을 체포하여 처형시키고 만다. 귀족들의 거짓 모함과 압력에 못 이긴 왕이 결국은 스스로 개혁의 기수였던 신돈을 제거하고, 귀족들에게 굴복한 셈이었다.

신돈을 없애 버린 고려의 귀족들은 희희낙락했지만, 그들의 즐거움은 오래가지 않았다. 성리학이라는 새로운 학문을 앞세운 신흥 사대부 계층들이 등장하여, 홍건적과 왜구를 무찌른 유력한 무장인 이성계와 손을 잡고 권문세족들을 몰아낸 뒤, 아예 고려라는 나라 자체를 없애고 새로운 나라인 조선을 세웠던 것이다.

조선을 세운 핵심 지식인인 정도전은 나라의 기틀이 확립되자 가장 먼저 토지제도의 개혁부터 서둘렀다. 그는 새 나라의 성립과 동시에 고려에서 사용되었던 모든 토지 문서들을 불태워 제거함과 동시에, 권문세족들이 가진 땅을 전부 몰수하여 다시 서민들에게 공평하게 분배해 주는 토지개혁을 완성했다. 이 작업으로 인해서 땅을 잃고 가난하게 살던 백성들은 환호했고, 덕분에 조선 왕조는 백성들의 강력한 지지를 받으며 500년이나 존속할 수 있었다.

이처럼 고려의 존망을 좌우한 문제는 토지개혁이었고 그 배후에는 자신들의 기득권을 잃지 않으려 했던 권문세족들이 버티고 있었다. 즉, 고려 말 권문세족들이 벌인 부의 독점은 나라를 바꾸는 극단적인 방법을 써서야 겨우 해결되었던 것이다. 한 체제 안에서 벌어진 모순을 완전히 고치려면 그 체제 자체를 부숴 버리고, 새로운 시스템을 도입해야만 한다는 사실을 보여 준 셈이다.

덧붙여 고려는 말기로 가면 전 국민들이 천민으로 전락했던 것에 반해, 조선은 말기로 가면서 대부분의 국민들이 노비 신분에서 풀려나 족보를 가진 양반으로 신분 상승을 이루었던 일과 비교해 본다면, 고려와 조선 두 나라 중에서 그나마 조선이 백성들이 살기에는 조금 더 나았다고 할 수 있다.

10

한국사의
불청객,
왜구

한국사를 공부하다 보면 빠지지 않고 등장하는 것이 바로 '왜구(倭寇)'다. 글자 그대로 해석하자면 '왜', 즉 일본의 도적 이란 뜻이 된다.

왜구는 한국사와 매우 깊게 연관되어 있는데, 그 기원이 신 라의 초기인 남해차차웅 때까지 거슬러 올라가 조선 명종 무렵까지 계속된다. 일본에서 배를 타고 건너온 해적들이 약 1500년 동안이나 한국의 해안가를 휩쓸며 약탈을 일삼 았다는 말이다.

왜구는 가야나 고려 내부의 천민이었을까?

일반적으로 왜구, 하면 일본에서 건너온 일본인이라는 것이 학계의 정설이지만 이를 반박하는 주장들도 많은데, 대표적인 것이 신라 시대의 왜구는 일본인이 아닌 경상남도 가야를 가리킨다는 것이다. 또 고려 말에 침입한 왜구들의 경우도 일본 본토가 아닌 고려의 천민 계층인 양수척(떠돌아다니며 천한 일을 하던 무리)이나 재인(광대) 등 고려 내부의 소행이라는 학설들도 존재한다. 주로 일본인 학자들이 그런 식의 말을 한다.

그러나 이런 주장들은 근거가 빈약하고 사료의 해석을 잘못하는

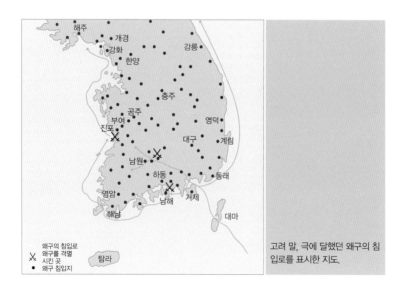

고려 말, 극에 달했던 왜구의 침입로를 표시한 지도.

114

경우가 많아 그 진실성을 의심받고 있다.

신라 시대의 왜구가 가야라는 주장도 그렇다. 시조 박혁거세의 아들인 남해차차웅 때 침입한 왜구들의 기록을 보면 100척의 배를 타고 해안 지대를 습격했다고 한다. 신라의 중심지인 경상북도 경주와 가야의 중심지인 경상남도는 매우 가까운 거리이다. 서로 지척에 있고 더구나 육지가 맞닿아 있는 상황에서 구태여 배를 타고 바다를 건너 공격한다는 것은 어째 부자연스럽다. 그냥 말을 타고 육전을 벌이는 쪽이 더 자연스럽다.

또 295년 신라의 유례이사금은 신하들에게 왜의 침범이 잦으니 백제와 함께 바다를 건너 왜를 공격하자는 논의를 한다. 유례이사금은 분명히 '왜'가 배를 타고 바다를 건너가야 칠 수 있는 존재라고 인식하고 있었다. 만약 왜가 가야를 가리키는 말이라면 신라와 바로 붙어 있는 거리에서 왜 바다가 언급되었을까?

왜인들의 근거지로 지목되는 임나(대마도)의 위치만 해도《삼국지》 '위지 동이전'을 비롯한 중국의 사서들에는 분명히 "북쪽이 바다로 막혀 있다."라고 언급되어 있다. 가야가 있는 경상남도의 북쪽이 바다로 막혀 있던가? 분명히 아니다.

신라 초기부터 한반도에 출몰했던 왜구들은 6세기 중엽 이후로 자취를 감추다가 약 800년이 지난 고려 말기부터 다시 기승을 부리기 시작한다. 고려 몰락의 원인으로 지목받고 있는 왜구들의 출현인데, 이를 두고 일본 학계에서는 고려 말의 왜구들은 일본인이 아닌 양수척이나 재인, 제주도인 등 고려의 하층민들이며 따라서 왜구들은 고려 내부의 반란자들이라는 주장을 편다.

그러나 《고려사》나 《고려사절요》 등의 사서들을 면밀히 검토해 보면 그들이 고려인이라는 주장에 의문이 간다. 1380년, 고려의 장수 배검은 왜구들과 직접 만나 회담까지 가졌는데, 당시 왜구들은 고려를 가리켜 '너(배검)의 나라女國'라고 불렀다. 만약 왜구들이 양수척이나 재인, 제주도인 등의 고려인이었다면 고려를 '너의 나라'라고 불렀을까? 이것은 왜구들 스스로가 고려인이 아님을 명백히 드러내고 있는 증거이다.

'양수척이나 재인 같은 하층민들이 자신들을 차별하고 핍박하는 고려를 과연 자신들의 나라, 조국이라고 여겼겠느냐?'라고 의문을 가질 사람들도 있을 것이다.

노략질하는 왜구를 묘사한 기록화. 하지만 이 그림에 나온 것과는 달리, 대부분의 왜구들은 갑옷과 투구로 잘 무장한 정예 병력이었다.

하지만 1216년, 거란족 유민들이 고려로 쳐들어와 분탕질을 하자 양수척들은 집권자인 최충헌에게 놀라운 제의를 한다. 자신들을 착취하는 최충헌의 애첩 자운선과 부패한 승려를 처단하면, 나라를 위해 충성하겠다는 내용이었다. 물론 여기서 나라¹란 거란족이 아닌 고려를 가리킨다. 근대 이전의 사람들이라고 해서 국가라는 개념이 아예 없었던 것은 아니었다.

왜구의 고려인설을 지지하는 사람들이 내미는 근거가 하나 더 있다. 고려군과 싸우다 불리해진 왜구들이 자주 산으로 달아나는 장면을 두고 "저들이 정말 일본에서 왔다면 왜 배를 구할 수 있는 바다로 가지 않고 도망가기도 힘든 산으로 가겠느냐? 왜구들은 일본인이 아니라 한반도의 지형에 익숙한 토착민이 분명하다."라고 주장한다.

그러나 이는 왜구들이 처한 상황을 잘 알지 못하는 데서 비롯된 억측이다. 14세 말, 남북조 시대를 살던 일본 무사들은 산속에 올라가 목책을 쌓고 적의 공세를 격파하고 산줄기를 따라 재빨리 달아나는 산악전에 매우 능숙했다. 왜구들 역시 고려군의 공격을 받게 되면 이렇게 자신들의 장기인 산악전을 마음대로 펼칠 수 있는 산으로 올라가 싸웠던 것이다. 실제로 고려군과 싸운 왜구들은 산 위에서 목책을 쌓고 고려군이 접근해 오면 바위를 굴리고 화살을 쏘아대는 모습이 《고려사》 등에 자주 보인다.

또한 왜구들의 입장에서 생각해 본다면 당장 생명이 위급한 적지인 고려 땅에서 적에게 훤히 노출되는 해안 지대보다는 자신들의 장기인 산악전을 펼칠 수 있고, 적의 눈을 피해 안전하게 달아날 수 있으며 적이 쳐들어와도 이를 쉽게 막을 수 있는 산지가 더 안전하지 않았을까?

왜구에 대한 선입견

왜구에 대한 선입견도 많았다. 흔히 왜구, 하면 옷도 제대로 입지 않은 채 아랫도리를 홀랑 벗고 달랑 일본도 한 자루만 들고 설치는 모습(예: 삼강행실도)만을 연상하지만, 고려 말에 쳐들어온 왜구들을 묘사한 기록을 보면 정반대이다.

왜구가 극성을 부리던 고려 말, 일본에서는 남북조의 내전이 한창이었다. 그림은 당시 남북조 시대 활동했던 일본 무사들을 묘사한 것이다. 《고려사》에 기록된 대부분의 왜구들도 이런 차림으로 나타난다.

유명한 왜장 아지발도의 경우만 해도 온몸에 견고한 갑옷을 입고 얼굴에는 구리로 만든 가면을 쓰고 있어 화살을 쏠 틈이 없었다고 한다. 또 고려군 장수인 배극렴과 싸운 패가대만호覇家大萬戶라는 왜장은 철로 만든 큰 투구를 쓰고 손과 발에 이르기까지 갑옷을 착용한 차림이었다. 이처럼 고려 말의 왜구들은 상당한 중무장을 한 것으로 나타난다.

왜구들은 보병전만 했을 것으

로 여기는 사람들이 있지만, 그렇지 않다. 우왕 2년인 1376년 고려에 침입한 왜구들은 300여 명의 기병을 거느렸으며, 3년 후인 1379년에는 700명의 기병들이 포함되었다. 또 1380년 9월, 이성계가 황산에서 왜구들을 격파했을 때는 무려 1600필이나 되는 말들을 노획했다. 왜장 아지발도는 백마를 타고 장

14세기 말, 남북조의 혼란을 끝내고 일본을 통일하여 아시카가 막부를 세운 아시카가 다카우치의 기마도.

창을 휘두르는 돌격전을 감행하여 고려 군사들을 공포에 떨게 하기도 했다. 즉, 왜구들은 기병전에도 능숙한 집단이었다.

놀랍지만 왜구들은 사람과 말이 완전무장한 중무장 기병을 운용하기도 했다. 앞에서 언급한 고려군 장수 배검은 왜구들과 만나 협상을 할 1380년 당시, 왜구들이 철기鐵騎 부대를 거느리고 있는 장면을 목격했다. 여기서 왜구들이 거느린 철기란 강력한 기병이란 뜻으로도 해석되지만 다른 의미로 본다면 철로 무장을 한 기병이란 의미도 된다.

그런데 14세기 말, 일본에서는 사람뿐 아니라 말까지도 갑옷을 입힌 중무장 기병이 전장의 주역으로 활약했다. 11세기인 가마쿠라 시대에 말 위에서 활을 쏘는 기사전이 전투의 주축이었다면, 14세기인 남북조 시대에는 창이나 칼 등으로 적에게 돌격하는 육박전이 매우 성행했다. 이때 일본 무사들은 말에 올라타는 기수들뿐만 아니라 말

에도 방어구인 마갑馬甲(우마요로이)을 입혔는데, 나뭇조각을 엮어서 만든 것에서부터 쇳조각을 쇠사슬로 연결시켜 만든 것까지 다양한 마갑들이 실전에서 사용되었다.

많은 연구자들의 주장에 따르면 고려 말에 침입한 왜구들은 당시 남북조의 전란에 휩싸여 있던 일본의 정예 무사단이며, 특히 오랜 전란으로 군량미 마련이 시급했던 규슈 지역의 무사들이 주축이었다고 한다. 규슈는 한반도와 제일 가까운 지역이니 그들로서는 손쉽게 드나들 수 있었을 것이다.

이상에서 살펴본 대로 신라 초기부터 고려 말까지 한반도에 줄기차게 침입한 왜구들은 일본을 근거지로 한 세력이며, 특히 고려 말 왜구들의 경우는 중무장을 한 차림에 대규모의 기병 부대까지 거느렸던 일본의 정예 병력이라고 보아야 적합할 것이다.

11

조선의
조공과
사대주의는
비난받을
일이었을까?

조선에 대한 다양한 비판 중 대표적인 것 중 하나가 바로 사대주의다. 조선은 건국 내내 명나라에 비굴하게 머리를 숙였으며, 임진왜란이 일어나자 자존심도 버리고 명나라 군대를 데려왔다. 그리고 그들이 행패를 부리는데도 아무런 저지를 못했다. 이를 두고 일부에서는 청나라가 들어서는 병자호란 무렵이 되자 조선은 아예 망했어야 한다고 악평한다.

이런 관점은 대부분의 한국인들이 조선과 사대주의에 대해 가지고 있는 인식에서 생겨난 것이다. 그러나 과연 조선의 대중국 사대주의가 그렇게 비난받아야 할 만큼 나쁘기만 한 것이었을까?

중국에 바친
조공의 성격

우선 조선이 중국에 바친 조공 문제부터 풀어 보자. 오늘날 우리는 조공, 하면 약자가 강자한테 강제적으로 갖다 바치는 공물이라고 보며 이를 비굴함과 나약함의 상징쯤으로 여긴다.

하지만 사실은 그렇지 않았다. 동아시아에서 중국한테 조공을 바친 나라는 조선만이 아니었다. 베트남과 미얀마, 태국은 물론이고 몽골이나 여진족, 위구르와 티베트, 네팔, 지금은 일본의 일부가 된 오키나와도 중국에 열심히 조공을 보냈다.

심지어 일본도 아시카가 막부가 들어서고 나서 3대 쇼군인 아시카가 요시미츠가 명나라 영락제에게 자신이 명나라의 신하라는 뜻을 담은 '신臣 일본국왕日本國王 원도의源道義'라는 서신을 써서 보냈을 정도로 중국과의 조공을 간절히 바랐다.

어째서 이랬을까? 그건 조공이 우리들의 고정관념과는 달리, 일방적으로 중국에 뜯기는 것이 아니라 중국과의 교역을 위한 수단이었기 때문이다. 한 예로 조선 사신이 명에 가서 황제에게 조공품을 바치면 황제는 그에 따른 답례로 회사回賜를 내려 주었다. 그것이 조공의 기본 관례였다. 더구나 중국이 주는 회사의 양은 조공보다 더 많았다. 중국은 대국이라는 체면상, 약소국들에게 더 많이 베풀어 주어야 했다. 그러니 중국의 주변 국가들은 서로 중국에 조공을 가려고 안달했던 것이다.

또한 조선의 국왕이 죽으면 조선 사신들은 명나라에 가서 왕의 죽

명나라 만력황제의 행차도. 임진왜
란이 일어나자 조선에 구원병을 보
낸 인물이다. 그는 25년 넘게 조정
에 나오지 않았으면서도 임진왜란
문제에는 많은 관심을 기울여, 신
하들로부터 조선 천자라는 빈정거
림을 듣기도 했다.

음과 세자의 등극을 알렸고, 황제는 이를 승인하며 조선 왕의 장례식
을 치를 돈과 조선 왕자의 왕위 계승을 축하한다는 명목의 돈을 하사
했다. 명나라의 황제가 죽었을 때는 조문 사절을 보내 위로의 명목으
로 조공품을 바치면 황태자는 그에 따른 회사를 내려 주었다.

뿐만 아니라 명은 조공을 바치러 온 사신들에게 회사 이외에 별도
의 은상恩賞까지 지급했다. 이런 점을 노려 조선은 무슨 일이 생기면
그것을 조공의 빌미로 삼아 더 많은 이득을 얻기 위해 명에 뻔질나게
드나들었다.

조선은 기본적으로 1년에 두 번이나 조공을 했으며, 이는 다른 나
라들보다 더 많은 횟수였다. 그만큼 조선과 명의 관계가 긴밀했다는
뜻이다.

몽골의 오이라트 부족은 매년 2000필의 말을 명나라에 조공했는

데, 1448년 명나라에서는 더 이상 조공을 받지 않겠다고 오이라트 사절단이 오는 것을 금지했다. 그들에게 답례로 주는 선물이 너무 많아 국가 재정에 부담이 되었던 것이다.

당시 동아시아의 거의 모든 나라들은 명나라에 조공을 열심히 했는데, 이는 명나라에 조공을 보내면 그 이상의 대가를 받을 수 있었기 때문이다. 쉽게 비유를 하자면 명나라(중국)가 주변국들로부터 조공을 받는 것은 오늘날의 국가 간 무역과도 비슷하다고 할 수 있다.

강대국에게 머리를 숙이고 그들의 속국이 되었다는 것 때문에 중국에 사대한 조선을 나쁘게 보는 사람이 많다. 하지만 사대주의는 어디까지나 생존을 위한 방편이었다.

세계 최강대국이었던
중국

1840년 아편 전쟁에서 영국에게 무릎 꿇기 전까지 중국은 약 2000년 동안 세계 최강대국이었다.

기원전 3세기인 전한 시대에 중국의 인구는 6000만이나 되었으며, 로마를 공포에 떨게 한 훈족(흉노)을 수십 년간의 전쟁 끝에 두 조각을 내어 한 패는 굴복시키고 다른 한 패는 멀리 서방으로 쫓아내 버릴 정도로 막강한 위력을 떨쳤다.

서기 7세기인 당나라 시대, 중국의 국력은 더욱 강대해졌다. 초원의 제왕인 돌궐(투르크족)을 정복해 약 50년 동안 충실한 속국으로 삼았으며, 그 영토가 서쪽으로는 아랄 해와 북으로는 바이칼 호수까지 미쳤다. 우리가 자랑으로 여기는 고구려도 끝내 당나라에 멸망하고 말았다. 당의 수도 장안의 인구는 100만이 넘었으며, 멀리 아랍은 물론이고 페르시아와 비잔틴의 상인들까지 당나라에 가서 한몫 잡지 못해 안달했다.

중국 역사에서 상대적으로 약한 나라라고 평가절하 받는 송나라도 그 내막을 알고 보면 결코 만만하지 않다. 영국에서 산업혁명이 일어나기 700년 전에 벌써 송나라는 석탄을 대량으로 사용했으며, 화약과 나침반, 인쇄술도 모두 송나라에서 개발했다. 한나라나 당나라보다 작은 영토를 지녔지만, 송나라의 인구는 그들보다 더 많은 1억에 달했다.

조선이 그토록 열렬히 사대했던 명나라는 어떤 나라였을까? 초대 황제 주원장은 100년 동안 세계를 지배했던 몽골 제국을 북방으로 쫓아 버렸다. 주원장의 아들인 영락제는 50만 대군을 이끌고 친히 다섯 번이나 북벌을 감행해 몽골과 오이라트족에게 치명적인 타격을 주었고, 남방의 미얀마와 베트남까지 정복하였으며, 만주의 여진족들을 제압했다. 어디 그뿐인가? 환관 정화에게 3만 명의 수군을 이끌고 인도와 아랍, 동부 아프리카까지의

활발한 대외 원정을 벌여 명나라의 국위를 최고로 발전시킨 영락제.

대항해를 무려 일곱 번이나 강행하여 절정에 달한 국력을 과시했다.

1000년 동안 '실크로드' 라는 단어를 만들어 냈던 중국의 대표적인 수출품인 비단은 로마 귀족들이 열광하는 최고급 상품이었다. 중국인이 만든 한자漢字는 동아시아 지역에서 2000년 동안 국제 공용 문자로 사용되었다.

풍족한 인력과 그에 따른 농업 생산력, 황제를 중심으로 잘 짜인 관료 체계, 뛰어난 기술력, 국제적인 표준으로 지정된 문물, 유사시에는 수십만의 대군을 동원하여 상대방을 압도하는 군사력⋯⋯. 근대 이전의 중국의 위상은 오늘날의 미국에 전혀 뒤떨어지지 않았다.

자존심을 되찾기 위해 싸워야 한다고 하는 사람들이 많은데, 바로 옛날의 고구려는 그런 방법을 택했다. 하지만 그 결과는 어땠나? 나라가 멸망하고 수많은 백성들이 노예가 되어 끌려갔다.

현실적인
상황 인식

만약 조선이 정말로 명나라와 전면전을 치렀다면 그 결과는 끔찍했을 것이다. 인구의 수나 동원 가능한 병력, 식량 생산력 등 모든 면에서 볼 때 조선은 도저히 명나라와 싸워 이길 수 없는 처지였다. 더구나 조선은 명의 중심부와 매우 가까운 거리에 있었다. 육지와 바다를 통해 명나라의 대군이 조선을 향해 쳐들어온다면 조선은 순식간에 멸망했을 것이다.

사대주의라는 현상은 조선에만 국한된 것이 아니었다. 세계사를 통틀어 강대국이 약소국을 지배하거나 영향력을 행사하고, 약소국이 그에 따르는 모습은 고금을 막론하고 보편적인 일이었다. 알렉산드로스대왕의 마케도니아 왕국과 그리스 도시국가들, 로마와 이집트, 중국 한나라와 남월국 등 그 예를 들자면 너무나 많다.

현재 우리나라에 미군이 주둔한다고 해서 한국이 미국의 식민지라고 보는 사람들이 많다. 하지만 지구상에 미군이 주둔하는 나라는 한국만이 아니다. 영국, 독일, 노르웨이, 이탈리아, 일본, 호주에도 미군이 주둔하고 있다. 그럼 이 나라들도 전부 미국의 식민지일까?

그리고 조선의 사대부나 선비들이 명나라의 문물에 심취했다고 사대주의자로 보는데, 당시 명나라는 오늘날 미국과도 같은 위상에 있던 세계 최강대국이자 가장 앞선 선진 문명국이었다. 지금 우리들이 미국 영화나 문학 작품을 좋아하여 즐겨 보는 것과 비슷한 맥락이다. 미국을 싫어한다고 해서 할리우드 영화를 안 보거나 마이크로 소프트에서 나온 윈도우 체제를 쓰지 않는 사람은 없지 않은가.

외래 문물을 좋아하는 경향이 조선에만 있었던 것도 아니다. 19세기까지 베트남 왕실에서는 중국어로 대화했고, 역시 19세기 초까지 유럽 각국의 왕실들은 프랑스어를 공용어로 썼다. 그럼 이들 나라들은 자기 나라 문화를 버리고 외래문화에 얼을 빼놓은 한심한 족속들일까? 중국어를 공용어로 정한 베트남에 비하면 조선은 최소한 자국의 언어를 지켜 낸 자존심이라도 있었다.

"그래도 조선은 스스로 명나라의 속국이라고 했으며 내정간섭을 수시로 받지 않았느냐?"

이렇게 반론할 사람도 있겠지만, 성급하게 생각할 일이 아니다.

우선 조선이 명의 속국임을 자인한 것은 사실이다. 하지만 그렇다고 중국으로부터 내정간섭을 당하고 산 것은 아니었다.

흔히 사람들은 조선은 명나라의 허락이 없으면 국왕이나 왕자의 선출도 못 한다고 여기지만 그렇지 않다. 왕위의 계승이나 세자 책봉은 조선 내부에서 실질적으로 결정을 내리고 나서 명나라에 통보를 해 주면 명나라에서 형식적으로 사후 승인을 내리는 게 전부였다.

그나마 광해군 무렵, 명나라에서 광해군의 왕위 계승을 시비 건 사례를 제외하면 중국이 조선에 내정간섭이라고 할 일을 한 적이 없었다. 명나라가 무너지고 나서 등장한 청나라도 조선이 쇠약해지는 구한말 이전까지는 조선의 내정에 전혀 관여하지 않았고, 무리한 조공

명나라의 수도 북경에 건설된 자금성.

을 요구하지도 않았다.

조선의 사대주의는 초강대국을 옆에 둔 약소국의 입장에서 당연한 생존 전략이었다. 결코 비관하거나 폄하할 일이 아니었다.

끝으로 조선의 조공과 사대주의에 대한 글을 인용해 본다.

> 사대주의는 굴욕적인 것이 아니라 강대국 중국으로부터 나라를 보호하기 위한 민족의 지혜였다. 동아시아 역사의 전문가인 라이샤워 교수도 긍정적으로 평가한다.
>
> 조공은 오히려 중국 쪽에 더 큰 손해였고, 중국이 조선더러 너무 자주 오지 말라고 말렸다. 중국에 조공 바치러 갈 때마다 무역을 하고 새로운 문물을 도입할 수 있어서 조선은 오히려 더 가기 위해 중국에 간청했다.
>
> 사대주의를 나쁘게만 본다면 우리 조상들에 대한 커다란 모독이 될 수 있다.
>
> 만약 강대국에 무모하게 저항했다면 로마에게 맞서다 멸망한 유대인들처럼 2000년 동안 나라 없이 세계를 돌아다니며 수난을 당해야 했을지도 모른다.
>
> 자기 본질은 튼튼히 지키면서도 감당할 수 없는 힘 앞에서는 최소한 타협을 하고, 그 어려운 고비를 넘김으로써 7000만 대민족을 오늘날까지 보존해 온 우리 조상들에게 감사를 해야 한다.
>
> – 김대중 전 대통령 자서전《다시, 새로운 시작을 위하여》중

12

유교는 조선을 나약하게 만들었나?

조선에 대한 비판 중 대표적인 것 또 하나가 바로 "조선은 공자 왈 맹자 왈 하는 유교만 믿어서 국력과 군사력이 약해졌고, 그러다 보니 일본과 청나라의 침입을 받아 끝내 망하고 말았다."라는 것이다.

실제로 이런 인식은 우리 사회 전반에 널리 퍼져 있다. 역사에 대해 어느 정도 아는 사람이라면 으레 "유교를 믿지 않았던 삼국시대나 고려에는 군사력이 비교적 강력해서 중국의 침입에 잘 대항하다가, 유교를 받아들인 조선에 가서 군사력이 약해졌다."라고 말하고는 한다.

그러나 과연 이런 부정 일변도의 생각이 역사적인 사실에 맞는 것일까? 결론부터 말하면 그렇지 않다.

유교를 국교로 삼고
대제국을 건설한 한나라

유교(유학) 그 자체가 과연 군사력을 약화시킨다는 통설이 사실인지
부터 살펴보자. 유학을 정립한 중국의 공자는 군대나 전쟁을 어떻게
보았을까?

공자는 선비들이 갖추어야 할 여섯 가지 덕목인 육예六藝 중 하나로
활쏘기射를 들었다. 여기서 어떤 사람들은 "옛날 군대의 핵심 무기는
칼이고, 활은 그냥 보조 수단 아니냐? 그런데 칼보다 활을 더 중시한
공자는 군대를 천시했음이 분명하다. 그러니 유교가 군사력을 약화시
킨다는 주장은 맞다."라는 말을 할지도 모른다.

불행히도 그런 사람들은 칼잡이가 주로 나오는 일본 만화에 지나치
게 빠져 현실감각을 잃은 경우다. 흔히 근대 이전, 일본 군대에 대한
인식은 긴 칼을 든 '사무라이'이지만, 원래 사무라이는 말을 타고 활
을 쏘는 기마 궁수였다! 사무라이라는 무사 계층이 본격적으로 자리
잡는 12세기 무렵, 일본에서는 원씨元氏(겐지)와 평씨平氏(헤이지) 두 집
안끼리의 내전이 한창이었다. 당시 일본 무사들에게 가장 중요한 덕
목은 좋은 말과 강한 활을 갖춘 궁마의 길弓馬道이었다. 특히 일본 동부
가 세력의 기반이던 원씨 가문의 무사들은 당기는 데 힘이 많이 들지
만 한 번 화살을 날리면 갑옷을 여섯 개나 관통하는 강한 활을 가졌다
고 하여, 평씨 가문 무사들에게 두려움의 대상이 되기도 했다.

비단 일본이 아니더라도 서양에서는 17세기, 동양에서는 18세기,

총이 일반화되기 전까지 활은 세계 모든 군대에서 가장 중요한 무기였다. 유라시아 대륙을 재패한 칭기즈 칸의 몽골군과 중국을 정복한 만주족은 활을 주무기로 삼은 군대였다. 또한 중국 당나라를 세운 이세민과 고구려와 조선의 건국자인 주몽과 이성계 모두 활에 매우 능숙한 명궁이었다.

중국이 유교를 국시로 삼은 때는 한나라의 일곱 번째 임금인 한무제漢武帝부터였다. 유교를 숭상했던 한나라의 군사력이 약했을까? 물론 아니었다. 한무제 당시 한나라의 군사력은 실로 막강했다. 남으로는 지금의 베트남인 남월을 정복했고, 동으로는 우리의 선조인 고조선을 멸망시켰으며, 서로는 중앙아시아의 서역 도시국가들을 복속시켰고, 북으로는 한고조 유방 이후 약 70년 동안 한나라를 위협해 오던 사나운 유목민인 흉노족마저 격파하는 위업을 달성했다.

그중에서 한나라는 최대의 위협 요소인 흉노족과의 대결에서 막대한 규모의 대군을 편성하여 활발한 원정에 나섰다. 기원전 123년 한나라의 대장군 위청은 10만의 기병을 이끌고 흉노 원정에 나서 1만 9000명의 흉노군을 참수했으며, 119년에는 위청과 곽거병이 이끄는 한나라 기병 10만이 고비 사막을 건너 흉노군 1만 명을 죽였다. 97년에는 이광리와 노박덕

중국 한나라 때 만들어진 청동제 말 조각상.

등이 인솔하는 24만의 대군이 흉노족을 공격했으며, 90년에는 14만의 한나라 군대가 흉노족과 다시 싸웠다. 심지어 110년에는 한무제 본인이 직접 북방 국경 지역으로 무려 18만 명의 기병 부대를 이끌고 시찰하여 한나라의 위세를 흉노족에게 과시하는 일까지 있었다.

33년 동안 한나라는 총 76만 명이나 되는 대규모 군대를 편성하여 원정을 감행한 셈이다. 유교를 신봉해서 군사력이 약해졌다면, 도대체 어떻게 이런 일이 가능했을까?

성리학을 신봉한 송나라, 세계 최강 몽골에 맞서 40년을 버티다

조선의 사대부들이 숭상한 성리학은 중국 송나라에서 탄생했다. 그만큼 송나라는 유학이 매우 발달했다. 그렇다면 군사력은 어땠을까?

송나라의 영토는 이전의 왕조인 한나라나 당나라보다 작았다. 또 송나라의 군대는 대외 원정에서는 그다지 눈에 띄는 전과가 없었다. 이런 사실들을 들어 한 세계사 교양서에서는 송나라를 나약한 겁쟁이라고 비하하는 묘사가 실리기도 했다.

그러나 알고 보면 송나라도 방대한 규모를 가진 군사 강국이었다. 송나라는 나라가 유지된 300년 동안, 무려 100만이 넘는 군대를 계속 유지했다. 그것도 전쟁이 있을 때만 군대를 모았다가 전쟁이 끝나면 해산하는 형태가 아닌, 항상 군대를 보유하면서 전쟁에 대비한 상비군으로 말이다.

송나라가 금나라에 밀려 회수 이남으로 밀려난 남송 정권 시대에
도 군사력은 결코 줄어들지 않았다. 남송은 금나라와의 경계선인 회
수와 양자강과 사천 지방에 세 개의 군사 방어 거점을 설치하고 100
만에 이르는 대군을 편성해 배치했다. 금나라의 남진을 연이어 격퇴
시키고 뒤이어 1236년부터 시작된 몽골과의 전쟁에서도 송나라는 이
런 굳건한 방어진의 도움으로 40년 동안이나 존속할 수 있었다.

누구나 알다시피 13세기 몽골은 세계를 재패한 대제국이었다. 전
설적인 영웅 칭기즈 칸을 비롯하여 아시아 대륙의 끝에서 유럽의 동
쪽 변경에까지 초토화시킨 몽골 기병들의 용맹함은 지금도 널리 회자
되고 있다. 그런데 그 세계 최강의 군사력을 보유한 몽골 제국조차 유
학에 빠져 허약하다고 알려진 남송을 정복하는 데 40년이나 걸렸다.
그것도 몽골 제국의 대칸인 오고타이와 몽케가 직접 나서서 대군을
이끌고 원정을 시도했는데도 말이다.

일례로 1253년, 몽케는 회하와 양자강을 건너 남송의 수도인 임안
방향의 북쪽 루트와 사천에서 진격하는 서쪽 루트, 안남(베트남)을 거
쳐 치고 올라오는 남쪽 루트 등 총 세 갈래의 대군을 동시에 진격시켜
남송을 멸망시키려는 계획을 세웠다.

이 장대한 원정의 구상은 처음에는 비교적 수월하게 이루어졌다.
몽케의 동생이자 훗날 원나라의 개국자인 세조가 되는 쿠빌라이는 중
국 운남성의 남조南詔 왕국을 멸망시켰고, 남쪽으로 쳐들어간 장수 우
량카다이는 안남의 수도를 함락시키며 남송의 배후를 공격하는 한편,

몽케 자신도 대군을 인솔하고 송나라의 북방 영토로 진격했다.

그러나 몽케가 친정한 본대는 1257년 사천의 조어산^{釣魚山}에서 송나라의 거센 저항에 부딪쳐 제대로 성과를 거두지 못하고 지지부진하다가 몽케의 갑작스러운 사망으로 철수하고 만다. 공식적인 사망 원인은 전염병이었으나, 일설에 의하면 남송군이 쏜 화살에 맞아 죽었다는 말도 있다. 그만큼 남송군의 저항과 방비는 몽골군으로서도 무시할 수 없을 정도였던 것이다.

한편 송나라의 남부로 쳐들어간 우량카다이의 군대도 담주 지역에서 송군의 저항을 뚫지 못하고 고립되고 말았다. 하마터면 남송군의 포위망에 갇혀 전멸될 찰나, 쿠빌라이가 남송의 재상인 가사도와 밀약을 맺어서 우량카다이의 군대를 구출해 간신히 철수하는 데 성공했다.

1264년, 동생이자 경쟁자인 아리크부게를 제압하고 대칸이 된 쿠빌라이는 7년 후, 나라 이름을 원^元으로 바꾸고 화북 지역에서 군대에 나갈 수 있는 장정들을 모두 징발하여 20만의 대군을 모아 남송 원정에 나섰다. 그러나 나라의 실권을 틀어쥐고 있는 재상 가사도의 부패와 타락에도 불구하고 남송군은 '세계 최강'의 몽골군을 맞아 실로 완강하게 버텼다. 양자강과 한수의 교차점에 놓여 있는 양양성은 뛰어난 장수 여문덕과 여문환의 지휘 아래 쿠빌라이가 보낸 막강한 몽골군의 공세를 잘 막아냈다.

그리고 송나라 조정 역시 양양성의 악전고투를 속수무책으로 방관하지는 않았다. 수군 장수 범문호는 10만의 수군을 이끌고 양양성을 구원하기 위해 원군과 전투를 벌였고, 송의 수도인 임안까지 원나라

사람과 말이 모두 갑옷을 입은 송나라 군대의 중무장 기병대를 묘사한 그림.

군대가 쳐들어오자, 각지에서는 13만의 지원군을 조직해 파견했다.

1277년, 임안이 원나라 군대에게 함락되었으나, 송나라 황실은 마지막 황제인 애제와 그를 보필한 충신들이 배를 타고 남쪽으로 피신하여 다시 지방 각지의 병사들을 모아 2년 동안이나 원나라에 항거하였다. 그리하여 2년 후인 1279년에야 원나라는 애산의 결전에서 송의 마지막 잔존 세력들을 제거하고 중국을 완전히 손에 넣을 수 있었다.

유교를 도입한 베트남, 동남아의 '깡패'가 되다

중국 이외의 다른 나라들에서 유교를 도입했을 때, 어떤 결과가 일어났을까? 동남아에 위치한 베트남을 예로 들어 보자.

1420년, 베트남의 여씨黎氏 왕조는 20년 동안 베트남을 지배했던 중국 명나라 군대를 몰아내고 독립을 얻었다. 하지만 여씨 왕조는 중국의 문물을 완전히 배척하지 않았다. 중국과 바로 국경을 마주하고 있는 데다, 동아시아에서 최고로 발달한 강대국인 중국의 문화를 받아들이지 않고서는 나라를 효과적으로 운영할 수 없다고 판단했기 때문이었다.

그래서 여씨 왕조는 중국과 피 흘리는 전쟁을 치렀음에도 불구하고 중국에서 들어온 유교를 나라에서 가르치는 학문인 국학國學으로 삼았다. 그리고 각지에 공자를 모시는 사당과 《논어》와 《시경》 같은 유교 경전들을 가르치는 학교를 세워 백성들에게 유교를 가르쳤다.

그 결과 베트남의 군사력이 약화되었을까? 정반대였다. 여씨 왕조는 20만의 대군을 편성하여 라오스와 캄보디아, 참파(베트남 남부에 있던 인도계 왕조)를 연이어 공격해 굴복시키며 동남아에서 큰 위세를 떨쳤다. 베트남 역사를 공부하는 외국의 역사학자들은 여씨 왕조가 통치하던 시기의 베트남을 가리켜 '동남아의 깡패'라는 표현까지 써 가며, 베트남의 군사력이 비약적으로 강력해졌다고 평가한다.

또한 여씨 왕조는 베트남을 다스린 역대 왕조들 중에서 가장 오랜 기간인 300년을 존속했다. 베트남 역사학자들은 이런 여씨 왕조의 장수가 유교를 받아들여 잘 수용한 덕분이라고 본다.

전쟁 기계 '사무라이',
책만 읽은 조선 '선비'들에게 쫓겨나다

그렇다면 조선의 경우는 어떨까? 많은 사람들은 1592년부터 1598년까지 벌어진 임진왜란에서 조선이 입은 피해가 컸다는 사실에만 주목한다. 그리고 조선군은 왜군 앞에서 제대로 싸우지도 못하고 도망만 쳤다며, 유교만 믿었던 조선이 전쟁을 두려워하는 나약한 겁쟁이 나라가 되었다면서 자학을 한다.

하지만 이러한 선입견과 편견을 걷어내고 임진왜란의 실상에 주목해 보자. 임진왜란의 주범인 도요토미 히데요시는 대체 무엇 때문에 전쟁을 일으켰을까? 단순히 조선의 도자기나 포로들을 납치하기 위해서? 아니었다. 히데요시는 일본을 통일한 직후부터 해외 영토에 관심을 보였다. 그는 틈만 나면 부하들 앞에서 "조선은 물론이고 명나라와 인도까지 정복해서, 너희들에게 그 땅을 나누어 주겠다."라고 입버릇처럼 말하기를 좋아했다. 우리 입장에서는 우습게 들리겠지만, 히데요시는 조선을 점령하여 지배하려는 목적으로 임진왜란을 일으킨 것이다.

히데요시의 야심은 충분한 근거가 있었다. 100년 동안의 내전을 치르느라 풍부한 전투 경험을 가진 용감한 병사들이 30만이나 일본에 가득했다. 거기에 서양에서 들어온 조총을 비롯한 우수한 무기들까지 확보한 상태여서 군사력으로만 따진다면 조선은 일본에 비교조차 되지 않을 만큼 열세였다.

그러나 막상 전쟁이 시작되자 히데요시의 예상은 빗나갔다. 조선 따위는 한달음에 휩쓸고 명나라 400개의 주와 인도까지 손에 넣겠다던 히데요시의 포부는 완전히 틀어졌다. 개전 초기에는 조선 병사들이 일본군의 모습만 보아도 제대로 싸우지 않고 도망가기 일쑤였지만, 시간이 지나자 조선군은 점차 전열을 가다듬으며 왜군에 끈질기게 맞섰다.

임진왜란 하면 사람들은 백성들이 일으킨 의병만을 생각한다. 하지만 임진왜란 기간 중에서 의병들이 활동한 기간은 전쟁이 시작된 1592년부터 1593년까지 1년 내외였다. 그 기간이 지나자 의병들은 대부분 관군에 소속되어 함께 싸웠다. 뿐만 아니라 임진왜란 중 조선군이 거둔 네 번의 승리인 행주대첩과 진주대첩, 한산도대첩, 명량대첩은 모두 의병이 아닌 조선 관군이 거둔 쾌거였다.

그러나 임진왜란 중 왜군들을 가장 놀라게 한 것은 바로 조선군이 보여 준 행동이었다. 일본에서는 으레 한 지역의 수도가 함락되면 영주는 할복자살하고, 남은 백성들은 모두 항복하는 것이 원칙이었다. 그런데 조선은 전혀 달랐다. 수도인 한양이 함락되었는데도 불구하고, 왕은 자살은커녕 멀리 의주까지 도망쳤다. 그리고 영주가 달아나면 나머지 병

일본 무사의 전투 장면.

사들은 더 이상 전의를 잃고 복종했던 일본 무사들과는 달리, 조선군은 왕이 피신했음에도 사기를 잃지 않고 오히려 더 맹렬하게 군대를 조직해서 반격을 감행하는 것이 아닌가?

임진왜란의 결과를 보자. 전쟁으로 단련된 악귀 같던 일본군은 책만 읽었던 조선의 선비들을 끝내 이기지 못했다. 조선으로부터 한 치의 땅도 빼앗지 못하고 쫓겨났다. 히데요시의 야망은 허무하게 부서졌고, 일본은 이후 메이지 유신까지 약 270년 동안이나 조선에 얼씬도 하지 못했다. 임진왜란은 엄연한 조선의 승리였다.

임란 초기 일본군에 밀리던 조선군이 시간이 지나자 일본군을 상대로 완강히 저항하면서 큰 승리를 얻었던 이유는 무엇일까? 임란 초기에는 조선군이 유교를 믿다가 임란 후기에는 유교가 아닌 불교나 기독교를 믿어서였을까? 물론 아니다. 조선군이 일본군의 진격에 도주했던 이유는 단순했다. 건국하고 나서 200년 동안, 조선군은 북쪽과 남쪽 국경 지대에서 벌어진 작은 분쟁을 제외하면 큰 전쟁을 겪지 않아 전쟁 경험이 적었다. 그래서 임란 초기에 제대로 대응하지 못했던 것이다.

하지만 시간이 지나고 일본군과의 전투 경험이 어느 정도 쌓이자, 조선군은 전열을 가다듬고 반격에 나서 행주와 웅치, 이치, 진주성과 한산도와 부산포 등 무수한 전장에서 오히려 일본군을 밀어내고 전황을 역전시키는 데 성공한다.

유교가 만든 중앙집권제와
관료제의 힘

임진왜란 당시 조선과 일본의 정치 제도는 완전히 달랐다. 먼저 일본은 수백 년 내내 지방 영주들이 다스리는 봉건적인 지방분권제도를 선택해 왔었다. 히데요시가 보낸 조선 원정군도 각 지방 영주들이 자기 고을에서 모은 군대들의 연합체였다. 전국 시대 일본은 한 지역을 나라國라고 불렀으며, 그 지역을 다스리는 영주는 자기 고을 안에서는 왕이나 다름없었다. 영주들은 중앙정부에서 승인하는 것이 아니라 스스로 영주가 되어 직책을 자기 후손들에게 대대로 세습했으며, 다른 지역들은 서로 다른 나라로 취급할 정도로 지방색이 강했다. 그러나 일본의 지역들은 조선처럼 유교라는 특정한 이념에 의해서 통치되는 것이 아니라, 영주들 개인에 의해서 다스려졌다. 그렇기 때문에 영주가 다른 지역에서 쳐들어온 군대에 죽는다는 것은 곧 그 지역 전체가 멸망했다는 것이나 다름없었다.

반면 조선은 건국 초기부터 철저한 중앙집권적인 관료 국가였다. 조선의 왕들은 절대적인 권력을 가진 전제군주가 아니라, 유교적인 이념에 의해 통제되는 입장이었다. 아무리 왕이라고 해도 사치와 향락에 빠져 국정을 제대로 돌보지 않고, 신하들이 올리는 간언을 무시했다가는 결코 무사하지 못했다. 더구나 조선의 선비들은 "왕답지 못한 폭군을 몰아내는 것은 백성의 당연한 권리다."라고 말한 맹자의 격언을 가슴속에 새기고 있었다. 그래서 연산군을 몰아낸 중종반정이 일어났던 것이다.

또 조선과 일본의 중요한 차이점은 세수 제도였다. 서로 다른 지역들끼리 군대를 모아서 먹고 먹히는 내전이 한창이었던 일본에서는 백성들에게 부과되는 세금이 매우 높았다. 전쟁이 치열했던 전국 시대에는 기본적으로 백성들은 소득의 70~80퍼센트를 세금으로 내야 했다! 그렇게 해서라도 군사비를 모아 군대를 늘리지 않으면 당장 다른 영주들이 쳐들어와 그들에게 짓밟히기 때문이었다. 전국 시대 이후, 평화가 정착된 에도 막부 시기에도 일본인들은 소득의 50퍼센트를 세금으로 냈다. 백성을 사랑했다고 알려진 도쿠가와 이에야스조차 "백성과 참기름은 짜면 짤수록 나온다."라는 말을 남겨 백성들을 수탈하는 것을 당연하게 여겼다.

도요토미 가문을 제거하고 일본 최후의 무사 정권인 에도 막부를 세운 도쿠가와 이에야스. 야마오카 소하치의 소설인 《도쿠가와 이에야스》에서 백성과 평화를 사랑하는 자비로운 성군으로 묘사된 것과는 달리, 사실은 음흉하고 비열한 술수를 즐겨 사용했으며, 백성들에게 높은 세금을 짜내는 것을 당연하게 여긴 인물이었다.

참고로 근대 이전 일본에서는 백성들이 영주에게 높은 세금을 바쳐도 받을 수 있는 복지 혜택이 전혀 없었다. 에도 막부 시기, 텐메이 대기근을 비롯해서 여러 차례의 대기근이 일어나면, 일본 백성들은 거의 속수무책으로 앉아서 수십만 명이 집단으로 굶어 죽었다. 봉건 제도하의 일본에서는 서로 다른 지역은 다른 나라로 간주되어 도와줄 의무가 없었기 때문이었다.

중앙집권제도가 정착된 조선의 사정은 달랐다. 조선의 세공은 기본적으로 10퍼센트였다. 조선의 세금 제도가 문란해진 조선 말기에도 조선 백성들이 내는 세금은 30퍼센트 내외였다. 일본에 비교하면 훨씬 낮은 수치였다. 그래서 임진왜란 초기에 일본군의 위세를 두려워하여 항복했던 조선 백성들도, 일본군이 물리는 혹독한 세금에 반발하여 다시 의병을 일으켜 저항했던 것이다.

게다가 일본과는 달리, 조선 백성들은 나라로부터 받는 혜택이 매우 많았다. 성균관과 혜민서에서 공짜로 의료와 교육 서비스를 받을 수 있었다. 또 아이를 셋 낳으면 사회적으로 천대받던 노비라고 해도 나라에서 쌀 10석과 두 달의 출산 휴가를 줄 정도로 우대했다. 조선에서도 일본의 텐메이 대기근처럼 기근이 빈번하게 일어났다. 하지만 여기엔 중요한 차이점이 있다. 조선에서는 중앙정부가 직접 나서서 군량미로 비축된 쌀을 풀어 백성들에게 먹이고, 세금을 낮추는가 하면 중국에 원조를 청해 수십만 석의 쌀을 가져와 구휼 식량으로 베푸는 등의 작업을 했다는 점이다.

조선의 왕들이 착해서였을까? 물론 그럴 수도 있었겠지만, 그보다 중요한 점은 조선은 유교에서 가르친 백성을 사랑하는 애민愛民 정신을 국가 운영의 근본으로 삼았기 때문이었다. 따라서 왕이 백성을 돌보지 않으면 즉시 신하와 대간들이 나서서 왕을 매섭게 비판했다. 왕의 권력을 신하들이 견제하면서 옳은 방향으로 이끌어가는 조선의 관료 시스템이 중요한 역할을 했었다.

유교에서 비롯된 중앙집권적인 관료 제도는 조선을 500년 동안 존속하게 했으며, 임진왜란이라는 미증유의 큰 전란을 훌륭하게 극복한 원동력이 되었다. 이러한 역사적 사실로 본다면 유교를 숭상했다고 조선의 군사력이 나약해졌다는 인식은 단단히 잘못되었다는 것을 누구나 알 수 있을 것이다.

13

조선이 길을 내주었다면 임진왜란이 안 일어났을까?

우리는 국사 교과서에서 임진왜란은 "도요토미 히데요시가 일본을 통일한 여세를 몰아 조선에 쳐들어왔다."라고 다소 단순하고 딱딱한 식으로 서술된다. 그러다 보니 사람들은 왜 히데요시가 임진왜란을 일으켰는지 구체적이고 정확한 내막을 잘 몰라 여러 가지로 많은 말들을 하게 된다.

가령 "히데요시가 일본을 통일했지만 불만 세력이 많아 그들을 조선에 내몰기 위해 전쟁을 일으켰다."라거나 혹은 "조선의 우수한 문화재들을 노리고 약탈하기 위해서 왔다."라는 식으로 이해하기도 한다.

임진왜란의
원인은?

2009년 출간된《외우지 않고 통으로 이해하는 통세계사》(이하 통세계사)라는 책에서는 임진왜란의 원인을 전국 시대 이후 농업 생산량이 감소한 일본이 식량 문제를 해결하기 위해 모험을 걸었던 것이라고 주장하고 있다. 그러면서 만약 명나라로 가는 길을 조선이 순순히 내주었다면 조선의 피해는 줄었을 수도 있었을 것이라고 주장한다. 다시 말해서 임진왜란이 일어나게 된 것은 ①일본의 경기 불황 때문에 농업량이 줄어서 먹고살기 위해 명나라와의 무역이 필요한 상황에서 ②조선이 명과의 무역로를 막고 길을 내주지 않아 부득이하게 전쟁이 일어나게 되었다는 것이다. 한마디로 임진왜란의 발발 요인에는 조선 측의 잘못도 있다는 뜻이 된다.

그러나 위에서 열거한 배경 설명은 사실과 다르다. 그러한 주장들은 임란 직전의 일본이 어떤 상황이었는지를 제대로 파악하지 못하고, 그저 피상적으로만 일본과 조선을 들여다보고 있는 잘못을 범하고 있다.

임진왜란의 진짜 원인은
히데요시의 야심

임진왜란을 이야기하면, 사람들은 흔히 전쟁을 일으킨 주범인 히데요시를 가리켜 "과대망상에 빠졌다."라고 폄하하려 든다. 하지만 히데요시가 정말로 바보 멍청이라서 전쟁을 결정했을까?

도요토미 히데요시는 원래 일본 오와리 지방의 영주인 오다 노부나가의 하인이었다. 미천한 신분임에도 불구하고 영민한 기질을 지닌 히데요시는 노부나가의 신임

임진왜란을 일으킨 도요토미 히데요시.

을 얻어 군대를 이끌고 여러 전쟁터에서 공을 세워, 높은 자리에 올랐다. 노부나가가 부하인 아케치 미쓰히데의 배신으로 죽임을 당하자, 그의 복수를 한다는 명분을 내걸고 미쓰히데를 죽이고, 경쟁자인 시바타 가쓰이에마저 제거하여 노부나가의 세력을 모두 흡수했다.

그리고 시마즈와 모리, 다테 등 일본의 각 영주들을 굴복시키고, 뒤이어 가장 큰 적이었던 도쿠가와 이에야스마저 복속시킴에 성공하여 히데요시는 드디어 일본을 통일했던 것이다.

그런데 아직 노부나가가 살아 있을 무렵, 히데요시는 그에게 이런 말을 한 적이 있다. 서쪽의 모리와 시마즈를 손에 넣으면, 대마도와 조선까지 공격하겠다고 말이다. 즉, 히데요시는 일본의 최고 권력자가 되기 훨씬 전부터 조선 침공을 염두에 두고 있었던 셈이다. 히데요시가 품었던 군사적인 정복욕이 임진왜란이 일어나게 된 가장 큰 근본적인 원인이었다고 보아야 적합하다.

또 "히데요시가 일본을 통일했지만 불만 세력이 많아 그들을 조선에 내몰기 위해 전쟁을 일으켰다."거나 "조선의 우수한 문화재들을 노리고 약탈하기 위해서 왔다."라는 추론들도 임진왜란의 본질을 제대로 파악하지 못한 추론에 불과하다.

실제로 히데요시가 임진왜란에 보낸 군대는 자신에게 충성하던 지역의 영주인 고니시 유키나가나 가토 기요마사 같은 자들이었다. 오히려 히데요시에게 가장 적대적이고 위험한 세력인 도쿠가와 이에야스나 다테 마사무네 등 동부 지방의 영주들은 임진왜란에 전혀 참가하지 않거나 정유재란 말기에 잠깐 갔다 온 정도에서 그쳤다. 만약 히데요시가 정말로 자신에게 불만을 품은 세력들을 전쟁터에 보내 약화시킬 목적이었다면 고니시나 가토 대신, 도쿠가와 이에야스나 다테 마사무네 등을 조선에 보냈어야 마땅하지 않을까?

그리고 히데요시가 그저 조선의 문화재를 빼앗아 가기 위해 전쟁을 일으켰다는 것도 좀 더 엄격히 생각해 보아야 한다. 물론 조선을 침공한 왜군이 도자기 같은 조선의 문화재를 매우 좋아하여 도자기를 만드는 도공들을 납치해 일본으로 끌고 가 도자기를 만들게 했고, 조선 왕실의 보물이나 조선의 서적들을 약탈해 갔다는 내용은 사실이다. 하지만 히데요시가 단순히 문화재 절도를 위해서 임신왜란을 결심하지는 않았다. 문화재 약탈은 어디까지나 전쟁에 딸려 오는 부수적인 '재미'에 불과했지, 그 자체가 전쟁의 근본적인 목표는 아니었다.

일본에 길을 비켜 주면
피해가 없을 거라고?

그렇다면 《통세계사》에서 말한 대로, 히데요시가 중국에 무역을 틀 길을 열기 위해 전쟁을 일으켰으니 조선이 조용히 왜군에 길을 비켜 주었다면 전쟁의 피해가 없었을 거라는 주장은 어떨까? 애석하게도 완전히 틀린 말이다.

개인용 화약무기이자 휴대용 대포라고 할 수 있는 오오쓰쓰를 사용하는 일본 무사.

《통세계사》에 의하면 내전이 끝나자 일본이 먹고살기 힘들어졌다고 한다. 하지만 이는 사실과 다르다. 임진왜란 직전, 일본은 100년에 걸친 치열한 내전이 끝난 터라, 전국이 엄청난 호경기를 맞았다. 특히 일본을 통일하고 조정의 고관인 관백에 취임한 히데요시는 막대한 양의 황금을 풀어 신하들에게 나눠 주었다. 그래서 당시 일본에서는 개도 금을 물고 다닌다는 말이 나돌 정도로 많은 황금이 유통되었다.

더구나 16세기 말, 일본은 스페인과 포르투갈 등 서구 국가들과 본격적으로 교역을 하고 있었으며, 동남아 지역과도 해상무역을 트는 등 활발한 국제무역으로 막대한 부를 축적하던 중이었다. 또한 일본에서 산출되는 금과 은의 양은 세계시장에서 멕시코와 중국에 이어

3위를 차지할 정도로 많았다.

이렇게 경제적으로 유리한 입장에 놓여 있던 일본이 먹고살기가 힘들어져서 명나라와의 무역이 절실했다니? 도저히 성립될 수가 없는 말이다.

전쟁 후 먹고살기가 힘들어졌다는 주장은 역사의 선후 관계를 거꾸로 파악한 것이다. 일본이 궁핍한 입장에 놓였던 것은 오히려 임진왜란이 벌어지고 나서이다. 히데요시의 명에 따라 전쟁에 필요한 군비를 충당하느라 일본 전역에서는 엄청난 전쟁 비용이 소모되었다. 한 예로 조선에 원정 나간 병사들에게 먹일 쌀을 보내느라 정작 일본 본토에서는 쌀을 먹지 못해 굶어 죽는 사람들까지 나올 정도였다.

그리고 일본군에게 길을 순순히 비켜 주면 조선이 전쟁의 피해를 입지 않을 것이란 견해도 이해하기 어렵다. 히데요시가 대마도를 통해 조선에 요구했던 내용은 그저 조선이 일본군이 명나라를 치러 가는데, 길만 열어 달라는 것이 아니었다. 히데요시가 전쟁을 계획하면서 조선을 바라본 관점은 이러했다.

1. 조선이 일본에 항복하고 협력하면, 즉 조선이 일본군에게 길을 열어 준다면 조선의 식량과 병사를 징발해서 함께 명나라를 공격한다.
2. 조선이 일본에 협력하기를 거부하면, 명나라에 앞서 먼저 조선부터 공격하여 정복하고 그다음 조선에서 식량과 병사들을 징발해서 그들을 앞세워 명나라를 공격한다.

즉, 조선은 히데요시의 요구에 대해 동의하든 거부하든 전쟁에 휘말리지 않을 수가 없었던 입장이었다. 설령 《통세계사》에서 말하는 것처럼 일본군의 요구에 순순히 응해 그들에게 길을 비켜 주었더라도, 일본과 함께 명나라를 공격하는 꼴이 되니 역시 전쟁에 빠져들고 만다. 만에 하나, 전세가 불리해져 일본군이 조선으로 후퇴한다면 그때는 또 무슨 일이 일어날까? 분노한 명나라가 대군을 보내 조선을 짓밟으려 할 텐데 말이다.

아마 그 책의 저자는 '길을 열어 준다'란 말의 뜻을 '조선은 그냥 일본군이 명나라까지 가도록 길만 열어 준다'로 잘못 이해하는 듯하다. 하지만 이건 조선군이 사실상 일본군과 손을 잡고 함께 명나라를 공격한다는 말이다.

히데요시가 조선에 강요한 정명가도征明假道와 비슷한 경우가 그보다 예전에도 있었다. 일례로 13세기 몽골군은 소수의 병력을 가지고도 유라시아 대륙의 대부분을 빠른 시일 내에 정복했다. 그 배경에는 몽골군 특유의 전략이 큰 몫을 했다. 몽골군은 적을 공격하게 되면, 우선 그들에게 항복을 권유한다. 만약 그들이 순순히 항복을 한다면 그들을 공격하지 않는 대신, 그들의 물자와 인력을 징발하여 자신들의 다음 공격 목표 대상에 가는 데 함께 참여할 것을 강요하는 식이다. 히데요시도 그런 방식을 흉내내어 조선에 강요했다는 말이다.

더구나 명나라를 상국이자 종주국으로 섬기던 당시 상황에서, 조선이 명나라를 공격하러 갈 테니 조선도 거기에 협조하고 길을 열라는 히데요시의 요구에 응할 리가 없다. 쉽게 비유하면 오늘날 베트남

이 바다를 건너 와 한국 정부에 우리가 미국을 정복하러 갈 테니 한국
도 거기에 협조하고 길을 열어 달라고 요구한다면, 한국 정부가 미치
지 않는 이상 그 말에 동의할 리 없는 이치와 같다.

명나라는
세계 최강대국이었다

실현 가능성은 제로이지만 그래도 만에 하나, 조선이 일본의 요구에
응했다면 끔찍한 재앙이 벌어졌을 것이다. 16세기 말, 명나라는 오늘
날 미국과도 같았던 세계 최강대국이었다.

명나라의 국력이 얼마나 막강했는지는 군사력으로 판가름하기로
하자. 명나라는 15세기 초, 3대 황제인 영락제가 즉위하고 나서 다섯
번에 걸쳐 50만 대군을 북방 몽골 초원으로 원정을 보냈다. 그리고
일곱 번에 걸쳐 3만 명의 군인과 선원, 항해사들을 저 먼 아프리카와
중동과 인도와 동남아 등 인도양으로 보내 유명한 항해인 정화의 대
원정을 성공적으로 마쳤다. 1492년, 콜럼버스가 세 척의 배로 신대륙
을 탐험했던 것보다 내용 면에서 훨씬 방대하고 오래되었다.

또한 명나라는 국력이 쇠퇴해 가던 16세기 말에도 농민 반란을 진
압하기 위해 20만의 대군을 조직해 피견하고, 북방 만주족들의 침입
을 막기 위해 서북 지역에 50만의 대군을 묶어 두어 군사 요새화시킬
정도로 거대한 인력과 물자를 동원할 능력이 있었다. 이런 나라가 명

나라였다. 우리 조상들이 배알도 없고 못 나서 괜히 중국을 가리켜, 천조국天助國이랍시고 떠받든 게 아니었다.

그러고 보면 명나라를 상국으로 섬기던 조선을 굴복해 앞세우고 명나라를 정복하겠다던 히데요시가 얼마나 국제 정세에 무식했는지를 알 수 있다. 실제로 히데요시는 조선을 대마도의 속국으로 잘못 생각했고, 대마도 도주에게 조선 왕을 자신에게 데려와 항복하게 하라는 황당한 명령을 내릴 정도였다. 물론 그 이면에는 대마도주가 히데요시에게 "조선은 우리 대마도의 속국입니다."라는 엉터리 정보를 보낸 탓도 있었다.

조선이 일본의 요구에 따랐다면 어떤 결과가 초래되었을지, 생각만 해도 가슴이 서늘하다.

14

항왜,
조선에
항복한
왜군

흔히 임진왜란, 하면 일본군이 조선에 쳐들어와 마구잡이로 살육과 약탈을 저지른 일이 가장 먼저 떠오른다. 그러나 놀랍게도 임진왜란 와중에 조선군에 항복하고 조선군과 함께 왜군을 상대로 싸웠던 항왜降倭병들도 있었다. 과연 무슨 이유로 그들은 자신들이 침략한 나라의 백성이 되겠다고 투항한 것일까?

조선에 항복한 항왜,
그들은 왜?

전쟁 초기, 일본군이 승승장구하는 동안에는 조선에 투항하는 자가 별로 없었다. 그런데 전쟁이 길어지면서 식량이 부족해지고, 조선군의 반격이 거세지면서 전세가 불리해지자 불안해진 왜인들이 조선에 항복하여 목숨이라도 건지는 편이 낫다고 판단하여 투항하기에 이르렀던 것이다.

또한 다른 이유에서도 찾아볼 수 있다. 《선조실록》 선조 28년(1595년) 2월 29일 기사에 의하면 항왜들이 "우리들과 같이 온 왜인 구질기의 종형인 고로비라는 자가 지금 일본 장수 가토 기요마사의 가장 가까운 군관으로 있는데, 그 사람 역시 청정과 틈이 있어 매번 그 아우와 더불어 공모하여 투항해 오려고 하였는데, 지금은 뒤떨어져서 현재 청정의 막하에 있다."라고 말하는 부분이 나온다.

여기에서 자기네 장수와의 갈등으로 조선에 항복하려는 일본인들이 있다는 사실을 알 수 있다. 그 밖에도 일본 군대에서 무슨 잘못이나 범죄를 저질렀는데, 처벌이 두려워서 조선군으로 도망쳐 온 부류들도 많을 것이다.

대표적인 항왜,
김충선

항왜 중 어느 정도 이름이 알려진 인물은 사야가沙也加가 유일하다. 사야가는 가토 기요마사의 선봉장이라고 전해진다. 그는 가토와 함께 조선에 건너왔다가 조선의 찬란한 문물을 보고 감동을 받아 3000명의 병사들(일설에는 300명)과 함께 투항했다는 것이 일반적인 인식이다.

반면 일본 학계에서는 사야가의 존재 자체를 부정해 오다, 최근에 와서 그를 실존 인물이라고 어렵게 인정하고 있다.

사야가의 정체에 관해서는 여러 가지 이론들이 분분하다. 그의 이름인 사야가가 전국 시대 일본의 용병 집단이었던 '사이가'와 비슷하다는 점을 들어 그가 사이가 부대의 일원이었다는 설과 가족이 도요토미 히데요시에게 인질로 잡혀 어쩔 수 없이 조선에 건너왔다는 이야기와, 가토가 아닌 고니시의 선봉장이었다는 설도 있는 등, 정확히 그 면모를 파악하기 어렵다.

국가 공식기록인 《조선왕조실록》에서 사야가는 어떻게 그려지고 있을까? 실록을 보자.

> 권율이 김응서·양연 등의 전공을 아뢰고 상주기를 청하다
> 권율이 장계하기를, '왜적 만여 명이 곧바로 산음·삼가 등지로 내려가고 있다고 하므로 곧장 군병과 항왜를 거느리고 더러는 지름

길로, 더러는 바른 길로 나누어 달려가니 왜적이 산음에서 곧바로 의령으로 내려가 정진을 반쯤 건너고 있었다.

명나라 군사 수십 명이 마침 도착하여 항왜와 전 현감 이정의 군대와 합세하여 일시에 돌진하여 맞부딪쳐 싸우는데, 화살이 빗발치듯하니 적은 화살을 맞고 갑옷을 버린 채 퇴주한 자도 많아, 우리 군병은 기세를 떨치며 싸우다가 자신도 몰래 습격에 빠져드니, 적은 기마병으로 추격하여 포위를 하였는데, 우리 군병은 명나라 군사 수십 명과 함께 포위 속으로 말려들어 거의 탈출하지 못할 뻔하였다가, 항왜 및 전사, 명나라 군사 등이 혈전을 하여 포위를 무너뜨렸다.

이때 항왜 손시로는 탄환을 맞아 왼편 가슴 밑을 뚫고 오른편 무릎 밑으로 나갔으나 아직 숨은 끊어지지 않았고, 항왜 연시로는 말에서 떨어져 칼을 맞고 바로 죽었다. 명나라 군사와 항왜 등의 참급斬級은 많게는 70여 급인데, 항왜 첨지 사야가는 한 급을 베었다.

－《선조실록》 선조 30년(1597년) 11월 22일 기사

사야가라는 이름이 언급된 공식 기록은 이것이 유일하다. 짧은 기록에서 드러나는 사야가의 활동상을 어렴풋이 알 수 있다. 그가 첨지라는 벼슬을 받았고, 조선군 및 동료 항왜들과 함께 일본군과 맞서 싸워 전공을 세웠다는 것이다.

사야가가 남긴 문집인 《모하당집》과 그의 가문에 전해지는 기록들을 종합해 보면 사야가는 선조 임금으로부터 정3품 가선대부의 관직

과 김충선이라는 조선식 이름을 하사받았고, 임진왜란이 끝난 뒤에 경상북도 우륵에 정착하여 대구 목사 장춘점의 딸과 결혼하여 평화로운 말년을 보냈다고 한다.

그러던 중 1624년 이괄의 난이 일어나자 그는 관군이 되어 반란군과 싸웠다. 이때 그는 안타까운 비극을 경험하게 되는데, 임진왜란 때 자신과 함께 전투에 참여했던 동료 항왜인 서아지가 이괄의 반란군에 가담한 것 때문에 그와 싸워 결국 그를 자신이 직접 참수하고 말았던 것이다.

이괄의 난이 진압되자 그는 조정으로부터 상으로 토지를 포상받았으나, 수어청의 둔전으로 남겨두어 다른 군사들의 녹봉으로 쓰게 하라고 사양하는 겸손함을 보이기도 했다.

1636년 병자호란 때는 70여 세의 늙은 몸으로 쌍령 전투에 참전하여 청군을 격파하고 많은 수급을 챙겨 남한산성으로 향했으나 도중에 인조 임금이 삼전도에서 청 태종에게 항복했다는 말을 듣고는 통곡하고 쓸쓸히 고향으로 돌아가 조용히 일생을 마쳤다고 한다.

그의 후손들은 아직도 대구 달성동에 모여 살고 있으며, 얼마 전에는 일본의 신문사와 방송국에서 그가 살았던 집과 묘소를 방문하고 돌아가는 일도 있었다.

여진족과의 전쟁에 동원되어
위력을 발휘한 항왜들

사야가처럼 항왜들은 조선군에 소속되어 일본군이나 북방 여진족과의 싸움에 동원되어 큰 활약을 했다. 1594년 10월 11일, 함경북도 병마절도사 정현룡은 조정에 장문의 치계를 올렸다. 장계에서 그는 여진족 휴악 부락의 세력자 역수라는 인물이 조선의 변방을 약탈하자 다른 장수들과 함께 군사 1325명과 항왜 25명을 이끌고 역수 일당이 웅거한 석성을 공격하여 함락시키고 소탕했다고 보고했다.

이때 조선군에 소속된 항왜들은 처음에 성안에 웅거한 여진족들이 쏘아 댄 화살과 돌을 맞아 물러났는데, 조선군 장수들이 칼을 빼어들고 독전하자 다시 용기를 얻어 진격하여 성안에 돌입하였고, 마침내 성을 함락시키는 데 큰 공헌을 세웠다고 한다. 전투가 끝난 이후, 정현룡은 항왜들에게는 여진족들로부터 노획한 소와 말을 상으로 주고 술을 먹여 위로하였다.

이 전투에서 조선군은 항왜를 선봉으로 내세웠다. 그만큼 조선군 수뇌부들이 항왜들의 전투력을 높이 사고 있었다는 뜻이다. 1년 후, 이 사건을 조정에서 어떻게 평가했는지 살펴보자.

윤선각이 아뢰기를,
"허욱에게 들으니, 13명의 왜인이 중국군을 거느리고 여진족에게 들어가 한밤중에 작살을 냈는데, 왜인은 단지 3명만 사살되었고 오

갑옷과 투구를 착용하고 장대한 일본도를 갖추어 완전 무장한 일본 사무라이.

랑캐는 사망자가 300여 명이나 되었다 합니다." 하고, 김수는 아뢰기를,

"함경도의 싸움에서 항왜들이 여진족과 한 차례 교전할 때 많은 상해를 입었는데, 우리 나라 사람이 다시 싸움을 독려하자 팔을 휘두르며 돌입하였다 하니, 참으로 독종입니다."

– 《선조실록》 선조 28년(1595년) 1월 6일 기사

조선에 파견된 명나라 장수들은 조선 조정에 항왜들을 넘겨줄 것을 요구하는 일이 잦았다. 조선은 그 청을 들어주어 항왜 중 일부를 명군에 양도했는데, 윤선각의 말은 명군에 소속된 항왜들이 여진족들을 공격하여 대승을 거두었다는 내용이다. 13명의 왜인이 300명이 넘는 여진족을 살육했다니, 실로 무시무시하기만 하다.

그다음 김수의 발언은 1년 전 함경도에서 조선군이 여진족을 소탕한 사건인데, 여진족들이 성 위에서 던져대는 화살과 돌에 맞아 상처를 입었는데도, 다시 돌진하여 성을 공격했던 일을 상기시키고 있다. '참으로 독종' 운운하는 대목이 인상적이다.

조선군을 가르치고
전투에서 활약하다

이처럼 항왜들은 백병전에서 조선군 병사들보다 탁월한 전투력을 발휘했기 때문에 조선에서는 일찍부터 이들이 귀순해 오면, 훈련도감에 보내 조선군 병사들에게 창검술을 가르치게 했다.

또한 항왜들 중에는 조총 제조 기술과 화약 무기에 반드시 필요한 염초 굽는 법을 아는 자가 많아 이들은 적군임에도 불구하고 조선으로부터 우대를 받았다. 앞장에서 소개한 사야가도 그중 하나였다.

백병전을 담당으로 하는 항왜들은 전투에도 뛰어났지만 모략과 암살에도 능숙했다. 1595년 2월 29일 《선조실록》의 기사에 따르면 항왜인 주질지, 학사이 등이 경상 좌병사 고언백에게 "우리들은 이미 조선 사람이 되었으니 마땅히 적의 괴수를 베어야 한다. 우리들은 왜

조선에 건너와 호랑이를 사냥하고 있는 가토 기요마사의 모습을 그린 풍속화.

장 가토 기요마사가 드나드는 모습을 자주 보았는데, 거느리는 군사가 10여 인에 불과하였고, 홀로 와서 술을 마시며 즐기다가 해가 저물면 돌아가는 일이 자주 있었다. 또 군졸과 더불어 사냥할 때에도 단기로 뒤를 따라가 혼자 높은 봉우리에 서 있기를 자주 했다. 이때에 내응하는 사람과 도모한다면 그를 죽이는 것도 손바닥을 뒤집는 것처럼 쉬울 것이다."라며 가토 기요마사의 암살을 제의하기도 했다.

항왜들은 조선의 무관인 고언백에게 일본군의 대표적인 장수인 가토 기요마사를 자기들이 암살하겠다는 대담한 제안을 해온 것이다.

만약 성공한다면 자신들의 입지가 더욱 강화되고, 실패하거나 조선 쪽에서 제안을 거부해도 그만큼 자신들이 조선에 충성한다는 것을 증명해 줄 사례이니 어떻게 되든 항왜들로서는 결코 손해 볼 일이 아니었다.

1596년 4월 23일 《선조실록》 기사에 따르면 항왜 주사불은 다른 항왜들보다 힘과 용맹이 뛰어났으며, 항상 "왜인을 치고자 하면 나를 선봉으로 삼으라."라는 말을 자주 했다고 한다.

또한 사백구라는 항왜는 황석 산성 전투에서 패전한 김해 부사 백사림을 구하기 위해 조총을 쏘아 일본군 4명을 사살했으며, 기오질기라는 항왜는 1598년 4월 11일, 한창 전투가 벌어지던 중에 적의 성 밑에까지 가서 일본군 병사들을 회유하여 그중 17명의 병사들이 탈영해 조선군에 귀순하는 데 큰 공을 세웠다.

특히 전쟁 말기인 정유재란 무렵에 가장 격렬하고 참혹했던 전투인 울산성 공방전에서 경상우병사 김응서는 휘하의 항왜들을 시켜 밤이면 도산성 밖에 잠복해 있다가, 물을 길러 나온 일본군 병사들을 회유해 적을 때는 4~5명에서 많을 때는 6~7명씩 포섭하였다고 한다.

일본군 내부에서도 전쟁이 길어질수록 조선에 투항하는 항왜들이 많아진다는 사실을 인식하고 이를 큰 문제로 여겼다. 1597년 5월 18일, 병사의 군관인 조개와 전사인 정승헌 등이 죽도와 부산 등의 적진에 들어갔다가 부산포에 거주하는 일본인들 중에 일본 본토의 사정을 잘 알고 있는 사람에게 은을 주고 일본의 정세를 묻자, 그는 "일본에서 꺼리는 점은 항왜들이다. 그 숫자가 이미 만 명에 이르고 있는데, 이 왜인들은 반드시 일본의 용병술을 모두 조선에 알렸을 것이다. 지금 조선에 항복한 왜인의 숫자는 얼마나 되는가?"라고 물었다.

이에 조개와 정승헌은 "항왜들을 각각 다른 곳에 분산 배치시켜 정확한 숫자는 자세히 모르겠으나, 경상우병사 김응서가 거느린 항왜들의 수는 거의 천여 명이며, 그들 모두에게 상으로 벼슬이 내려지고 의관과 말이 주어지며 아내를 얻어 풍족하게 살고 있다."라고 대답했다.

그러자 일본인은 "조선에서 항왜들을 우대하는 것을 잘 알고 있다. 우리들도 투항하고 싶지만, 가는 도중에 조선군에게 살해될지 몰라 주저하다가 지금 이러고 있다. 앞으로 조선 사신이 올 때 강화를 한다고 하면 항복하는 자들이 줄 것이나, 전투를 벌인다는 소식이 전해지면 항복하는 자들이 많아질 것이다. 조선이 우리를 후대하고 죽이지 않는다면 항복하는 자가 더욱 많아질 것이며, 그대가 다시 와서 우리들을 데려가 달라."며 자조적인 어조로 말했다.

일본인의 말에서 "강화를 한다면 항복하는 자가 줄고, 전투를 벌인다고 하면 투항하는 자가 많아진다."라는 대목은 전쟁이 길어지면서 일본군 사이에 전쟁에 대한 혐오감이 확산되고, 고향에 돌아갈 기약이 희박해지자 그런 분위기가 반영되어 나온 소리이다. 실제로 항왜들 중 많은 수는 고국에 무사히 귀환할 수 있다는 희망을 잃자 조선군에 몸을 던졌다.

항왜들은 육군뿐 아니라 조선 수군에도 편입되어 조선군과 함께 싸웠는데, 1597년 2월 23일 《선조실록》 기사를 보면 경상우병사 김응서는 "안골포 만호 우수가 타고 있는 배를 몰아, 제가 거느리고 있던 항왜 17명을 옮겨 태워 적진 앞으로 돌진하여 대포를 무수히 발사하자 왜적 10여 명이 보이는 곳에서 곧장 거꾸러져 죽었으며 우수 역시 왜적 1명을 사살하고 날이 저물 때에 영등포 앞바다에 돌아와 변을 대비하였습니다."라는 장계를 올렸다.

또 전라우수사 이억기는 1597년 3월 24일, 조정에 장계를 보냈는데 그중 "원균이 항왜 남여문 등을 보내어 이해로 회유하게 하였더니, 숨어 있던 왜적 20여 명이 나왔고, 남여문이 왜장와 조용히 얘기를 나누자 숨어 있던 왜적이 다 나왔는데 대개 80여 명이었으며 우리 주사의 성대한 위용을 보고는 엄습을 받을끼 의심하여 구차하게 목숨을 부지하고자 하였습니다."라는 구절이 있다.

원균이 칠천량에서 초래한 형편없는 졸전으로 인해 조선 수군이 와해되는 사태가 발생하자, 조정에서는 이순신을 다시 삼도수군통제사에 복귀시켰다. 이순신은 13척의 잔존 함대를 이끌고 1597년 9월

16일, 울돌목에서 벌어진 해전(명량 대첩)에서 일본 함대 330척을 대파하는 기적 같은 전승을 거두었다. 이때 이순신의 상선(기함)에 탑승한 항왜병 준사가 바다에 떠다니는 일본 장수 구루지마 미치후사의 시체를 보자 "저것이 마다시다!"라고 외치며 이순신에게 알렸고, 이순신은 그의 말을 듣고 얼른 구루지마의 시체를 건져 올린 뒤 토막 내어 뱃전에 매달아 일본 수군들을 공포에 떨게 했다. 항왜병의 건의가 조선 수군의 승리에 공헌을 한 것이다.

조정에서는 항왜들을 도적떼나 민란을 진압하는 일에도 동원하려 했었다. 선조는 1594년 10월 18일, 토적 토벌에 대한 비망기를 내려 "경기도와 충청, 전라도에 토적土賊들이 도처에 창궐하는데 관군이 미처 토벌하지 못하니, 항왜군을 모아 투순군이라 부르고 반란 진압에 이용토록 하라"고 지시했다.

이에 실록을 기록한 사관은 "난리의 폐해로 많은 백성이 생업을 잃고 일어나 도적이 되었으나, 어찌 그들의 본심이겠는가? 국가에서는 안정시켜 모아서 무마할 계책은 생각지 아니하고, 투항한 왜병을 동원하여 불쌍한 백성을 주살하려고 하니 불가한 일이 아닌가?"하고 비판하는 의견을 적었다. 아무리 적이라지만 한 나라 백성을 귀순한 외국인 병사들로 죽이게 하는 것은 쉽게 납득하기 어려운 일이었다.

항왜로 인해 벌어진
처우 문제들

그러나 항왜들이 우대만 받은 것은 아니었다. 1594년 8월 12일《선조 실록》에서 사헌부는 항왜들이 오랫동안 서울에 머물면서 마을들을 멋대로 돌아다니며 민심을 흉흉하게 만들고 있으며, 더러 재물을 약탈하니 이에 따른 조치를 취해야 한다는 건의를 올렸다. 또 사헌부는 같은 해 9월 1일에도 항왜들이 서울 근처에 거주하면서 칼을 차고 다녀 조선 백성들이 이를 보고 두려워하여 인심이 동요한다는 폐단을 알렸다.

결국 선조는 항왜인들을 서둘러 나누어 서울 밖으로 내보내자는 사헌부의 요청을 받아들였으며, 항왜들에게 "너희들은 이미 조선 사람이 되었으니 칼을 차고 다니는 것은 옳지 않다."라고 하며 칼을 가지고 다니지 못하게 막았다. 항왜들이 평소에도 칼을 휴대하고 다니다 조선 백성과 시비나 다툼을 벌일 경우, 칼로 상해를 입힐 것을 우려했기 때문이었다.

백성들뿐만 아니라 조정에서도 항왜들을 우려 섞인 눈으로 보는 일들이 잦았다. 1594년 9월 14일, 군사 담당 기구인 비변사는 "양계 兩界로 보낸 항왜들의 숫자가 너무 많은데, 양계의 군읍은 전쟁 때문에 크게 피폐해져 있어, 항왜들을 먹여 살릴 여건이 되지 못합니다. 이후로는 항왜들 중 재능이나 기술을 가지고 공손한 자들만 육군에 남게 하고, 나머지는 칼 같은 무기들을 거두고 한산도로 보내 여러 배에 나누어 두고 격군格軍(노를 젓는 노꾼)으로 삼게 하소서."라는 건의를 올렸다.

그러면서도 조정은 노심초사하여 혹시 이런 조치들로 조선에 투항한 항왜들의 사기가 꺾이는 것을 막기 위해 여러 가지 조치를 했다. 선조는 1594년 8월 23일, "우리나라는 아직 전쟁을 승리로 끝내지 못했으니 항복해 오는 왜인들을 거절하는 것은 옳지 못하다. 근래에 들어 수백 명의 항왜들이 왔는데, 이는 군졸 한 명의 목숨도 버리지 않고 적의 군세를 취한 것이니 지나치게 의심할 필요가 없다."라는 전교를 내렸다.

같은 해 9월 13일, 비변사도 조정 회의에서 "항왜들이 힘을 내어 공로를 세우니, 잘 어루만져 우리에게 쓰임이 되게 하여 훗날 나라를 위해 정성을 다하도록 해야 합니다. 그런데 요즘 항왜들을 부리는 대우가 부족하니 저들로 하여금 조선에 투항한 것을 후회하는 마음이 들게 할 수도 있습니다."라며 논의를 가졌다.

이런 우려를 더해주는 사건이 있었는데, 투항해 온 항왜들을 조선의 지방 군관들이 조정에 보고하지도 않고 멋대로 죽인 일들이 벌어졌다. 1594년 10월 5일 경상우병사 김응서는 조정에 장계를 보내 의흥 현감 노경복은 투항해 온 항왜 세 명을 공격하여 그 중 두 명이 죽고 나머지 한 명이 도망쳤는데, 그들의 본진으로 돌아가 이 사실을 알려 조선에 투항하려는 일본군들의 생각에 부정적인 영향을 미쳤을 것이라며 노경복을 처벌해야 한다고 주장했다.

이 일이 있은 지 4년 후인 1598년 4월 10일에는 더 큰 문제가 발생했는데, 항왜 기오질기와 사이소 등이 거창의 일본군을 17명이나 포섭해 데려왔는데, 경상우병사 정기룡이 그중 11명을 죽여 버렸던 것이다.

이 사건으로 조선군 군중이 떠들썩하여 모두 잘못된 일이라고 여겨 우려하였고, 동료들을 포섭해 온 기오질기는 분함을 이기지 못하고 한양까지 올라와 비변사에 사건의 진상을 알리기에 이르렀다. 정기룡은 명장으로 이름이 높았는데, 이런 일을 저질러 큰 위기에 봉착하고 말았다.

비변사에서는 논의 끝에 정기룡에 대해서는 투항자의 목을 베어 공을 세우려 한 잘못을 꾸짖고, 항왜들을 포섭해 온 기오질기 등의 항왜병들에 대해서는 상을 주고 벼슬을 올려 다른 항왜인들에게 이를 보고 권장토록 하자는 건의를 선조에게 올렸다. 또한 기오질기가 수고를 무릅쓰고 먼 길을 오느라 말과 입식과 의자 등을 요구하니 그것도 적당히 제공하여 그의 마음을 위로해 주자고 말했다. 이에 선조는 비변사의 건의를 받아들여 기오질기 등 항왜인들에게 그 같은 포상을 내렸다.

임진왜란이 끝난 1601년 1월 13일, 항왜인이면서 동지 벼슬을 지내고 있는 김향의, 김귀순, 이귀명 등은 비변사에 올라와 "우리들은 이미 조선의 관작을 받았으니 다른 관원들처럼 녹봉을 주어 조선인과 같은 대우를 해달라."라고 호소했다. 비변사에시는 이를 받아들여 춘등부터 시작하여 군직에 붙여 녹을 주게 하였다.

또한 항왜들이 충분히 먹고살 수 있도록 각 고을들의 창고에서 곡식을 꺼내어 그들에게 제급하도록 지시를 내리기도 했다.

이괄의 난에 참여했다가
타격을 받은 항왜들

항왜들이 조선사에 최후로 큰 흔적을 남긴 때는 안타깝게도 부정적인 사건이었다. 1624년 1월 22일, 반정공신임에도 불구하고 논공행상에서 불리한 대접을 받았고, 급기야 역모의 누명을 쓰게 되자 더이상 가만히 있다가는 자신의 생명이 위협받게 될 것을 두려워한 이괄이 일으킨 반란, 소위 말하는 '이괄의 난'에 항왜들이 대거 참여한 것이다.

항왜들이 조선 왕조를 뒤엎고 새로운 나라를 세우겠다는 거창한 야심을 품은 것은 아니었다. 이괄은 2등 공신이 된 후, 부원수의 직책을 받고 평양에 부임하여 후금의 침략에 맞서 싸울 군사를 훈련시키는 일을 맡았는데, 마침 북방에 항왜들 중 상당수가 거주하면서 조선군에게 창검술을 가르치고 있었다. 북방의 주력 군대 1만 명을 지휘하게 된 이괄에게 자연히 항왜들도 편입되어 지휘를 받았고, 이괄이 난을 일으키자 그의 군대에 따라 반란에 가담하게 되었던 것이다.

이괄의 반란군은 황주에서 정충신과 남이흥이 이끄는 관군을 격파했는데, 이 전투에서도 항왜군이 큰 역할을 했다. 《인조실록》에 따르면 항왜군들이 칼을 휘두르며 돌진하자 관군이 이를 보고 있다 겁을 먹고 뿔뿔이 흩어져 달아나는 바람에 제대로 싸울 수가 없었다고 한다.

관군을 패퇴시킨 반란군은 봉산으로 진군하여 지금의 예성강 상류인 마탄에서 관군을 또 무찔렀다. 거침없이 남하하는 반란군의 기세에 눌린 조정에서는 동래의 왜관에 사신을 보내 일본에 원병을 요청해 오자는 비상식적인 논의까지 나왔다. 이괄의 반란군이 항왜를 선봉으로 삼아 승세를 타고 저돌적으로 쳐들어오니, 교련시키지 못한 군졸로서는 저항할 수 없다고 판단했기 때문이었다.

하지만 왜관에 보내질 사신 역의 이경직이 "왜관에 원병 요청을 알리더라도 일본 본토에까지 소식이 도달하려면 시간이 걸리고, 또 급히 원병이 온다고 해도 그 수가 많으면 일이 어떻게 될지 알 수 없습니다."라며 신중론을 내세웠고, 영의정인 이원익도 일본인들의 속셈은 급변하여 헤아리기 어려우며, 혹시 우리가 도움을 청함에 따라 군사를 많이 보내온다면 뜻밖의 환란을 당할지도 모르니 보내지 말자고 강력히 건의함에 따라 일본에 원병을 보내려는 요청은 무산되었다.

이처럼 항왜들을 앞세운 이괄의 반란군은 조정에서 일본에 원병을 청하는 것을 심각하게 고려했을 정도로 막강한 위세를 떨쳤다.

결국 왕실과 조정 대신들이 일단 한양을 떠나 남쪽으로 피난을 가고, 그 틈에 각지에서 정부군을 모아 반란군을 제압하자는 논의가 유력하게 거론되어 인조는 대신들을 거느리고 공주로 피난을 가기에 이르렀다.

반란을 일으킨 지 약 3주일 만인 2월 11일, 왕실과 조정 대신들이 사라져 텅 빈 한양에 이괄의 반란군이 입성했다. 이괄은 선조의 열 번째 아들인 흥안군을 추대하여 왕으로 삼고, 과거 시험을 치러 선비들을 대거 등용하는 등 새로운 국가 기구의 정비를 서둘렀다.

그러나 이괄의 반란군은 오래가지 못했다. 도원수 장만과 안주 목사 정충신이 거느린 관군은 다시 전열을 수습하여 무악재에 진을 치고 도성이 내려다보이는 위치에 들어갔다.

관군이 무악재에 진을 쳤다는 사실을 안 이괄과 한명련은 "관군은 오합지졸에 불과하며 일부 군사와 항왜군을 이끌고 창의문에서 삥 둘러 나가 도원수 장만을 사로잡으면 관군이 전의를 상실하여 단번에 이길 수 있다. 승리하고 나서 밥을 지어 군사들을 먹이겠다."라고 호언장담하며 도성문을 열고 나와 출정했다. 반란군은 이괄과 한명련 두 사람이 각기 이끌었고 군대는 둘로 나누어져 한쪽은 산을 포위하고 한쪽은 산을 오르게 했다. 이때 반란군과 관군의 전투를 구경하려 나온 백성들이 곡성에서 남산까지 성채를 가득 메웠다고 한다.

우선 한명련이 항왜군을 인솔하는 선봉이 되어 무악재에 진을 친 관군 진영에 돌격하였고, 이괄은 중군에서 전투를 총괄하였다. 때마침 동쪽에서 심한 바람이 일어 무악재에 있는 관군에게 불어닥쳤다. 반란군은 바람을 타고 급하게 공격하여 관군을 상대로 조총과

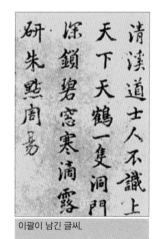
이괄이 남긴 글씨.

화살을 소나기처럼 퍼부었다. 관군은 수세에 몰렸으나 산꼭대기에 있는 터라, 달리 도망칠 곳도 없고 도망을 친다고 해도 산 아래로 내려갔다가는 꼼짝없이 반란군에게 죽을 터라 모두 죽기를 각오하고 끝까지 싸웠다.

그러나 반란군의 기세도 만만치 않아서 관군의 장수인 김경운과 이희건은 앞에 나서서 반란군과 싸우다 그중 김경운이 조총에 맞아 전사했다. 장수가 죽어 관군이 위기에 처해 있을 무렵, 갑자기 바람의 방향이 변해 거센 서북풍이 반란군의 머리 위로 불어닥쳤다. 설상가상으로 자욱한 모래와 먼지가 반란군들의 눈과 귀와 코를 덮치는 바람에 반란군 병사들은 제대로 앞을 보지 못하고 숨도 쉬지 못하는 판국이 되었다.

이 모습을 본 관군 병사들은 반란군을 산 아래로 밀어붙였고, 반란군의 장수 중 한 명인 이양이 관군의 총탄에 맞고 전사하고 항왜군을 지휘하던 한명련도 화살에 맞아 물러섰다. 불리해지는 전황을 본 이괄이 직접 군사를 이끌고 나서려고 하는데, 관군 장수인 남이흥이 이를 보고는 휘하 병사들로 하여금 "이괄이 패했다!"라고 큰 소리로 외치게 했다.

이괄의 난을 진압한 남이흥 장군의 영정.

이괄은 남은 군사들을 이끌고 도성으로 들어가 농성전을 준비하려 했지만, 전황을 보고 있던 백성들이 돈의문과

서소문의 두 문을 닫고 막아버렸다. 이괄과 한명련은 수백 명의 패잔병만 거느리고 수구문을 급히 빠져나와 경기도 이천의 묵방리에 도착했는데, 더 이상 승산이 없다고 판단한 그의 부하 기익헌 등이 이괄과 한명련을 급습해 죽여 목을 잘라서 도원수 장만이 있는 원수부에 가서 바쳤다.

이렇게 해서 이괄의 난은 일단락되었으나, 이괄을 따라 반란에 참여했던 항왜들은 반역자로 간주되어 큰 타격을 입었다. 고효내라는 이름을 가진 항왜는 심문을 받다 처형되었고, 사쇄문이라는 항왜는 경상도에서 참수되어 성벽에 목이 걸렸다. 서아지라는 항왜가 이괄의 반란군에 가담했다가 동료였던 항왜 김충선에게 살해되었다는 이야기는 앞서 한 바 있다.

그러나 그보다 더 큰 처벌은 반란군에 포함되었던 항왜들이 후금과 대치하고 있는 북쪽 변방으로 보내졌다는 것이다. 춥고 긴 겨울이 지배하는 북방으로 강제로 보내진 항왜들은 그곳에서 힘든 국경 경비를 맡는 처분을 받았다. 그리고 그 이후 항왜들의 활약상은 더 이상 사료에 전해지지 않는다.

한때 출중한 백병전 솜씨와 조총술로 조선군 병사들에게 경외의 대상이 되었던 항왜들은 이렇게 잘못된 역사의 흐름에 따라 사람들의 기억 속에 잊혀지고 사라져 갔던 것이다.

15

광해군은 억울하게 쫓겨난 성군인가?

국사 교과서에서 가장 오랫동안, 천편일률적으로 서술되어 온 인물은 광해군이다. 광해군, 하면 사람들은 흔히 이런 생각을 떠올린다.

'광해군은 후금이 강성해지던 국제 정세를 정확히 꿰뚫고 중립 외교를 펼친 현명한 임금이었다. 그런데 명나라를 숭배하던 어리석고 못난 서인 정권들의 반란에 쫓겨나고, 그 때문에 조선은 괜히 후금을 자극해서 병자호란의 치욕을 겪어야 했다.'

2010년, 삼화출판사에서 나온 한국사 교과서에도 같은 맥락의 글이 실려 있다. "임진왜란이 끝난 뒤, 북인의 지지로 즉위한 광해군은 명이 쇠퇴하고 후금이 강성해지는 국제 정세의 변화에 신중하게 대처하였다. 그는 중립 외교 정책을 써서 명의 군사 요청을 들어주면서도 후금과 충돌하지 않으려고 애썼다."

이뿐만 아니라 2008년 2월 9일, KBS1 TV에서 방송되었던 교양 프로그램인 〈한국사전〉에서도 광해군을 가리켜 백성의 고충을 잘 살피고 헤아렸으며, 허황된 명분이 아니라 실리를 챙긴 지혜로운 명군이라는 시각으로 바라보았다.

그러나 이런 광해군에 대한 인식이 과연 역사적 사실에 맞을까?

현명한
중립 외교 정책?

먼저 광해군이 거둔 업적이라고 알려진 중립 외교 정책부터 알아보자. 과연 광해군은 명나라와 후금의 사이에서 현명한 외교 정책을 펼쳤을까?

광해군을 칭송하는 사람들은 그가 당시 동아시아의 국제 정세를 훤히 파악했다고 단정짓는다. 조선이 신줏단지처럼 숭배하던 명나라는 나날이 쇠약해져 가고 있던 반면, 만주에서 새로 일어난 후금은 파죽지세로 번성하고 있어, 조금만 시간이 지나면 후금이 명나라를 누르고 천하를 재패할 것이 불을 보듯 뻔했다. 현명한 광해군이 이를 잘 알고 명나라의 요구에 못 이겨 어쩔 수 없이 후금을 치러 군대를 보냈으나, 미리 강홍립 장군에게 언질을 주고 후금에 항복하게 하여 조선군은 큰 피해 없이 전쟁을 끝냈다고 말이다.

하지만 이는 결과에 억지로 짜 맞춘 견강부회牽强附會에 불과하다. 21세기를 사는 우리들이야 명나라가 망한다는 사실을 알고 거기에 맞추어 광해군 시대의 역사를 재단하기 쉽다. 그러나 광해군 당시만 해도 명나라는 비록 가뭄과 농민 반란으로 피폐해지기는 했어도, 여전히 세계에서 가장 넓은 영토와 1억이 넘는 인구, 풍부한 산물을 보유한 초강대국이었다.

반면 후금의 전체 인구는 고작 60만에 불과했으며, 그조차 부족해서 틈만 나면 명나라와 조선의 변방을 습격해서 포로들을 잡아와 인

여진족들을 통일하고 청의 모태인 후금을 세운 태조 누르하치.

구를 늘려야 했다. 참고로 근대 이전, 한 나라의 국력을 측정하는 기준은 바로 인구 수였다.

얼핏 사람들은 후금이 청나라로 바뀌고 명나라를 손쉽게 정복했다고 생각한다. 하지만 당시 후금인들은 결코 명나라를 쉽게 보지 않았다. 오히려 그 반대였다. 명나라 군대와의 전투에서 연전연승했던 청태종 홍타이지조차 명나라에 몰래 사신을 보내 "만약 명이 우리와 화해를 하고 정기적으로 무역을 한다면, 우리는 황제의 칭호를 버리고 명과 휴전을 하겠다."라고 먼저 협상을 제의했을 정도였다. 왜 그랬을까? 인구에서 절대적으로 부족하고 전체적인 국력에서도 명보다 훨씬 열세였던 후금으로서도 명과의 전쟁을 계속하는 것은 국력에 끝없는 부담을 준다는 사실을 잘 알고 있었기 때문이었다.

이런 명과 후금을 놓고 볼 때, 과연 조선인들의 입장에서 제일 현명한 선택은 무엇이었을까? 세계에서 가장 강력한 대국이자 임진왜란 때 군대를 보내 주어 조선을 도와준 명나라를 버리고, 틈만 나면 조선을 침략해서 사람들을 죽이고 물자를 약탈해 가는 도적떼인 후금과 손을 잡으려 했을까? 오히려 그런 주장을 하는 사람이 더 이상하게 여겨졌을 것이다.

또 광해군이 강홍립에게 보낸 중립을 지키라는 밀서 때문에 조선군의 피해가 적었다는 주장도 전혀 사실이 아니다. 조선군이 명군을 따라 참전한 심하 전투에서 조선군 1만 3000명 중 9000명이나 전사했다. 살아남아 항복한 포로들 중에서도 절반은 양반 출신이라고 하여 죽임을 당했고, 나머지도 노예가 되어 끌려갔다. 이게 과연 현명한 외교 정책의 산물인가?

명나라 사신들에게 은을 뇌물로 바쳤던 광해군

광해군이 즉위하고 나서 가장 조선을 괴롭혔던 일은 바로 조선을 방문하는 명나라 사신들에게 막대한 양의 은을 뇌물로 바치는 것이었다. 세종 이후, 명나라는 조선에 대해 무리한 공물을 요구하지 않았는데, 갑자기 정책이 바뀐 것이다. 어찌된 일일까? 이에 대해 《연려실기술》에서는 다음과 같이 설명하고 있다.

> 광해군은 형인 임해군을 내쫓고 사람을 시켜 몰래 죽였는데, 명나라 사신이 와서 이를 알고는 문제 삼으려 하자, 급히 은을 뇌물로 주어 입을 막았다. 그 이후로 조정은 명나라 사신들에게 모두 은을 주어야 했다.

광해군이 즉위한 해인 1609년 6월 2일, 조선에 왔던 명나라 사신

태감 유용은 처음에 의주에 도착하자마자 곧바로 은을 요구했다. 그는 식사나 차도 필요 없으니 자신에게 제공되는 모든 것을 은으로 바꿔 달라고 했다. 또 은을 주지 않으면 한양으로 가지 않겠다고 고집을 부려 지방 수령들이 그에게 바치는 은을 마련하느라 골머리를 앓았다. 그는 자신에게 지급되는 관용 말의 값까지 모두 은으로 받아서 의주에서 황주, 황주에서 개성에 이르기까지 이루 셀 수 없이 많은 양의 은을 얻었다. 한양에 오자 뇌물로 은 5000냥과 인삼 400근을 받아 챙겼고, 이외에도 잔치가 벌어질 때마다 조선 조정에게 은을 달라고 손을 벌렸다.

그와 함께 온 태감 염등은 더한 탐욕을 발휘했다. 그는 임진강에 놓은 다리가 홍수에 떠내려가자 자신의 행차가 늦어지게 되었다면서 조선 조정에 1000냥의 은을 내라고 요구했다. 심지어 한양에 오자 자기가 밟고 지나갈 '천교天橋'라는 이름의 은제 사다리를 만들어 달라고 때를 썼다. 이 무리한 요구를 조선 조정에서는 들어줄 수밖에 없었다.

국가의 재정을 담당하는 호조의 책임자인 판서 황신은 1년 동안 애써 모아 놓은 3만 5000냥의 은을 유용과 염등 같은 명나라 사신을 접대하느라 열흘 만에 전부 써 버렸다고 울상을 지을 정도였다.

정원이 아뢰기를,
일단 고천준과 최정건, 엄일괴와 만애민 등 환관들로 구성된 사신들이 다녀간 뒤로 은을 쓴다는 소문이 중국에 퍼진 결과 요동과 광녕의 각 아문에서 우리나라를 하나의 노다지 소굴로 알고 차관들을 뻔질나게 보내 오고 있습니다. 그리하여 지급하는 식사도 은으로 떼어 받고, 말들은 주단紬段을 징수하며, 또 개인 재산을 지니고 와서는 이익을 많이 남기게 해 달라고 요구하고 있습니다. 게다가 조금만 생각대로 되지 않으면 번번이 성을 내는 바람에 위세 있는 호령에 겁먹은 수령들이 백성의 고혈을 짜내고 구차하게 죄책을 면하려는 해당 관원들이 시리市里를 침학한 나머지 서울이고 지방이고 감당할 수가 없어 원망하는 소리가 일제히 일어나고 있습니다.

－《광해군 일기》광해군 2년(1610년) 8월 30일 기사

1621년 4월 12일경에 왔던 명나라 사신 유홍훈과 양도인은 앞의 경우보다 더욱 심했다. 이들은 평안도와 황해도와 개성, 그리고 한양에 이르는 동안 끝없이 은을 요구했는데 총 8만 냥의 은을 거둬들였다. 《광해군 일기》광해군 13년(1621년) 5월 1일 기사에서는 두 사신에게 은을 대 주느라 평안도와 개성, 그리고 서울에서 상인들의 울부짖는 소리가 하늘을 진동하였고, 조선 전체의 재물이 바닥날 지경이었다고 묘사했다.

1622년 7월에 온 명나라 사신 양지원은 기상천외한 상술(?)을 발휘했다. 그는 조선에서 은 6만 냥, 큰 배 70척을 얻어 갔는데 후금(청)의 공격을 피해 요동으로 피난해 온 명나라 백성들에게 자신이 가진 배들을 1척당 은 100냥을 받고 팔아넘겼다. 은 6만 냥에 배값을 합치

면 총 6만 7000냥을 벌어들인 셈이다.

앞서 말한 임해군의 죽음과 관련한 문제 말고도 명나라 사신들이 조선에 대해 이렇게까지 무리한 은 요구를 한 데에는 다른 이유도 있었다. 당시 명은 세금을 은으로 받는 은 본위제를 시행하고 있었다. 그런데 임진왜란과 발배의 반란, 양응룡의 반란 등을 진압하는 동안 명나라는 무려 1000만 냥이란 거액의 군사비를 지출해야 했다. 이 액수는 당시 명나라 조정의 2년치 예산에 해당되었다. 많은 학자들은 위에서 열거한 세 가지 전란인 '만력 삼대정'을 치르는 동안 명나라의 국가 재정이 급속히 궁핍하게 되었고, 이것이 명의 국력을 쇠퇴하게 만들었다고 지적한다.

여기에 황실의 사치도 한몫했다. 신종 황제는 6년 동안 800만 냥이란 거금을 들여 자신이 죽은 뒤에 묻힐 능묘 건설에 열을 올렸다. 현재 베이징에 위치한 정릉이 그것이다. 또 아들 복왕의 결혼식과 낙양에 저택을 짓는 데 58만 냥을 소모하였으며, 1587년 화재로 불타버린 건청궁과 곤년궁을 재건하는 데 수백만 냥을 아낌없이 썼다.

이러는 동안 국고는 바닥이 났고, 명나라 조정은 부족한 은을 충당하느라 골머리를 앓았다. 거상이나 농민들을 쥐어짜면서까지 은을 모았으나 별로 신통치 않았고, 무리한 은 색출에 백성들의 불만이 높아지면서 명의 국내 사정은 점점 어려워져 갔다.

이때 명나라 조정은 가까운 해외로 눈을 돌려 조선을 주목한 것이다. 조선 건국 초기를 제외하고 명은 조선에 대해 금이나 은 요구를 한 적이 없었다. 이는 조선 출신 환관인 윤봉이 "조선에는 금과 은이 생산되지 않는다."라고 명나라 조정에 로비를 해서 조공품 목록에서 빼 주었기 때문이다.

그런데 임진왜란 때 조선에 온 명나라 장수와 상인들은 조선에서도 은이 생산되는 것을 목격하게 되었다. 조선은 예상 외로 많은 은광을 가지고 있으면서도 이를 개발하지 않았는데, 이유는 명이 공물로 은을 달라고 요구할 것을 우려했기 때문이었다.

조선의 은에 눈독을 들인 명나라는 즉각 사신을 보내 은을 요구했다. 그리고 조선의 지배층들은 이를 받아들일 수밖에 없었다. 광해군은 이복동생인 영창대군을 지지하는 대신들과의 권력 싸움으로 인해 불안한 권좌를 지키기 위해서 명의 도움이 필요했고, 이를 위해 국고 부담에도 불구하고 명 사신들에게 은을 줄 수밖에 없었다. '재조지은再造之恩'과 '대명사대對明事大'라는 명분을 권력의 정통성으로 삼고 있던 양반 사대부들도 명나라가 사신을 보내 "우리가 임진왜란 때 너희를 도와준 은혜를 이제 갚아야 하지 않겠느냐? 그러니 어서 은을 바쳐라!"라는 요구를 하는데 거부할 도리가 없었다.

옥사 사건을 벌이는 데 열중한 광해군

위에서 열거한 사건들을 제외하고도 광해군이 선비들로부터 큰 지탄을 받았던 중요한 문제는 더 있다. 바로 억울한 사람들에게 역모의 누명을 씌워 죽게 한 일이다.

광해군은 아버지인 선조 임금이 살아 있을 당시부터 왕위 계승을 놓고 극심한 정신적인 갈등을 겪었다. 임진왜란을 겪는 동안, 선조는 만일을 대비하여 광해군을 세자로 책봉했으나, 전쟁이 끝나고 새로 어린 왕비인 인목대비를 맞아들여 영창대군을 낳자 생각이 달라져 광해군을 가리켜 "너는 중국의 승인을 받지 못했으니 세자가 아니다!"라고 폭언을 했다. 조선의 세자들은 왕이 되기 전에 명나라의 승인을 받는 것이 관례였는데, 당시 명나라는 광해군을 승인하지 않았기에 광해군은 왕이 될 수 없다는 선조의 경고였던 것이다.

나이가 들면 노인들은 어린아이를 좋아하게 된다고 하는데, 선조도 마찬가지였다. 그는 가급적이면 금방 낳은 귀여운 아들인 영창대군을 세자로 책봉하고 싶었지만, 그러기에는 영창대군이 너무 어려서 할 수 없이 광해군을 계속 세자로 앉혀 놓고 있다가 갑자기 사망하고 말았다.

하지만 만약 선조가 영창대군이 어른이 되는 날까지 살았다면, 틀림없이 광해군을 폐세자하고, 대신 영창대군을 세자로 책봉했을 것임은 두말할 나위가 없는 일이었다. 광해군도 아버지가 자기 대신 어린 동생을 세자에 앉히려 한다는 점을 잘 알고 있었다.

그래서 광해군은 자신이 행여 왕이 되지 못했을지도 모른다는 자괴감에 내내 시달렸고, 왕이 된 이후에도 혹시나 무슨 역모가 일어나 자신이 쫓겨나지나 않을까, 하는 두려움에 떨었다. 그런 이유로 광해군은 집권 기간 내내 온갖 역모 사건에 신경질적으로 반응했다.

대표적인 예가 1613년에 발생한 계축옥사癸丑獄事이다. 이 사건은 원래 은을 노린 단순 강도 사건에 불과했다. 그러나 광해군과 그를 비호하던 대북파大北派는 자신들의 권력에 위협이 된다고 판단한 영창대군 일파를 제거하기 위한 수단으로 삼고, 수십 명의 혐의자들에게 억울한 누명을 씌워 잡아들였고, 모진 고문을 가해 거짓 자백을 받아 낸 다음 모두 죽이거나 유배를 보내는 중벌을 가했다.

이때 광해군은 자신의 혈육조차 용서하지 않았다. 그는 친형인 임해군이 역모에 연루되었다고 하여 교동으로 유배를 보냈다가, 목을 졸라 죽게 했다.

여기서 임해군은 아버지인 선조 임금이 살아 있을 때부터 백성들의 재산을 빼앗고 함부로 사람을 때려 죽여 많은 선비와 백성들로부터 지탄을 받던 개차반 같은 위인인지라, 그가 유배를 갔다가 목이 졸려 죽었어도 어쩔 수 없지 않느냐고 말할 사람이 있을지 모른다. 실제로 임진왜란이 일어나자, 한양의 백성들은 그동안 행패를 부리던 임해군의 집으로 몰려가 불을 질러 버렸고, 선조가 개성으로 피신했을 때에도 1000명의 선비들이 임해군을 탄핵하는 상소를 올렸을 정도였으니 말이다.

그러나 임해군은 그렇다 쳐도, 광해군은 이복동생인 아홉 살 난 영창대군이 역모에 연루되었다는 억울한 누명을 씌워 강화도로 보냈고, 얼마 후에 사람을 시켜 그를 방 안에 가두고 뜨거운 불을 때어서 쪄 죽게 하였다. 아홉 살의 어린아이인 영창대군이 무슨 죄가 있다고 죽여야 했는가? 이는 너무나 잔인하고 지나친 처사가 아닐 수 없다.

심지어 광해군은 영창대군을 죽여 놓고 나서, 그의 어머니이자 자신에게는 의붓어머니가 되는 인목대비마저 쫓아내려 하였다. 아마 어린 아들을 잃고 분노한 인목대비가 자신에게 원한을 품어, 가만히 내버려 두면 무슨 해코지를 할지 몰라 내심 두려웠던 모양이다. 실제로 인목대비는 인조반정이 일어나자, "광해군의 살점을 씹어 먹겠다!"라는 극언을 할 정도로 그를 극렬히 증오했다. 많은 학자들은 만약 광해군의 뜻대로 되었다면 인목대비 또한 머지않아 죽임을 당했을 거라고 추측하고 있다.

하지만 조정 여론의 거센 반대로 인해 인목대비의 폐비는 끝내 이루어지지 못했다. 효도를 최고의 가치로 숭상하던 엄격한 유교 사회 조선에서 비록 친모는 아니라도 어머니가 되는 사람을 자식이 쫓아내고 생명에 위협을 가하는 것을 그대로 놓아둘 수는 없었다.

여하튼 인목대비의 폐비 시도로 인해 광해군은 선비들로부터 효도를 저버린 금수 같은 임금이라고 크게 지탄을 받게 된다. 인조반정이 일어났던 원인도 상당 부분은 인목대비의 폐비 문제에서 비롯되었다.

이 밖에 김제세라는 사람이 모진 고문을 이기지 못하고 거짓으로 역모를 꾸몄다는 자백을 하자, 그가 아무렇게나 말한 사람들의 이름을 모두 찾아내 체포하여 고문을 가한 일도 있었다. 그 수가 자그마치 340명이나 되었다고 한다. 이 김제세 역모 사건에 휘말려 망한 집안도 100여 곳이나 되었고, 옥사는 7개월이나 계속되었다.

요즘도 정부에서 죄없는 사람들을 마구 잡아다 체포하면 사람들의 불만이 생기기 마련인데, 하물며 그냥 체포만 하는 것이 아니라 고문을 하고 유배를 보내고 심지어 죽이기까지 한다면, 그런 왕과 조정을 보는 백성들의 마음이 어떠할까?

무리한 궁궐 공사로
민심을 잃다

그러나 광해군이 저지른 가장 큰 잘못은 바로 무리한 궁궐 건축이었다. 광해군을 칭송하는 사람들은 그의 외교 문제에만 초점을 맞추고, 그가 국내 정치에서 벌인 수많은 실정들은 무시해 버린다. 하지만 광해군을 몰아낸 인조반정은 광해군에 대한 백성들의 민심이 악화되었던 상황에서 비롯되었다.

그중에서도 백성들이 광해군에게 등을 돌린 결정적인 계기는 광해군이 자행한 끝도 없는 대규모 궁궐 공사였다. 오늘날을 사는 우리들은 왕의 궁궐을 짓는 게 뭐가 그리 나쁜 일이냐고 의문을 품을지도 모른다. 하지만 중국을 최초로 통일한 진시황의 진나라가 망하게 된 계기도, 진시황이 벌인 아방궁 건축 같은 대규모 토목공사에 시달린 백성들의 분노가 폭발해서였다.

광해군을 진시황에 비유하다니, 과연 합당한가 하고 의문을 제기할 사람도 있을 것이다. 그러나 《조선왕조실록》에 나타난 광해군의 궁궐 건축 관련 기록을 본다면, 그런 말을 들어도 무방하다.

먼저 광해군 본인이 남긴 말을 보자. 아래는 1610년 2월 13일, 《광해군일기》의 기사이다.

근래 영건청을 혁파하자는 일로 삼사가 논열하는데 그 말이 매우 옳다. 나도 사람의 도리를 조금은 아는데 이처럼 백성이 곤궁하고 재정이 바닥나 나랏일이 극히 어려운 때에 토목공사를 일으키는 것이 불가한 일인 줄을 어찌 모르겠는가. 다만 신책방을 기어이 지으려 하는 것은 하릴없이 놀고 잔치하는 곳을 만들려는 것이 아니고 의도한 바가 있기 때문이다.

나는 본래 심병이 있어서 사람이 시끄럽게 떠드는 소리를 가장 싫어하므로 거처는 반드시 소통되고 확 트인 곳이어야 한다. 건강이 좋고 병이 없을 때라면 비록 침전에 거처하더라도 혹 견디어 낼 수 있겠지만 마음과 몸이 편치 못할 때에 다시 한가하고 조용하게 병을 요양할 곳이 없기 때문에 신책방을 그 옛터에 따라서 짓게 하였고, 그 규모를 조금 더 넓게 한 것은 병을 조섭하는 별당으로 삼고자 해서이다.

사세가 이렇기 때문에 하려는 것이지 실지 쓸데없고 관계없는 공사를 하기 좋아서 하려는 것이 아니니 정지하기는 좀 어려울 듯하다. 환경전과 영화당의 일은 아울러 짓지 말고 공의를 따르도록 하라.

기사의 앞에서 언급된 영건청은 궁궐 건축을 담당하는 관청이었다. 광해군은 도입부에서 백성들이 힘들어하고 나라의 재정이 바닥나 있는 어려운 상황을 알고 있음에도 불구하고 토목공사를 일으키려 한다고 말하고 있다. 그 이유로 그는 사람들이 시끄럽게 떠드는 소리를 싫어해서 넓고 확 트인 거처에 살아야 한다고 들었다. 거기에 마음과 몸이 편하지 못해서 조용하게 지낼 곳이 필요하기에 궁궐을 지어야 한다는 것이다.

여기서 유념해야 할 부분은 광해군이 궁궐을 건축하려는 이유가 임진왜란으로 불타 버린 궁궐을 다시 지어 나라의 위상을 드높이려는 발상이 아닌, 어디까지나 광해군 개인의 정신적인 스트레스와 정서 해소를 위한 지극히 개인적인 동기라는 점이다.

아무리 왕조 국가라고는 하지만, 왕 개인의 정신적인 안위를 위해서 수많은 백성들을 동원해 노동을 하고, 많은 돈을 들여서 새로운 궁전을 지어야 했을까?

위 기사 뒤에는 사관이 따로 개인적인 논평을 적어 놓았다.

이 궁전들을 뒤에 다 지었다. 또 별전 두세 곳을 더 지어 널리 기이한 꽃과 이상한 나무와 괴이한 돌을 모아 정원을 가득 채웠고, 꽃과 돌 사이에 이따금 작은 정자를 지어 유람하는 곳을 갖추어 놓는 등, 그 기교함과 사치스러움이 옛날에도 일찍이 없었던 것들이었다.

사관의 평이 과연 사실인지 아니면 과장인지는 알 수 없으나, 광해군의 궁궐 신축에 대한 열정은 그 뒤로도 계속 이어진다. 《광해군일기》 1619년 3월 17일자 기사를 보자.

나랏일이 날로 급해지고 있으면, 군사를 징발할 사람을 보내어 방어에 관한 계책을 전적으로 위임하는 등의 일을 양사가 와서 아뢰어야 할 것인데, 이것은 아뢰지 않고 매번 영건을 중지하라는 등의 일로써 위급한 날에 협박이나 해 대니, 나만 혼자 무슨 죄가 있단 말인가. 영건의 역사는 일부러 사치스럽고 크게 하려는 것이 아니다. 요망한 변고가 삼궁에 가득한 데다가 내전까지 편찮은 마당이니, 거처를 옮기는 일이 한시가 급한데 어떻게 역사를 중지할 수 있겠는가.

이 당시 조선은 명나라를 도와 후금을 치러 갔던 원정군이 전멸하는 대패를 겪어 나라 안이 큰 충격에 빠졌던 때였다. 그런데 후금과 전쟁을 벌이게 되어 국방의 중요함이 어느 때보다 시급했음에도 광해군은 궁궐 공사를 중단할 수 없다고 엄포를 놓은 것이다. 외국과의 전쟁과 국가 안보보다 자기가 살 궁궐이나 지으라고 하는 왕이 과연 명군인가?

광해군의 궁궐 공사 독촉에 실록을 기록하는 사관도 기가 막혔는지, 바로 같은 날의 실록에서 이런 논평을 남겨 신랄하게 비판했다.

이때 서사西師(서쪽으로 갔던 강홍립의 원정군)가 패전하여 수만 명의 백성이 쓰러져 죽어 갔으니, 군사를 징발하고 군량을 운송하여 강변으로 들여보내는 것이 당장의 급무였는데도 밤낮으로 일삼는 것이라고는 오직 궁궐을 짓는 한 가지 일밖에 없었다. 벌목을 하기 위한 사자가 도로에 이어져 깊은 산속의 나무가 다 베어졌고, 포를 거두라는 명령이 성화와 같아 백성들의 힘이 고갈되었다. 구름에 닿을 정도로 웅장한 궁궐을 짓느라고 "영차 영차." 하는 소리가 끊어지지 않았고, 공사의 비축이 다 떨어져 관작까지 팔았다. 어떤 극단적인 일도 마다하지 않고 마음과 힘을 다 기울였으니, 만약 궁궐을 짓고 보수하는 마음으로 나라를 다스렸다면 어찌 어지럽거나 망하는 화가 있었겠는가.

이보다 3개월 후인 1617년 6월 25일자 《광해군일기》에도 비슷한 내용이 보인다.

삼가 영건 도감에서 3개월 동안에 쓴 것을 살펴보니, 들어간 쌀이 6830여 석이고 포목이 610여 동이었으며, 당주홍 600근의 값은 포목 60동이었고 쇠가 10만 근에 이르렀으며, 각종의 다른 물품도 이와 비슷하였다. 그런데 이를 모두 쌀과 포목으로 충당하여서 한 전각을 영조하는 데 들어가는 것이 적어도 1000여 동을 밑돌지 않았다. 그런데도 이른바 도감의 낭청이라고 하는 자들부터 아래로 장인들에 이르기까지 그럭저럭 날짜나 보내면서 한갓 봉급만 허비하고 있다. 이에 쌀과 포목은 한계가 있는데 공역은 끝날 기약이 없어서 백성들의 골수까지 다 뽑아내었으므로 자식들을 내다 팔았으며, 떠도는 자가 줄을 이었고 굶어 죽은 시체가 들판에 그득하였다. 심한 경우에는 왕왕 목매어 죽는 자도 있었다. 그런데도 저 도감에 있는 자들은 너무도 어려워서 계속할 수 없다는 뜻으로 와서 고하

광해군 때 복원된 근정전(위)과 경회루(아래).

지는 않고, 매번 백성들에게 긁어모아서 크고 사치스럽게 하기만을 일삼고 있으니, 통탄을 금치 못하겠다.

광해군이 명령한 궁궐 공사에 쓰인 비용이 쌀 6830석에 옷감이 610여 동이며, 당주홍 600근에 쇠가 무려 10만 근이나 되었다는 것이다! 실로 어마어마한 비용이다. 이런 비용을 마련하는 데 나라의 재정을 다 쓴 것도 모자라 백성들로부터 세금을 걷었고, 또 강제로 동원해 궁궐 공사까지 했으니 얼마나 고역이었을까? 그 비용을 감당하지 못해 백성들 중에 집을 잃고 떠도는 자와 굶어 죽은 자까지 즐비했다니, 참으로 소름이 끼친다.

인조반정이 성공한 1623년 3월 14일, 그동안 서궁에 갇혀 있던 인목대비는 다음과 같은 교서를 내린다. 거기에는 광해군이 폐위된 명분이 열거되어 있는데, 이런 내용도 있다.

> 민가 수천 채를 철거하고 두 채의 궁궐을 건축하는 등 토목공사를 10년 동안 그치지 않았다.

즉, 광해군이 집권 기간 동안 국가 재정을 파탄 내고 백성들을 무리하게 동원하면서까지 지은 궁궐 공사가 바로 인조반정이 일어나 그가 쫓겨난 큰 원인이었다는 점이 드러난 것이다.

인조반정은
필연이었다

어떤 사람은 그렇다면 수양대군이 조카인 단종을 몰아내고 김종서를 비롯한 조정 대신들을 살육한 계유정난도 백성들의 지지를 받았느냐고 물을지도 모른다. 그러나 계유정난 이후 왕위에서 쫓겨나 영월로 귀양을 갔다가 죽임을 당한 단종이 이후 강원도의 산신이 되었다는 식으로 백성들에게 동정의 대상이 되었던 반면, 광해군에 얽힌 전설이나 민담은 전혀 남아 있지 않다.

마지막으로 인목대비가 광해군을 폐하고 인조를 맞이하는 데 발표했던 교서의 내용을 다시 소개한다.

내 비록 부덕하나 천자의 고명을 받아 선왕의 배우자가 된 사람으로 일국의 국모가 된 지 여러 해가 되었으니, 선묘의 아들이 된 자는 나를 어미로 삼지 않을 수 없는 것이다. 그럼에도 광해는 참소하는 간신의 말을 믿고 스스로 시기하여 나의 부모를 형살하고 나의 종족을 어육으로 만들고 품안의 어린 자식을 빼앗아 죽이고 나를 유폐하여 곤욕을 주는 등 인륜의 도리라곤 다시 없었다. 이는 대개 선왕에게 품은 감정을 펴는 것이라 미망인에게야 그 무엇인들 하지 못하랴.

심지어는 형을 해치고 아우를 죽이며 여러 조카를 도륙하고 서모를 쳐 죽였고, 여러 차례 큰 옥사를 일으켜 무고한 사람들을 해쳤다. 그리고 민가 수천 채를 철거하고 두 채의 궁궐을 건축하는 등 토목공사를 10년 동안 그치지 않았으며, 선왕조의 구신들은 하나도 남김없이 다 내쫓고 오직 아행을 조장하며 아첨하는 신하와 여인과 내시들만을 높이고 신임하였다. 인사는 뇌물만으로 이루어져서 혼암한 자들이 조정에 차 있고, 돈을 실어 날라 벼슬을 사고파는 것이 마치 장사꾼 같았다. 부역이 번다하고 가렴주구는 한이 없어 백성들은 그 학정을 견디지 못하여 도탄에서 울부짖으므로 종묘사직의 위태로움은 마치 가느다란 실끈과 같았다.

이것뿐이 아니다. 우리나라가 중국 조정을 섬겨온 것이 200여 년이라, 의리로는 곧 군신이며 은혜로는 부자와 같다. 그리고 임진년에 도와준 그 은혜는 만세토록 잊을 수 없는 것이다. 선왕께서 40년 동안 재위하시면서 지성으로 섬기어 평생에 서쪽을 등지고 앉지도 않았다. 광해는 배은망덕하여 천명을 두려워하지 않고 속으로 다른 뜻을 품고 오랑캐에게 성의를 베풀었으며, 기미년 오랑캐를 정벌할 때에는 은밀히 수신을 시켜 동태를 보아 행동하게 하여 끝내 전군이 오랑캐에게 투항함으로써 추한 소문이 사해에 펼쳐지게 하였다. 중국 사신이 본국에 왔을 때 그를 구속하여 옥에 가두듯이 했을 뿐 아니라 황제가 자주 칙서를 내려도 구원병을 파견할 생각을 하지 않아 예의의 나라인 삼한으로 하여금 오랑캐와 금수가 됨을 면치 못하게 하였으니, 그 통분함을 어찌 이루 다 말할 수 있겠는가. 천리를 거역하고 인륜을 무너뜨려 위로는 종묘사직에 득죄하고 아래로는 만백성에게 원한을 맺었다.

죄악이 이에 이르렀으니 그 어떻게 나라를 통치하고 백성에게 군림하면서 조종조의 천위를 누리고 종묘사직의 신령을 받들겠는가. 그러므로 이에 폐위하고 적당한 데 살게 한다.

16

병자호란은
패배의
연속이었나?

2011년 8월, 〈최종병기 활〉이라는 영화가 개봉되었다. 청나라가 조선을 침입한 병자호란을 주제로 다룬 작품이었다. 영화 본편의 끝에는 청나라 군대에게 조선인 50만 명이 포로로 잡혀 갔다는 안타까운 사연도 덧붙였다.

확실히 병자호란은 매우 안타까운 전쟁이다. 적과 치열한 접전을 벌이며 일진일퇴를 거듭했던 임진왜란과는 달리, 청군의 노도 같은 진격에 일방적으로 밀리다 끝내는 국왕이 나와 항복하는 완패로 끝나버렸기 때문이다.

그런 이유로 병자호란에 대한 많은 사람들의 인식은 '굴욕'과 '패배'에 맞추어진다. 소설 《남한산성》을 보면 조선의 힘으로는 도저히 이길 수 없는 무적의 팔기군이 순식간에 질풍처럼 조선을 휩쓸며 파죽지세로 전 국토를 짓밟고 석권하는 바람에 조선은 손도 써 보지 못하고 그저 속수무책으로 당할 수밖에 없는 것으로 묘사됐다.

하지만 병자호란을 둘러싼 이러한 인식은 사실에 맞지 않다. 조선군이라고 항상 지기만 했던 것은 아니며, 팔기군도 결코 무적의 군대는 아니었다.

조선의 새로운 군제 개혁,
삼수병 체제

임진왜란 이후, 조선은 군 체제를 대폭 개편하였다. 기병 전력을 대폭 축소하고, 창과 칼을 쓰는 근접전 담당 병과인 살수殺手와 일본을 통해 들여온 조총을 사용하는 포수砲手를 집중 양성하고 활을 쓰는 사수射手를 곁들인 삼수병 체제를 채택한 것이다.

조선의 주력 부대였던 기마병은 임진왜란을 치르면서 많은 허점을 드러냈다. 조선군의 장기인 말을 타고 활을 쏘는 전법은 일본군의 조총 사격에 상대가 되지 못했고, 육박전에서도 5미터나 되는 긴 창을 앞세운 일본군 보병에게 밀리기가 일쑤였다. 일례로 조선 제일의 맹장이라 칭송받던 신립은 그가 북방에서 여진족을 격퇴할 때 선보였던 기병 돌격을 탄금대 전투에서 네 차례나 반복했으나, 일본군의 조총과 긴 창에 막혀 참패하고 말았던 것이다.

기병과 관련되어 조선군은 지나치리만큼 활과 화살에 의존했다. 무관을 뽑는 무과 시험에서 기마술과 궁술은 필수였지만 검술이나 창술은 선택과목이거나 아예 보지 않았다. 이러한 편향적인 성향에 대해 임진왜란의 전란을 한참 겪고 있던 1592년 12월 9일, 사헌부에서는 "우리나라는 활만 믿는 처지인데, 적과 싸운 지 이미 오래이므로 계속 지탱할 방책이 없어 각 도에서 패배했다는 보고가 날마다 오고 있습니다."라는 장계를 올리기도 했다.

물론 조선 시대의 무기들이 활만 있었던 것은 아니지만, 그만큼 활에 지나치게 편중되어 있어 어려웠다는 말이다.

　그러나 이렇게 활에 치우친 결과, 조선군은 길고 큰 창과 날카로운 일본도를 휘두르며 달려드는 일본군의 돌격에 제대로 대응조차 해 보지 못한 채, 겁을 먹고 패주하는 일이 속출했다. 평소에 활쏘기만 하고 백병전에 필요한 창검술은 전혀 연마해 보지 않았기 때문에 벌어진 일이었다.

　근접전에 약한 조선군의 단점은 조정에서도 일찍부터 논의가 되었다. 《중종실록》에는 "왜구가 검을 빼어 들고 수군의 배에 올라타면, 용감한 병사가 10명이 있어도 당해 내지 못한다."라는 언급이 있으며, 《선조실록》에도 "우리나라의 병사들은 전투가 시작되면 오직 고함을 지르며 활을 쏘다가 적이 다가오면 달아나고 맙니다."라는 탄식이 기록되어 있다. 조선 후기인 정조 시대 편찬된 병법서 《무예도보통지》에서 검이나 창, 곤봉, 편곤 같은 백병전 기술을 집중적으로 부각시킨 이유도 임진왜란 때 지나치게 활에만 의존하다가 참패한 쓰라린 경험에서 비롯된 것이었다.

청나라 팔기군의 갑옷과 투구(왼쪽) 및 이를 착용한 청나라 장군(오른쪽).

　그래서 임진왜란이 끝나고 난 이후, 조정에서는 기마와 궁술에 치우쳤던 종래의 군제를 탈피하여 조선에 파병 온 명나라 장수들이 전해 준 보병 전술 '절강 병법'을 토대로 삼수병 체제를 새로이 만들어

채택한 것이다.

삼수병 체제에서는 종래에 도외시되었던 창과 검술을 다루는 근접 전문 보병인 살수와 임란 때 맹위를 떨친 조총을 사용하는 포수를 중요 병과로 채택하였다. 창검술은 명나라 장수들이나 조선에 투항한 왜군인 항왜들이 주로 도맡아 가르쳤다. 조총의 경우는 전쟁 중에 일본으로부터 노획한 것을 쓰다가 점차 기술을 습득하여 자체적으로 제작하였다. 조총의 사격 방법은 항왜들로부터 전수받았다.

이렇게 편성된 삼수병 체제가 위력을 발휘하기 위해서 세 부대 간의 원활한 조율과 합동이 반드시 필요했다. 그렇지 못할 경우에는 혼란이 발생하여 전체 부대에 악영향을 줄 수 있었다.

어처구니없는
쌍령의 패전

병자호란이 발생한 해인 1637년 1월 3일, 경기도 광주 쌍령에서 벌어진 전투에서 조선군 4만여 명은 약 300명의 청군 기병대에게 대패를 당했다. 당시 지휘를 맡은 경상좌병사 허완과 경상우병사 민영은 아군 병사들이 청군을 보면 겁을 먹고 조총을 마구 쏘아댈 것을 염려하여 일부러 화약을 적게 나누어 주었다. 조선군이 쓰던 조총은 총에 강선(라이플)이 없어 유효 사정거리가 짧고 명중률이 낮아 먼 거리에서 쏘면 대부분 맞지 않았다. 따라서 최소한 적이 50~60미터 안에 들어

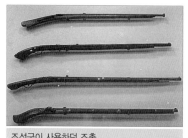
조선군이 사용하던 조총.

온 후, 일제히 밀집 사격을 퍼붓는 것이 기본적인 전술이었다.

이것은 조선군뿐 아니라 그 당시 세계 모든 나라들이 다 그러했다. 그런 차원에서 생각해 본다면 화약을 많이 분배해 주었다가 아군 병사들이 적이 사정거리 안에 들어오지도 않았는데 마구 사격을 하여 화약을 낭비할 수도 있다는 우려는 결코 잘못되지 않았다.

하지만 화약을 조금씩만 나누어 준 결과, 그만큼 포수들의 화약이 빨리 떨어져 조총을 더 이상 쏠 수 없게 되고 말았다. 화약이 떨어진 병사들이 어서 화약을 달라고 소리쳤다. 병사들이 화약을 분배받는 동안, 청군 기병대가 돌격을 감행하자 조선군은 매우 당혹스러워 했다. 대부분의 병사들이 조총만 갖춘 포수였고, 창과 칼을 들고 근접전을 수행할 살수가 거의 없었기 때문이다.

청군 기병대의 급습을 받은 조선군은 혼란에 빠졌고 이윽고 대부분의 병사들이 겁을 먹고 달아났다. 조선군의 대열은 순식간에 붕괴되었고, 청군은 그런 조선군을 추격하며 닥치는 내로 숙였다. 이 기막힌 전투에서 조선군은 약 2만여 명의 사상자를 냈으며, 지휘를 맡았던 경상좌병사 허완과 경상우병사 민영도 전사하고 말았다. 쌍령 전투의 패인은 삼수병 체제의 핵심 중 하나인 살수가 제대로 갖추어져 있지 않은 상태에서 원거리 병과인 포수에만 병력이 편중되었기 때문이다.

그러나 반대로 유능한 지휘관과 엄정한 군기와 각 부대 간의 효율적인 운용이 원활하게 이루어졌을 때, 삼수병 체제는 탁월한 효과를 드러냈다.

청태종의 사위를 전사시킨
광교산 전투

1637년 1월 5일, 전라병사 김준룡은 약 2000명의 군사를 이끌고 경기도 용인과 수원 사이에 있는 광교산에 도착했다. 김준룡은 광교산에 진을 치고 산과 골짜기의 곳곳에 복병을 설치했으며, 정찰병을 여러 군데에 보내 청군의 동태를 살피게 했다. 수천 명의 청군이 광교산으로 진군하는 것을 정찰병이 발견하고 알리자, 김준룡은 전군에게 명을 내려 제1선에는 포수를, 제2선과 제3선에는 각각 사수와 살수를 배치하도록 했다.

이윽고 산기슭에 수천 명의 청군이 당도했다. 광교산으로 진군한 청군을 지휘하던 장수는 청태종 홍타이지의 사위인 양구리였다. 그는 청태종으로부터 초품공超品公이라는 직위를 받았으며, 6000명의 기병을 휘하 병력으로 거느리고 있었다.

청군은 산에 진을 친 조선군을 보고는 단숨에 짓밟을 기세로 말을 몰아 올라왔다. 그 모습을 지켜보고 있던 김준룡은 북을 울리고 기를

활과 칼을 찬 만주족 무사의 모습을 그린 그림.

흔들게 하여 1선의 포수들에게 사격을 명령하였다. 포수들이 일제히 조총을 쏘는 것과 동시에 사수들이 활을 쏘아대자 청군은 당황했다. 여태까지 그들이 상대해 온 조선군은 자기들이 돌격을 하면 지레 알아서 겁을 먹고 도망을 갔는데, 이 군대들은 사뭇 달랐다.

조선군의 총탄과 화살 세례가 퍼부어지자, 말들이 쓰러지고 기수들이 말에서 떨어졌다. 청군이 돌격을 계속하지 못하고 주춤거리자, 이 틈을 타 제3선의 살수들이 앞으로 나와서 청군을 향해 창과 칼을 휘두르며 닥치는 대로 죽였다. 조선군의 맹렬한 공세에 놀란 청군은 더 이상의 전투를 포기하고 산 아래로 퇴각했다.

조선군은 승리를 거두었다. 그러나 김준룡은 아군들의 전열을 재정비하고 진형을 굳게 갖추라고 엄중히 명을 내렸다. 아직 청군의 주력부대는 손상을 입지 않았고, 조선군이 승리에 도취되어 방비를 허술히 하다가 청군이 기습을 해 올 우려가 있었기 때문이다.

다음날인 1월 6일, 청군의 공격이 다시 시작되었다. 이번에는 총사령관인 양구리 본인이 직접 남은 병력을 모두 이끌고 공격해 왔다. 산 곳곳에서 조선군과 청군의 격렬한 전투가 벌어졌다. 전투가 한창 전개될 무렵, 조선군의 동남부 진영이 수적으로 우세한 청군 기병의 공세를 이기지 못하고 무너져 내렸다.

그런데 이때, 뜻하지 않은 일이 발생했다. 청군을 통솔하던 양구리가 매복해 있던 조선군 포수의 총탄에 맞아 전사한 것이다. 갑작스럽게 지휘관을 잃은 청군은 당황하여 물러났고, 미처 퇴각하지 못한 청군 병사들은 조선군의 손에 의해 남김없이 죽임을 당했다.

이틀간에 걸쳐 진행된 광교산 전투는 조선군의 승리로 끝났다. 이 전투에서 청군의 총지휘관이자 청태종의 사위인 양구리를 포함해 2명의 청군 장수가 전사했으며, 수천 명이 넘는 청군 병사들이 죽었다. 훗날 영의정 체제공은 1794년, 광교산에 기념비를 세워 김준룡의 공적을 찬양했다.

두 번째 승리,
금화 전투

광교산 전투로부터 22일 후인 1월 28일에는 금화에서 다시 조선군과 청군 간 두 번에 걸쳐 큰 전투가 벌어졌다.

근왕병을 이끌고 오던 평안도 관찰사 홍명구는 포수 3000명을 거느리고 남한산성에서 청군에 포위당하고 있는 인조를 구원하러 오고 있었다. 평안병사 유림은 2000명의 병력을 이끌고 그와 함께 오고 있었는데, 홍명구와 전술에서 의견이 달라 서로 대립하고 있었다.

청나라의 최전성기를 연 건륭제의 기마도.

1월 26일, 홍명구는 금화에 이르러 그곳에서 약탈을 벌이던 수백여 명의 청군을 격파하고 포로로 잡힌 조선인 백성들을 구출해 냈다. 홍명구의 부대와 싸운 청군 패잔병들은 그들의 본대로 달려가 조선군이 도착했음을 알렸다.

다음 날인 1월 27일, 1만 명의 청군 기병이 금화의 외곽에 도착했다. 청군의 본대를 본 홍명구와 유림은 급히 회의를 벌였으나, 두 사람은 의견 차이를 좁히지 못해 각자 부대를 나누어 진을 쳤다. 홍명구는 평지에 진을 쳐서 적과 싸울 것을 주장한 데 반해, 유림은 기병이 대부분인 청군을 상대하는 데는 평지보다 산이 더 유리하다고 반박했던 것이다.

홍명구는 목책을 설치하고 포수와 사수와 살수를 순서대로 배치하여 적을 맞을 준비를 했다. 그것을 본 청군은 우선 평지에 진을 친 홍명구 부대를 먼저 공격해 쳐 없애고 다음에 산에 진을 친 유림 부대를 공격하기로 결정했다. 청군은 대포를 동원하여 조선군의 목책을 부수고 병사들을 돌격시켰다. 홍명구는 삼수병 체제의 기본적인 전술대로 포수와 사수의 원거리 사격을 퍼붓고 살수들을 내보내 청군의 초반 공세를 막아냈다. 순식간에 청군은 두 명의 장수를 잃었고 수천 명의 병사들이 전사했다. 서전에 불리해진 청군은 별동대를 산의 뒤편으로 보내 홍명구 부대의 후방을 공격토록 했다. 별동대는 말에서 내려 보병이 되어 털옷으로 몸을 감싸고 한꺼번에 홍명구 부대를 향해 달려들었다.

조선군은 전력을 다해 저항하였으나, 수적으로 훨씬 우세한 청군의 기세를 끝내 막지 못하고 무너졌다. 홍명구는 급히 연락병을 보내 유림을 불렀지만 유림은 불리한 정황이니 가 보아야 소용없다고 판단하여 가지 않았다. 구원병을 받을 수 없게 되자, 홍명구는 최후를 실감했다. 그는 병부兵符와 인감印鑑을 가져다 아전에게 넘겨주고 "나는 여기서 죽어야 마땅하다!" 하고 외치며 손수 활을 당겨 청군을 쏴 죽이다 청군이 쏜 화살을 세 대 맞았다. 그러고는 화살을 뽑고 칼을 들어 청군과 싸우다 끝내 전사하고 말았다.

홍명구 부대를 전멸시킨 청군은 이제 산에 진을 친 유림 부대를 향해 몰려왔다. 유림은 청군의 공세를 효과적으로 저지하기 위해 삼수병 체제의 기본을 바꾸어 제1선에 살수를 배치하고 제2선과 제3선에 사수와 포수를 넣었다. 그리고 산 중턱에 별동대를 매복시켜 놓은 후, 청군을 기다렸다.

청군이 산에 올라오자 유림은 살수들을 돌격시켰다. 살수들은 청군이 탄 말들을 집중적으로 공격하여 기수들을 낙마시키고 떨어진 기수들을 죽였다. 그리고 살수보다 높은 곳에 진을 치고 있던 사수와 포수들은 산 아래에 있는 청군들을 향해 교대로 화살과 총탄을 쏘아댔다. 조선군의 유기적인 삼수병 전술에 청군은 많은 사상자를 내고 더 이상 공세를 지속하지 못했다.

청군은 일단 군사들을 물린 후, 세 번에 걸쳐 다시 공격해 왔으나 조선군의 전열을 뚫지 못하고 사상자만 늘려 갈 뿐이었다. 청군이 네 번째 공세를 진행하자 유림은 산 중턱에 매복시킨 병사들을 출동시켜 그들을 타격했다. 전투가 막바지로 치달을 무렵, 청군을 지휘하던 장수가 조선군 포수가 쏜 총탄에 저격당하자 청군은 전의를 상실하고 철수했다.

이상이 병자호란에서 조선군의 삼수병 체제가 청군을 상대로 위력을 발휘하여 승리를 거둔 두 전투이다. 금화 전투가 안타까운 것은 유림이 승리를 거둔 때와 동시에, 인조가 남한산성에서 나와 청태종에게 항복하고 말았다는 사실이다.

역사에 가정은 무의미하지만, 적을 맞아 방비를 좀 더 확실히 갖추었더라면 삼전도의 굴욕을 당하는 일도 없었으리라고 여겨진다. 청군은 결코 무적이 아니었고, 그들도 때로는 패배를 겪었으니 말이다.

17

조선은 과연 노비들의 지옥이었나?

2010년 인기리에 방영된 KBS 드라마 〈추노〉는 그전까지 다루어지지 않았던 조선 시대 노비들의 삶을 조명하여 큰 호응을 얻었다. 〈추노〉에서 노비들은 아무런 권리나 보호도 없이 주인인 양반들이 마음 내키는 대로 죽이고 겁탈할 수 있는 나약한 존재로 묘사된다.

또한 2009년 출간된 《왕을 참하라》라는 책에는 조선의 노비들은 말이나 소 같은 짐승처럼 취급받았으며, 조선은 전체 인구의 10퍼센트에 불과한 양반들만 대접받고 산 '개 같은 나라'였다고 서술되어 있다.

과연 이 드라마와 책이 주장한 것처럼 조선의 노비들은 지옥에 살았던 것일까?

노비도 엄연히
법의 보호를 받았다

조선 4대 임금인 세종대왕은 1444년 7월 24일, 법을 관장하는 부서인 형조에 다음과 같이 지시한다.

> 임금일지라도 죄 없는 사람을 죽인다면 하늘의 법을 어기는 것이다. 노비들이 비록 천민이라고 해도 (다 같이) 하늘이 낸 백성인데, 어찌 제멋대로 형벌을 가해 무고한 사람을 함부로 죽일 수 있겠는가. 나는 그것이 매우 그릇된 일이라고 생각한다. 이후 만약 죄가 있는 노비일지라도 관가에 고발하지 않고 주인이 마음대로 때려죽인다면 곤장 100대를 치고 1년간 귀양을 보낼 것이며, 억울하게 죽은 노비의 아내와 자식들은 모두 노비 신분에서 풀어주어 양민이 되게 하라

이처럼 노비도 엄연한 사람이니 함부로 죽여서는 안 되며, 만약 그랬을 경우에는 살인죄를 적용하여 처벌을 한다는 세종대왕의 방침은 그 후 조선의 노비들을 다루는 기본적인 법률 토대로 자리 잡는다.

실제로 세종대왕의 전교가 있은 지 66년 후인 1510년, 중종 임금 시절에 노효신이란 사람의 첩인 금이가 남편이 부리던 종 내은금을 때려죽인 사건이 발생하자 조정은 금이의 처리를 놓고 양측으로 나뉘어 팽팽히 맞선다.

먼저 김수동과 유순정 등은 "첩
이 남편의 종을 때려죽인 데 대하여
해당하는 법률은 없으나, 한 집의
노비나 머슴이 주인의 외조부모로
부터 얻어맞아 입은 상처가 악화되
어 죽으면 때린 자를 곤장 100대에
귀양 3년을 보내며, 일부러 죽게 한
경우에는 교형(교수형)에 처하니, 이
를 참조하여 금이도 교수형에 처해
야 합니다."라고 주장했다.

노비의 생명을 보호하려 한 세종대왕.

반면 권희맹과 김정국 등은 "금
이는 첩이라 남편의 직접적인 친족이 아니니 특별히 사형을 감하고,
곤장 100대를 때리고 변방의 관비로 보내게 하소서."라고 다소 온건
한 처리 방안을 밝혔다.

그러나 최종 결정권자인 중종은 앞서 말한 김수동 등의 의견에 따
랐고, 결국 금이는 교수형에 처해졌다.

조선 후기인 18세기 말에도 노비 살인 사건에 대한 처벌의 수위 문
제는 변함이 없었다. 1767년 7월 29일, 왕족인 순제군 이달은 자기
집에서 부리던 노비가 도망을 치자 잡아와서 고문을 하다 우물에 던
져 죽게 했다.

이 사건이 알려지자 당시 임금이던 영조는 그를 엄히 문초하여 남
해현으로 귀양을 보내라고 명령한다. 순제군 이달은 왕족의 신분으로

노비 살인자를 처벌한 영조.

구금하지 않는다는 증표인 물금첩勿禁帖을 가지고 있었지만, 살인죄로 처벌을 받았던 것이다.

이와 같이 드라마 〈추노〉에서 나온 내용처럼 노비들이라고 해서 아무렇게나 마구 죽임을 당하던 처지는 아니었다. 오히려 그런 식의 묘사는 고대 로마 시대의 노예들에게 더 잘 들어맞는다. 실제로 로마의 노예들은 주인의 소유물로 간주되었고, 주인이 마음대로 죽여도 아무런 처벌을 받지 않았다. 하지만 조선에서는 노비도 엄연한 사람으로 취급받았고, 따라서 권력층인 왕족이라도 노비를 죽이면 살인죄로 간주되었다.

직업도 가지고
재산도 모을 수 있었던 노비들

또한 우리가 사극에서 보는 대로 조선 시대의 노비들이 모두 가정집에서 주인과 함께 살지는 않았다. 조선의 노비들은 크게 관아에서 부리는 공노비公奴婢와 개인이 부리는 사노비私奴婢로 나누어졌다. 이 중에서 사노비는 주인의 땅을 빌려 농사를 지으면서 자신의 집을 따로 정해 놓고 살면서 사유재산도 가질 수 있던 외거노비外居奴婢와 주인과 함께 살면서 잡일을 도맡아 했던 가내노비家內奴婢로 나누어진다.

공노비들은 관청에서 여러 가지 일들을 맡아 했는데, 그중에는 행정 업무를 담당하는 서리직도 있었다. 서리는 비록 말단이었지만 엄연한 관리로 인정받았는데, 노비도 글을 읽고 쓸 줄 알면 임명되어 일했다.

노비 출신 서리 중에 유명한 사람이 있는데, 경종 무렵 우의정을 지냈던 조태채의 종인 홍동석이었다. 조태채는 1721년, 경종의 동생인 연잉군(훗날의 영조)을 후계자인 세제世弟로 책봉하자고 주장했다가 반대파인 소론으로부터 역모를 꾸민다는 모함을 받고 진도로 유배를 떠나게 되었는데, 그 죄상을 기록하는 업무가 그의 종인 홍동석에게 주어졌던 것이다.

홍동석은 "종의 몸으로서 주인의 죄를 적을 수 없다."라고 맞서며 쓰지 않다가 서리직에서 파직당했는데, 주인을 따라 진도까지 가서 극진하게 모시는 모습을 보여 주위로부터 찬사를 들었다.

사노비 중 외거노비는 비록 소작농 신세였지만 주인을 대신해 주인의 땅에서 농사를 지어 주는 대가로 수확한 농작물 중 일정한 양을 수입으로 받았으며, 이렇게 해서 재산을

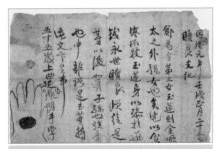

조선 시대 노비 문서. 도장 대신 손가락 모양을 그려 넣었다.

모아 노비 신분에서 벗어나는 일도 많았다.

대표적인 예로 성종 시절의 사노비 임복이 있다. 1485년 당시 조선은 온 나라에 심한 가뭄이 들어 많은 사람들이 굶주리고 있었는데, 같은 해 7월 24일, 진천에 살던 사노비 임복은 자신이 농사를 지으면서 모은 곡식 3000석을 나라에 바쳤다.

조정의 실권을 맡고 있던 대신 한명회는 "임복이 바친 곡식은 100명의 생명을 구하기에 충분하니, 보상으로 임복과 그 아들 넷을 모두 노비 신분에서 벗겨 주어 양민으로 만들어 주소서."라는 건의를 올리고 성종도 임복의 선행을 가상하게 여겨 흔쾌히 승인하였다.

사헌부 대사헌 이경동은 "노비가 곡식을 바쳤다고 면천해 준다면 앞으로 나라 안의 농사를 짓는 노비들 중에서 노비로 남아 있는 자가 어디 있겠습니까?" 하고 반대했으나, 성종은 "올해 흉년이 들어 충청도와 전라도의 백성들이 굶주리고 있는데, 임복은 노비의 신분으로 곡식을 바쳐 사람들의 목숨을 구하였으니 포상해야 마땅하다."라며 끝내 들어주지 않았다.

또한 임진왜란이나 병자호란 같은 큰 전란이 나라에 닥치면 노비들은 나라에 곡식을 바치는 대가로 노비 신분에서 벗어나 양민이 되는 납속책納粟策과 공명면천첩空名免賤帖의 혜택을 받을 수 있었다.

많은 사람들은 납속책과 공명면천첩이 조선의 신분제도를 문란하게 만들었다면서 부정적으로 보고 있지만, 달리 생각한디면 어느 정도의 경제력만 있다면 얼마든지 합법적으로 신분 해방이 가능한 방법이었다.

조선 후기로 갈수록 이러한 사례가 많아져 1746년에 제정된 법전인 《속대전續大典》에서는 아예 어느 노비든지 13석의 곡식을 나라에 바치면 양민으로 만들어 주게끔 규정했다.

그리고 마침내 1801년, 공노비들은 순조를 대신해 섭정을 하던 정순왕후의 명으로 모두 해방되었고, 사노비들은 1894년 갑오개혁과 더불어 노비 신분에서 풀려나 자유를 얻게 된다.

노비들도 출산휴가를 받았다

이 밖에도 노비들이 나라로부터 얻은 혜택이 하나 더 있었는데 바로 아이를 낳을 때, 주어지는 포상과 휴가였다.

일찍이 세종대왕은 1430년 10월 19일, 관가에서 일하는 공노비들이 아이를 낳으면 무려 100일 간의 휴가를 주게 했으며, 4년 후인 1434년 4월 26일에는 관노의 아내가 아이를 낳으면 그 남편에게도 30일의 휴가를 주도록 조처했다. 오늘날 직장 여성이 출산했을 때, 최대한 쓸 수 있는 휴가가 3개월이고 남편은 5일 동안만 휴가를 낼 수 있는 것에 비해 더욱 기간이 길었다. 게다가 노비들이 쌍둥이나 세쌍둥이를 낳으면 왕은 이를 경사로 여기고 푸짐한 포상을 내렸다.

1406년 7월 11일, 원주 사람인 최운사의 노비 개덕이 한꺼번에 2남 1녀를 낳자, 태종은 직접 쌀과 콩 10석을 내려 주도록 명령한다. 1413년

3월 15일, 충청도 석성현의 사노비 계화은이 한꺼번에 세 아들을 낳자, 역시 쌀 6석을 내려 주었다.

부왕인 태종 못지않게 세종도 노비들의 출산 포상에 열심이었는데, 1439년 11월 23일, 전라도 무진군의 사노비 고초가 한 번에 세 명의 아들을 낳자 쌀과 콩 7석을 선물했다.

숙부인 세조의 쿠데타에 밀려 짧게 집권한 단종도 1454년 5월 9일, 서울 남쪽에 살던 모로비라는 사노비가 아들 셋을 낳자, 역시 쌀과 콩 7석을 주었다.

공정한 관점에서 밝혀 두면 이런 식의 출산 포상은 노비만이 아닌 양민들이 낳았을 경우에도 해당되었다. 1446년 9월 1일, 평안도 순안현의 백성 이성의 아내는 한꺼번에 아들 둘과 딸 하나를 낳고 쌀과 콩 5석을 받았고, 1462년 12월 24일 검주부檢主簿 임자정의 아내 역시 아들 세쌍둥이를 낳은 상으로 쌀 10석을 받았다.

조선 시대 쌀 1석石은 약 144킬로그램이다. 쌀 144킬로그램의 값을 약 280만 원으로 친다면 최대 2800만 원까지 출산 포상금을 받은 셈이다. 현재 한국의 많은 지방자치단체에서는 산모가 첫째 아이를 낳으면 출산 장려금을 주지 않으며 둘째 아이를 낳으면 10만 원에서 70만 원을 주고 셋째 아이를 낳으면 대략 50만 원에서 150만 원까지 준다고 한다. 지금 한국이 저출산 현상으로 난리를 치면서 정부에서 출산 장려금을 준다고 하는데, 오히려 조선 시대보다 더 적게 주고 있는 것이다.

자, 과연 지금까지 살펴본 조선 노비들의 삶이 어떠했는가? 〈추노〉나 《왕을 참하라》에서 말한 것처럼 인간 지옥이라고 말할 수준은 아니지 않은가?

물론 조선이 노비들의 낙원이었다는 말은 아니다. 하지만 조선도 어디까지나 사람이 사는 곳이었고 나름대로 합리적인 제도를 가지고 있었다고 보는 것이 적합한 시각이 아닐까?

끝으로 하나 덧붙여 둔다. 일본의 역사학자 나카무라 사토루와 한국의 역사학자 박훈이 공동으로 지은 저서 《근대 동아시아 경제의 역사적 구조》에 따르면 조선의 노비는 15세기 말 무렵에는 전체 성인 남자의 80~90퍼센트에 이르다가 18세기 말이 되면 그 비중이 10퍼센트까지 급격히 떨어진다. 그만큼 많은 노비들이 납속과 공명면천첩을 통해서 합법적인 신분 해방을 이루었던 것이다.

이런 조선을 가리켜 "고작 10퍼센트의 양반들만 대접받았던 개 같은 나라!"라고 하는 건 지나치게 성급한 평가라 할 수 있다.

18

당파 싸움 때문에 나라가 망한다?

현재 우리 사회에서 조선의 당파 싸움을 보는 시각은 통일되어 있지 않다. 최근에 와서야 이를 다양한 시각으로 조명하는 연구와 도서들이 나오고 있지만, 사실 얼마 전까지만 해도 "조선이 쓸데없는 당파 싸움만 하고 힘을 모으지 못하다가 망했다."라는 인식이 대부분이었다. 이런 '당파론'은 해방 이후, 한국의 군사 독재 정권들이 들어서는 데 좋은 구실이 되기도 했다.

하지만 당파 싸움 때문에 조선이 망했다는 세간의 관념은 진실과 매우 동떨어진 것이다. 과연 조선이 망한 것이 당파 싸움 때문이었을까? 그리고 다른 나라들은 당파 싸움이 없었을까?

당파 싸움 하지 말고 거국적으로 단결해야
나라가 발전한다?

'당파 싸움' 운운하는 인식에는 '당파는 무조건 나쁘다, 나라가 강해지려면 이것저것 따지지 말고 한 사람의 지도자를 중심으로 무조건 뭉쳐서 힘을 몰아주어야 한다.'는 전체주의적인 사고가 숨어 있다. 30년 동안 독재 정권하에서 지낸 한국인들에게 이런 주장은 매우 솔깃하게 들린다.

그러나 세계사를 보면 '거국적으로 한 지도자에게 힘을 몰아주다가' 오히려 나라가 망해 버린 사례가 매우 많다.

근대 유럽이 최고 군사 천재였던 나폴레옹 시대, 나폴레옹이 군사 쿠데타를 일으켜 제1통령으로 정권을 잡고 있을 때, 프랑스의 정당들은 모두 해산되고 정치 활동이 중단되었으며, 의회는 단지 나폴레옹이 내리는 결정에 찬성만 하는 거수기로 전락했다. 어떤 신문도 나폴레옹이 하는 일을 비판하지 못했고, 의회에서는 오직 그에 대한 찬양만이 허용되었다. 나폴레옹에 적대적인 당파는 모두 영국의 스파이로 몰려 투옥되거나 처형당했다.

뛰어난 군사 천재였으나 지나치게 독단적이어서 끝내 패망했던 나폴레옹.

독일인들의 열광적인 지지 속에 선출되었으나, 조국을 비참한 멸망으로 이끌었던 히틀러.

하지만 그렇게 해서 거국내각을 만들고 나폴레옹을 일방적으로 추종하던 프랑스는 끝내 1815년, 워털루 전투에서 참패하면서 위기에 빠지고 만다.

히틀러와 나치는 어떤가? 흔한 오해와는 달리, 히틀러는 결코 쿠데타나 반란을 일으켜 정권을 잡지 않았다. 그는 철저하게 민주적인 투표를 이용해서 종신 총통에 취임했다. 히틀러가 집권하자 독일에서 그를 비판하는 언론이나 정당과 파벌은 완전히 사라지고, 그에게 복종하고 찬양하는 일만이 허용되었다. 독일인들은 그들의 이웃이었던 유태인들이 히틀러가 만든 강제 수용소로 끌려가 죽는다는 것을 알면서도 대수롭지 않게 여기고 외면했으며, 히틀러가 주창한 제1차 세계대전의 복수와 세계 정복의 열망에 부풀어 그를 신처럼 숭배했다. 그러나 독일인들이 히틀러를 우상시하고 따랐던 대가는 제1차 세계대전 때보다 더욱 비참한 패배와 조국의 분단이었다.

제국주의 일본은 어떤가? 1932년 5월 15일에 벌어진 5·15쿠데타를 시점으로 일본 사회는 비교적 자유롭던 다이쇼 시대가 끝나고, 군부가 정부를 능가하는 최고 권력기관이 되어 국가 전반을 마음대로 지배하는 쇼와 시대가 열린다. 그리고 1936년 군부가 정부를 무시하고 멋대로 중국과의 전쟁을 강행하여 중일 전쟁이 발발하자, 일본의 모든 자유 언론은 막을 내렸다. 육군 장성인 도조 히데키가 수상이 되어 일본 내에서는 의회가 사실상 무력화되고, 어떠한 정쟁도 없이 온 나라가 전쟁에 매달려 중국과 미국과의 전쟁에 열렬히 찬성하여 동참했다. 하지만 그 끝은 두 발의 원자폭탄과 모든 식민지의 상실, 그리고 참혹한 패배가 기다리고 있었다.

군인 출신 일본 수상, 도조 히데키.

현대에도 이런 거국 정치가 초래하는 위험은 사라지지 않았다. 2001년 9월 11일, 미국 뉴욕의 세계무역센터가 여객기 자폭 테러로 파괴된 9·11 사건이 벌어지자 미국은 총단결했다. 9·11 이전까지 잦은 말실수와 미숙한 일 처리로 미국 내에서 매우 인기가 없고 탄핵 위기에까지 몰렸던 대통령 부시는 9·11 사건이 터지자, 충격과 분노로 이성을 상실한 미국인들의 감정을 이용해서 테러를 자행했다고 추측되는 아프가니스탄을 공격했고, 9·11 테러로 인해 미국인들의 중동 감정이 격앙된 것을 기회로 삼아 9·11과는 아무런 상관도 없던 이라크마저 침공했다. 간혹 양심적인 미국의 지식인들 몇몇이 부시 행정부의 아프간과 이라크 전쟁에 반대하기도 했으나, 9·11 테러로 국가가 위기에 놓인 상황에서 정부를 반대해서는 안 된다는 대다수 미국인들의 여론이 워낙 높아 별다른 호응이 없었다. 2004년에 벌어진 대통령 선거에서도 부시는 그런 미국인들의 지지를 받아서 국내외의 예상을 뒤엎고 대통령에 재선되었다.

하지만 2008년, 세계를 뒤흔든 미국발 금융 위기가 시작되자, 미국인들은 자신들의 총화 단결이 불러온 결과가 무엇인지 확실하게 실감할 수 있었다. 2001년부터 시작된 7년 동안의 대테러 전쟁에서 미국 정부는 무려 4조 달러나 되는 거액을 군사비로 소모했다. 그 결과, 미국 정부는 예산이 부족해 중국과 일본 같은 외국에 차용증을 써 주고 돈을 빌리는 상황에까지 오게 되었다. 또한 의료와 복지, 교육과 과학에 쓸 예산도 부족해져 미국의 공교육은 거의 파탄 직전에 처했으며, 미국의 자랑거리인 우주항공국 나사^{NASA}도 폐쇄 위기에 놓이고 말았다. 여기에 금융 위기까지 겹치자, 무려 1000만 명이 넘는 미국인들이 은행에 빌린 돈을 갚지 못해 집을 빼앗기고 거리로 쫓겨나는 신세로 전락했다. 클린턴 행정부 때까지 세계에서 가장 부유했던 미국의 중산층들은 이제 붕괴 상황에 처했다.

이 모든 것은 부시 정부의 무모한 아프간 및 이라크 전쟁과 그것을 막지 못하고 부시에게 힘을 실어 준 미국인들의 단결이 불러온 결과였다.

당파가 없고 국민 모두가 단결한 나라가 하나 더 있다. 우리의 머리 위에 있는 북한이다. 북한은 표면적으로는 노동자와 농민들을 위한다는 공산주의를 내세우고 있으나, 실상은 김일성과 그 후손들이 어떠한 법률과 의회와 언론의 제약도 받지 않고 신처럼 군림하며 모든 것을 마음대로 하며 지배하는 전제 국가이다. 북한에서 현재의 최고 통치자인 김정은을 비판하는 자는 아무도 없으며, 그를 견제하는 북한 내의 세력이나 당파도 존재하지 않는다. 김정은이 명령을 내리면 국민들은 무조건 복종해야 하며, 거부할 어떤 권리도 없다.

그 결과 북한은 어떤가? 국민 모두가 하나로 뭉쳐 초강대국이 되었을까, 풍요로운 선진국이 되었을까? 북한은 현재 세계에서 제일 가난한 나라로 꼽힌다. 건국 이래 60년 동안 철통같은 단결을 유지했는데도 말이다.

이상의 사례들에서 보듯이 나라를 움직이는 지도층의 잘못과 비리를 지적하고 권력 집중을 견제하며 바로잡아줄 세력이 없이, 일방적인 폭주만을 계속하다가 오히려 더 큰 재앙을 맞게 되는 것이다. 그런 면에서 볼 때, 당파 싸움이 없다는 것은 좋은 일이 아니다.

조선보다 당파가 더 치열했던 나라들

여기까지 본 독자들 중에서도 "그렇다고 해도 당파 싸움이 좋은 건 아니지 않느냐? 당파 싸움이 심하면 나라가 망하지 않겠느냐?"라고 말할 사람들이 있을지 모른다.

하지만 세계사적으로 본다면 조선 이외의 다른 나라들도 상당히 당파 싸움이 심했다. 오히려 조선보다 더 심한 곳도 있었다. 조선은 당파 싸움이 아무리 극렬해도 나라 안의 평화는 유지되었지만, 영국 같은 경우는 당파 때문에 온 나라가 두 쪽으로 갈라져 내전까지 벌였으니 말이다.

신하들과 당파 싸움을 벌이다 목이 잘려 죽은 영국 국왕, 찰스 1세.

1642년에서 1647년까지 영국은 찰스 1세를 섬기는 국왕파와 이에 반대하는 의회파가 벌인 내전에 휩싸였다. 무거운 세금을 강요하고 국왕의 절대권을 주장하는 찰스 1세에 맞서 부유한 상공업자들의 이익을 지키려는 의원들이 중심이 된 의회파가 전쟁을 선포한 것이다. 5년 동안 영국 전체를 뒤흔들었던 이 전쟁에서 의회파가 승리하여 국왕 찰스 1세는 처형당했다.

그러나 왕을 죽이고 권력을 잡은 의회파 안에서도 내분이 일어났다. 당시 영국 국회에서는 서로 다른 의견을 내세우며 치고받는 논쟁이 얼마나 심했던지, 아예 의회 건물 바닥에 검선Sword Line이라는 붉은 선이 그어질 정도였다. 흥분한 의원들끼리 칼을 뽑고 상대를 찔러 죽이는 일을 막기 위해서, 검선 밖으로는 절대 의원들이 나오지 못하게 막은 것이다.

이것으로 끝나지 않았다. 1688년에는 영국 국교회를 멀리하고 기톨릭에 관대했던 국왕 제임스 2세에 반대하여 영국 의회는 제임스 2세의 딸인 메리 2세와 사위이자 네덜란드 총독인 윌리엄 3세를 왕으로 추대하고, 제임스 2세를 추방하는 명예혁명을 일으켰다.

또한 17세기 말, 영국 의회에는 토리당과 휘그당이라는 두 상반된 정당이 들어선다. 토리당은 부유한 상인과 지주 계층을 대변하는 보수 정당이었고, 휘그당은 노예해방에 찬성하고 이상주의적이며 인도적인 지식인들이 중심이 된 진보 정당이었다. 토리당과 휘그당은 거의 3세기 동안 모든 면에서 서로 대립하면서 끊임없이 갈라서고 충돌했다.

이 두 정당끼리의 대립과 싸움이 얼마나 극심했던지, 1726년 영국의 작가 조나단 스위프트는 그의 소설《걸리버 여행기》에서, "서로 다른 정당 의원들의 두뇌를 반씩 잘라서 한 쪽을 다른 사람의 두뇌에 갖다 붙이면 다른 의견들끼리 서로 잘 이해할 수 있어 무익한 대립이 끝날 것이다."라고 비유적으로 풍자하기도 했다. 그만큼 영국의 당파 싸움도 매우 치열했던 것이다. 토리당과 휘그당의 대립은 현재 영국에서도 보수당과 노동당의 대결 국면으로 계속 이어져 내려오고 있는 중이다.

두 정당이 의회의 주도권을 쥐기 위해 대립하는 영국의 양당 정치는 영국의 식민지에서 독립한 미국에도 전해져, 공화당과 민주당이 주도하는 양당 정치로 이어졌다. 영국 못지않게 미국 공화당과 민주당의 논쟁과 분열도 극심했다. 어느 민주당 의원은 흑인 노예를 해방시키자는 말을 했다가, 반대하던 공화당 의원에게 지팡이로 심하게 두들겨 맞아 사망하는 일까지 있었다. 미국의 노

《걸리버 여행기》의 저자인 조나단 스위프트. 그는 《걸리버 여행기》에서 당파 싸움을 비판했다.

예해방은 나라 전체가 남북으로 갈라져 5년에 걸친 내전까지 벌인 뒤에야 이루어졌다.

하지만 오늘날에도 미국 의회에서는 공화당과 민주당 간의 당파 싸움이 계속되고 있다. 2011년 7월, 전 세계의 지각 있는 사람들은 미국 의회에서 벌이는 국가 부채 문제를 놓고 미국 공화당과 민주당 간에 벌이는 논쟁과 토론을 보면서 가슴을 졸였을 것이다. 세계 제일의 경제 대국인 미국 정부가 국내총생산GDP보다 정부 부채가 더 많아지면서 부채 한도를 늘릴지(민주당), 아니면 부채 한도를 늘리지 않으면서 정부의 예산 지출을 줄일지(공화당)를 놓고 새벽부터 밤까지 쉬지 않고 두 달 동안 치열한 논쟁을 벌인 것이다. 그나마 두 정당이 국민들의 거센 압력과 항의에 시달려 부채 한도 증액에 가까스로 합의하기는 했지만, 만약 실패했다면 미국 정부는 부채를 갚을 수 없다는 채무 불이행 선언을 할 위기에 처했을 것이다. 이처럼 미국의 당파 싸움(?)도 조선 못지않게 매우 극심하고 때로는 위험하기도 했다.

당파 싸움 없는 일본이
평화롭고 번영했다?

조선과 당파 싸움을 연결시켜 조선을 비하하는 사람들은 으레 일본을 반대의 본보기로 들고는 한다.

"일본을 봐라, 일본은 조선과는 달리 당파 싸움 같은 것은 전혀 없었던 평화로운 역사를 가졌다. 일본의 국익을 위해서 온 나라와 국민이 철저하게 단결하여 오늘날 경제대국이자 선진국이 되지 않았느냐? 우리도 그렇게 해야 한다."

하지만 이런 인식은 결과에 사실을 억지로 꿰어 맞춘 결과론에 지나지 않는다. 일본의 역사는 결코 평화롭지 않았고, 일본에도 엄연히 당파 싸움이 존재했다. 헤이안 시대 이후부터 메이지 유신까지 1000년 동안 자기들끼리 수십 개의 가문으로 분열되어 매일같이 서로 죽고 죽이는 참혹한 내전이 끊이지 않았던 것이 일본의 역사였다. 특히 도요토미 히데요시가 전국을 통일하기 이전까지 일본은 100년 동안 나라 전체가 60개의 작은 영주들이 지배하는 영지로 분열되어, 전쟁이 계속되던 전국 시대에 돌입했다.

조선이 당파 싸움 때문에 나약해져 임진왜란을 당했다고 분해하는 사람들이 많다. 그러나 임진왜란을 일으킨 일본은 왜란이 끝나고 히데요시가 죽자, 다시 자기들끼리 편을 갈라서 도쿠가와 이에야스가 주축이 된 동군과 이시다 미쓰나리가 중심이 된 서군이 극렬한 내전에 돌입하지 않았는가. 당파 싸움이 전혀 없고 평화로웠다던 일본에서 왜 이런 일이 생겨났을까?

또 메이지 유신 이후에도 일본의 당파 싸움은 굉장히 치열했다. 초슈와 사츠마 간에 주도권을 잡기 위한 분열도 심했고, 조선을 당장 공격하자는 정한론과 이에 맞선 반대파끼리 3년 동안 세이난 전쟁이라는 내전을 벌이기도 했다.

그리고 제국주의 시대 일본에서도 엄연히 당파 싸움이 존재했다.

육군과 해군끼리의 파벌 다툼인데, 이들의 대립이 얼마나 심했던지 일본군의 고문으로 있던 어느 독일인 장교는 본국에 보내는 편지에서 "일본에는 육군과 해군이라는 두 개의 나라가 존재한다. 그들은 서로를 극렬히 미워하여, 매사에 대립하고 사사건건 충돌을 빚는다."라고 적었다. 일본 육군과 해군의 대립을 잘 보여 주는 사례가 있는데, 일본 육군은 잠수함과 항공모함 같은 장비들도 따로 만들어서 운영했다고 한다. 원래 군함은 해군에서 만들어 육군에 제공해야 하는데, 해군 측에서 육군이 공을 세우는 것이 싫다고 하여 제공을 거부하자, 육군 측에서 독자적으로 만든 것이다. 그리고 육군과 해군은 군사 작전도 서로 협의하거나 알리지 않고 독자적으로 세웠고, 육군 측에서는 해군 내부에 첩자를 보내서 겨우 작전 계획을 알아낼 수 있었다고 한다.

1920년대가 되자 일본 경제가 경제 공황의 여파로 불황에 시달리고 정계가 제구실을 못하자, 일본 군부는 정부를 무시하고 1931년 9월 18일, 만주 철도를 폭파시키는 자작극을 연출하여 만주를 점령하는 만주사변을 일으킨다. 그러자 일본의 수상인 이누카이 쓰요시는 "군부가 정부를 무시하고 독단적으로 외국에 전쟁을 일으킨다면 일본은 장래 큰 재앙을 당할 것이다."라고 하면서 군부의 독단적인 행동을 저지하려 하였다.

이에 일본 군부는 해군 장교인 야마가시 히로시가 주동이 되어 1932년 5월 15일, 쿠

5·15 쿠데타로 암살당한 일본 수상 이누카이 쓰요시.

데타를 일으켜 이누카이 쓰요시를 암살하고, 일본은행과 경시청 등 주요 관공서를 습격했다.

또한 1936년 2월 26일에는 2·26 사건으로 불리는 군부 쿠데타가 다시 일어나, 대장상 다카하시 고레키요와 내무상 사이토 마코토와 육군교육총감 와타나베 조타로 등이 군인들에게 피살당하는 일도 있었다. 이처럼 제2차 세계대전 중 일본에서도 정부와 군부 간의 갈등과 그로 인한 '당파 싸움'이 매우 심각했던 것이다.

많은 사람들이 알다시피 일본 군부는 여러 번 쿠데타를 일으켜 정부를 무력화시키고 국가의 전반을 장악하게 되었으나 이들은 정상적인 판단 능력을 상실한 집단이었고, 미국과의 무모한 전쟁에 돌입했다가 끝내 자기 나라를 망하게 만들고 말았다. 당파 싸움이 조선을 망하게 했다고 울분을 토하는 사람들은 여기에 대해 뭐라고 답할까?

조선을 망하게 한 것은 당파가 아니라 특정 가문의 세도 때문

당파 싸움이 조선을 망쳤다고 주장하는 사람들은 임진왜란을 예로 든다. 정사인 김성일과 부사인 황윤길이 일본에 파견되어 히데요시를 직접 만나고 왔으나, 서로 동인과 서인이라는 두 당파로 나뉘어 싸움을 벌이고 있느라 조선은 전쟁에 대비하지 못했고, 그 때문에 나라가 망할 뻔했다는 것이다.

하지만 당파 싸움 때문에 조선이 무방비 상태였다는 주장은 전혀 사실이 아니다. 실제로 김성일과 황윤길이 일본에 다녀온 이후, 조선 조정에서는 장차 전쟁이 일어날 것으로 여겨, 각지에 성벽을 새로 보수하는 작업에 열심이었다. 또한 선조 임금은 신하들의 반대를 무릅쓰고 이순신을 전라좌수사로 승진시켜 등용했다. 선조가 단순히 이순신을 미워해 죽이려고만 했다는 얘기는 매우 잘못된 것이다. 이처럼 조선도 나름대로 임진왜란에 대비를 했다. 단지 조선 조정의 예상을 뛰어넘는 거대한 규모로 임진왜란이 전개되었을 뿐이다.

또한 일본이라고 해서 조선이나 명나라의 사정에 대해서 모두 꿰뚫거나 다 알고 있었던 것은 아니다. 히데요시는 임진왜란을 일으키면서 조선이 대마도의 속국인 것으로 잘못 알았고, 조선의 수도인 한양만 점령하면 조선 전체가 자기 것이 된다고 큰 오해를 했다. 더욱이 히데요시는 조선 수군의 위력을 전혀 몰라서 임란 내내 해전에서 조선 수군에게 치욕적인 참패를 당해야 했다. 조선은 물론 중국과 인도까지 정복하려 했던 히데요시의 야심이 실패한 가장 큰 원인은 바로 이순신이 이끄는 막강한 조선 수군의 분전 때문이었다. 만약 선조가 신하들의 반대를 무릅쓰면서까지 이순신을 파격적으로 승진시켜 전라좌수사에 임명하지 않았다면, 임진왜란은 결코 조선의 승리로 끝나지 않았을 것이다.

그리고 구한말 조선을 망하게 한 것은 당파 싸움이나 대원군이 아니라 60년 안동 김씨의 세도정치와 명성황후 일가의 부정부패 때문이었다. 정조가 사망한 이후 조선의 권력은 노론과 소론 두 당파에서 김조순이 수장인 안동 김씨라는 특정한 가문으로 옮겨 갔다. 그나마 당파들끼리의 대결에서는 서로를 견제하는 역할도 했기에 상대방의 부정부패나 비리를 들추어내고 적발하는 일들도 존재했으나, 한 가문이 조정의 실권을 모두 틀어쥐자 그나마 있던 견제의 역할도 사라지고 대신 끝없는 탐욕과 권력 독식, 부정부패가 온 나라를 장악하게 되고 말았던 것이다.

이런 양상에서 대원군이 등장하여 개혁 정치를 벌이자 민심이 대원군을 매우 반겼다. 하지만 대원군을 밀어내고 권력을 장악한 명성황후의 민씨 가문이 벌이는 척족 세력들의 비리로 인해 조선 백성들의 자주적 외침인 동학혁명조차 실패하고 나라를 바로잡으려는 개혁 세력들이 소멸되어 버렸다.

즉, 조선을 망하게 한 것은 당파 싸움 때문이 아니었다. 오히려 그 반대였다. 건전한 당파가 없어지고 한 가문이 권력을 장악한 세도정치 때문이었다.

19

쇄국은
무조건
나쁜
것인가?

2012년 우리 사회는 한미FTA의 비준 여부를 두고 커다란 논란에 휩싸인 적이 있다. 반대하는 쪽에서는 미국에 경제 주권을 모두 넘겨주는 제2의 을사조약이라고 하며, 찬성하는 쪽에서는 한미 FTA를 하지 않으면 옛날 조선이 그랬던 것처럼 선진 문물을 받아들이지 못해 나라가 망할 것이라고 주장했다.

조선이 일본처럼 서구에 일찍 개방을 하지 못해 망했다는 인식은 거의 정설이 된 지 오래이다. 그러나 조선이 어리석어서 무조건 쇄국을 고집했던 것은 아니었다. 조선의 쇄국은 나름대로 이유가 있었다.

조선의
쇄국 이유

흔히 사람들은 쇄국, 하면 흥선대원
군을 떠올린다. 그리고 대원군이 개
방을 하지 않고 쇄국을 고집해서 나
라가 망했다고 이를 갈며 억울해하
기도 한다.

하지만 오해하지 말아야 할 것은
대원군은 결코 어리석은 고집불통이
아니었다는 것이다. 대원군의 아내

청나라에 납치되었을 당시 대원군.

와 며느리는 모두 천주교도였으며, 대원군 자신도 그런 종교 관계를
토대로 조선으로 진출해 오는 프랑스와 손을 잡고 교역을 시도하려
했었다.

그러나 프랑스가 천주교도 탄압을 빌미로 삼아 병인양요를 일으켜
강화도로 쳐들어오고, 곧바로 미국이 제너럴 셔먼호를 평양에 보내
조선에 통상을 강요하며 약탈을 일
삼다가 침몰한 제너럴 셔먼호 사건
과 강화도를 침략한 신미양요 등을
일으키자 대원군은, 서구와는 평화
적인 교역이 불가능하고 저들의 침
략에 맞설 군비를 갖추어야 한다고

제너럴 셔먼호 사건을 일으킨 미국 상선,
제너럴 셔먼호.

여겼던 것이다.

여기에 독일 상인인 오페르트가 대원군의 아버지 남연군의 무덤을 도굴하는 사건까지 벌어지자, 대원군은 서구에 대해 극도로 분노하여 척화비를 세워 쇄국을 더욱 굳혀 나가게 되었다.

조선의 쇄국은 이러한 시대적인 상황에 맞춰 일어난 자연스러운 일이었다. 결코 대원군이 지독한 바보나 멍청이라서 쇄국을 고집했던 것은 아니었다.

친일 매국노들의 만행

명성황후를 비롯하여 당시 조선의 실권을 잡고 있던 민씨 가문은 아무런 대책이나 준비도 없이 운요호 사건을 일으킨 일본에 갑자기 개방을 해 버렸다. 그 덕분에 조선의 국내 산업은 일본의 자금에 치이고 산업력에 흡수되어 빈사 상태에 빠지고 말았다. 급기야 조선은 왕실조차 일본에서 자금을 빌리다 막대한 빚을 지는 처지에까지 놓였던 것이다.

상황이 이렇게 되자, 아예 일본에서 주는 돈을 받아먹으면서 적극적으로 일본을 두둔하고 친일 여론을 불러일으키는 친일파들의 입지는 더욱 커졌다.

이미 세도정치의 발현으로 기력이 쇠약해진 조선에, 안에서 외적인 일본의 침탈을 적극적으로 도왔던 친일 매국노들의 준동이 더해져 조선은 멸망하고 말았던 것이다. 일본이 뿌리는 돈과 이권을 받아먹기 위해 서로 날뛰었던 친일 매국노들은 수십만의 일본군보다 더 무서운 적이었다.

한국사를 배운 학생이라면 누구나 1884년 일어난 갑신정변이라는 이름을 들어보았을 것이다. 그런데 이 갑신정변은 일본의 지원을 받아서 조직된 운동이다. 특히 갑신정변을 일으킨 주역인 김옥균 등은 일본 사상가인 후쿠자와 유키치의 집에 머물면서 그로부터 자금을 지원받기도 했다.

일본에서 후쿠자와 유키치는 자유사상가로 알려져 있으나, 사실 그는 처음부터 제국주의와 침략전쟁, 파시즘을 노골적으로 찬양했던 극우 인사였다.

일본 근대사에 빼놓을 수 없는 인물 중 하나가 후쿠자와 유키치이다. 오늘날까지 일본의 1만 엔 화폐에 초상이 들어가 있을 정도로 일본 사회에서 최고의 위인으로 존경받는 후쿠자와 유키치는 일본의 침략 전쟁을 열렬히 찬양하며 일본의 제국주의화를 누구보다도 절실히 원했던 인물이었다. 그런 그가 왜 갑신정변의 주역인 김옥균을 도왔을까? 조선을 사랑하고 염려해서? 절대 아니었다.

아래는 후쿠자와 유키치의 조선 관련 발언과 기사들을 모은 것이다.

조선은 아시아 중에서도 조그만 야만국으로 그쪽에서 조정을 찾아와 우리의 속국이 된다고 해도 기뻐할 만한 가치가 없다.

- 1875년 10월

대만 야만인은 짐승과 같은 자로 사람 두서넛 잡아먹는 것은 보통이고, 조선인은 그저 완고함으로 똘똘 뭉친 사람으로 외국선만 발견하면 다짜고짜 발포하는 것은 마치 우리의 지난날과 같다.

- 1876년 11월

우리 백성들의 애국심을 북돋우는 데 조선과의 전쟁만 한 것이 없다.

- 1878년

조선은 미개하므로 이를 유인하고 이끌어야 하며, 그 인민은 정말 완고하고 고리타분하다.　　　　　- 1882년 3월

조선인은 미개한 백성이다. 극히 완고하고 어리석으며 흉포하다.

- 1882년 4월

조선인은 안고하고 사리에 어두우며 거만하다.　　- 1882년 9월 6일

우리 일본은 동양의 선구자이자 우두머리로서 지나와 조선을 유도하고, 말을 듣지 않으면 무력으로 협박하는 것이 필요…

- 1883년 1월

조선인의 무기력과 무정견, 실로 이 사람의 예상을 넘어서서…

— 1883년 3월

조선의 사절이 미국에 가면서 중국인을 동반했다는 것은 거지와 천민이 함께 가는 것과 같다.
— 1883년 8월

천황이 시모노세키로 와서 행재소를 세우고, 조선과 중국에 맞선 다면 전군은 용기백배하여 기꺼이 적(조선과 중국)을 몰살하게 될 것이다.
— 1885년 1월 8일

조선은 실로 일본에 있어 성가신 국가이다.
— 1885년 12월 18일

어쨌든 그런 국가(조선)는 하루라도 빨리 멸망하는 쪽이 하늘의 뜻에 부합되는 일이라고 생각한다.
— 1886년 10월 후쿠자와 이치타로에게 보낸 서신에서

조선의 인민은 소와 말, 돼지와 개와 다를 것 없다. 실제로는 조선을 정복한 것으로 간주해 그 정부 중추의 지위에 일본인을 채워 실권을 잡게 하고, 일체 일본인의 손으로 직접 실행케 하라.
— 1895년 1월 5일

이상에서 볼 수 있듯이 후쿠자와 유키치는 오늘날 한국을 욕하고 헐 뜯는 일본 혐한론자들의 선조라고 할 만큼 조선을 극도로 혐오하고 멸

시했다. 그런 그가 왜 조선의 갑신정변을 지원했을까? 결코 조선을 좋아하거나 조선을 위해서가 아니었다. 갑신정변을 기회로 조선에 친일 정권을 세워 조선을 일본에 예속시켜, 식민지로 삼기 위한 발판이었던 것이다.

또한 1896년 창간한 독립협회와 〈독립신문〉 역시, 그러한 일본의 계획에 의하여 만들어진 조직이었다. 독립협회와 〈독립신문〉은 원래부터 일본의 자금 지원을 받아 만들어진 단체였다. 《의병을 찾아서》의 저자가 밝혀낸 자료에 따르면, 일본의 외무대신과 주한 일본 공사 등 일본의 정부 기관으로부터 약 1000만 원의 자금 지원을 받아서 창설되었다고 한다.

일본이 주는 돈으로 세워진 단체이니 이들이 하는 짓이 어땠을까? 당연히 독립협회와 〈독립신문〉은 항상 일본을 열렬히 찬양하고 일본과 적대적이었던 청나라와 러시아를 극렬히 비방하는 데 열을 올렸다.

독립협회 강연에 모이는 군중들. 그러나 독립협회는 일제와 결탁하여 고종을 몰아내려는 음모를 꾸몄다.

고종 33년(1896년) 6호자 〈독립신문〉에서는 일본이 청나라와 싸워 이긴 덕분에 조선은 독립할 수 있었으니 일본에 감사하게 생각해야 한다는 논설이 실렸다. 또한 고종 34년 114호자 〈독립신문〉에는 "사악한 청나라가 조선에서 쫓겨난 것은 하늘이 조선 백성에게 베푼 은혜."이며, 35년 별호에서는 "조선은 일본의 화폐를 그대로 사용해야 한다."라는 지극히 친일 매국적인 논설까지 실었다. 한 나라가 다른 나라의 화폐를 자국의 화폐로 그대로 쓴다면, 곧 외국에게 경제의 전부를 종속당하는 꼴이 되고 마는데도 말이다.

더욱이 〈독립신문〉은 조선이 자주적으로 부국강병을 이루는 것을 방해하기 위한 음해도 서슴지 않았다. 한 예로 고종 황제가 2척의 군함을 외국으로부터 도입해 근대적인 해군을 창설하여 국방력을 증강하려는 계획을 발표하자, 여기에 대해 〈독립신문〉은 "세계의 모든 나라들이 조선을 독립국으로 인정하는데 무엇 하러 군함을 들여오는가? 군대는 그저 도적떼나 평정할 정도의 소규모만 있으면 된다."라면서 극렬히 반대했다. 물론 그 속내야 조선이 일본에 맞설 정도로 군비 증강을 이루는 것을 막기 위함이었다.

독립협회의 회원이자 〈독립신문〉이 한국 최고의 정치가라고 열렬히 찬양했던 이완용. 이런데도 〈독립신문〉을 근대적인 언론 매체라고 긍정적으로 보아야 할까?

그리고 〈독립신문〉은 일본에 저항하는 의병들을 비도匪徒라고 모욕하는가 하면, 이토 히로부미와 이완용을 불세출의 천재이자 훌륭한 애국자라고 열렬히 찬양했다.

더욱 놀랄 만한 사실이 있다. 〈독립신문〉의 초대 회장인 안경수는 일본과 손잡고 고종을 몰아내려는 역모를 꾸미다가 발각되어 1900년에 처형당한 친일파였다. 이 정도면 〈독립신문〉이 어떤 성격의 언론사였는지 충분히 이해할 만하지 않은가?

또한 독립협회의 구성원들 역시 대부분 친일파로 채워졌다. 협회의 초대 회장은 위에서 언급했던 안경수였으며, 발기식에 참석한 인사들 중 하나가 바로 친일파의 대명사라고 할 수 있는 이완용과 그 형인 이운용이었다. 역시 독립협회의 회원이었던 김종한은 일본으로부터 남작 작위를 받고 친일 단체인 정우회의 총재를 지냈으며, 권재형은 을사조약에 협조한 을사오적 중 한 명이다. 고영희는 한일합방에 찬성하고 조선총독부에서 중추원 고문을 지낸 인물이고, 민상호는 김종한처럼 남작의 작위를 받고는 조선총독부 중추원의관를 역임한 친일파였다.

물론 독립협회에 가입했던 사람들 중에서 남궁억과 이상재와 김가진은 명백한 독립운동가였으나, 그 외의 인물들은 모두 친일파라고 보아도 무방하다.

청일전쟁 이후, 일본과 러시아가 대립하자 독립협회는 자연히 친일 반러시아적인 모습을 보이며 고종을 압박했다. 고종이 러시아의 협조를 받아 4000명의 장교와 3만 명의 근대식 군대를 창설하려 하자, 독립협회는 일본과 손잡고 고종에게 조선이 군비를 증강하는 것은 일본에 대한 적대적인 의도를 품고 있는 것이 아니냐며 협박을 했으며, 연일 러시아를 비방하는 성명을 발표하는가 하면, 심지어 군중들을 충동하여 고종을 몰아내려는 계획까지 세웠다.

이쯤 되면 왜 이런 친일단체들의 이름에 '독립'을 붙였는지 궁금하지 않을 수 없다. 이유는 간단하다. 그들이 추구한 독립은 단지 청나라의 속국에서 벗어나는 것에 그쳤다. 그리고 청나라의 보호를 걷어치우고 반벌거숭이나 다름없던 조선을 신흥 강대국인 일본이 마음대로 유린하고 집어삼키기 위한 방편이었던 것이다.

독립협회가 중국 사신을 맞아들이던 영은문을 헐어 버리고, 그 자리에 독립문을 세운 이유도 바로 여기서 유래했다. 독립문은 알고 보면 매우 부끄러운 문화유산인 것이다.

한 가지 사실을 덧붙인다면 일제는 조선에 통감부를 설치하고 나서, 순종 황제의 도장인 어새를 훔쳐다 사용했으며, 황제의 서명을 위조하여 멋대로 조선의 국정을 농단했다. 한일합방조약에도 순종의 친필은 적혀 있지 않다. 그러니 일본인들이 한일합방이 합법이니 아무런 문제도 없다고 주장하는 것은 거짓말이자 엉터리이다.

중국 사신을 맞아들이던 영은문을 헐고 세운 독립문. 그러나 독립문이 상징한 독립은 중국에서 벗어나 또 다른 제국인 일본의 지배로 들어가는 것을 의미했다.

이완용을 능가하는 친일 매국노,
배정자

이왕 친일파 문제가 나왔으니, 좀 더 이야기를 해 보자. 사람들은 흔히 친일파, 하면 이완용만 떠올린다. 그러나 친일의 강도나 지속도로 볼 때, 이완용은 상대도 안 되는 거물급 친일파가 따로 있다.

수백만의 인구와 풍족한 농업 생산력을 가진 아즈텍 제국이 고작 1000명도 안 되는 스페인 군대에게 힘없이 무너진 이유 중 하나는 제국 내부의 사정에 능통한 첩자의 도움이었다. 놀랍게도 그 첩자는 여자였다. 말린체라는 이름으로 불린 그녀는 스페인 군대의 사령관 에르난 코르테즈의 정보 담당관이자 애인이 되어 아즈텍 제국의 사회구조와 약점을 상세히 설명해 주었고, 결국 아즈텍 제국이 멸망하는 데 혁혁한 공을 세웠다. 같은 아즈텍인인 그녀가 동족을 배신하고 외부 침략자인 스페인 군대와 결탁한 이유는 어릴 적 그녀의 아버지가 황제 몬테수마에게 처형되고 그녀는 노예가 되어 이곳저곳으로 팔려 다니며 학대받은 것에 대한 복수극이었다고 전해진다.

한국사에는 이런 일이 없었을까? 물론 존재했다. 수많은 매국노들이 버젓이 활개치던 구한말 시절, 그중에서는 여성도 당당히 포함되어 있었으니 바로 배정자였다.

배정자는 1870년, 김해 밀양부의 아전인 배지홍의 딸로 태어났다. 그런데 1873년, 아버지가 역모의 혐의를 쓰고 처형당하자 배정자는 이리저리 떠돌다가 아버지의 친구인 동래부사 정병화와 만나 그의 도움을 받아 1885년 일본으로 건너갔다.

일본에 간 배정자는 친일 성향의 인사들과 만나 어울리게 되었는데, 전재식이란 사람과 결혼을 올렸다. 하지만 배정자가 진심으로 사랑했던 남자는 따로 있었다. 바로 일본의 정치인인 이토 히로부미였다.

장차 조선의 식민지 합병을 계획하고 있던 이토 히로부미와 조선인이면서도 아버지의 죽음과 자신의 가난한 어린 시절로 인해 조선을 미워하던 배정자. 두 사람의 만남은 영락없이 다시 태어난 코르테즈와 말린체였다.

배정자는 이토 히로부미의 집에 하녀로 들어와 살면서, 자신이 조선에 대해 아는 모든 정보와 지식을 말해 주었다. 그리고 배정자는 이토의 밑에서 일본을 위해 일하는 첩보원으로 교육을 받고 성장했다. 24세가 되던 해인 1894년, 배정자는 조선의 일본 공사관에서 근무하는 조선어 통역관이란 직책을 받아 조선으로 건너갔다. 그리고 조선의 왕족이나 대신 같은 상류 계층들과 만나면서 친분을 맺었고, 고종 황제와도 만나 깊은 신임을 얻었다.

불행히도 고종은 배정자가 일본의 스파이라는 사실을 몰랐다. 나중에 고종은 러일전쟁 직전 일본군의 손길을 피해 국외로 망명하려 했는데, 그때 배정자에게 자신이 러시아 블라디보스토크로 가서 일본군의 손길을

이완용을 능가하는 희대의 매국노이자 민족 반역자 배정자. 얼마 전 MBC에서 배정자와 비슷한 일을 하는 일본 귀화자 여성 고젠카(오선화)를 소개한 바 있다.

피하려 한다는 사실을 모두 털어놓아 버렸다. 이 사실을 들은 배정자는 즉시, 일본 공사관 측에 이 사실을 전했고, 일본은 재빨리 손을 써, 고종의 해외 탈출을 철저히 막았다. 그런 사실도 모른 채, 고종은 자신의 망명이 무산된 원인을 몰라 어리둥절해하기만 했으니 참으로 가련할 뿐이다.

1905년, 러일전쟁의 결과로 한국에서 러시아가 물러나고, 일본이 한국에 대한 권리를 독점하게 되자, 배정자의 힘과 지위도 커졌다. 내심 배정자를 혐오하던 한국 정부의 고관대작들도 그녀 앞에서는 고개를 들지 못했다. 그리고 배정자와 조금이라도 혈연이 있는 사람들은 전부 관직을 얻어서 떵떵거렸다.

물론 배정자는 일본을 위한 첩보원 역할도 계속했다. 1907년, 고종이 네덜란드 헤이그에 이준과 이상설, 이위종 등 밀사들을 보내 국제사회에 일본이 한국을 상대로 저지르는 국권 침탈을 고발한 헤이그 밀사 사건이 발생하자, 배정자는 한국 정부의 내부에서 첩보 활동을 벌여 일본 정부에 이 사건의 내막을 모두 보고하였다. 그리하여 고종은 일본과 친일파들의 압력으로 퇴위하여야 했다.

하지만 1909년 10월 26일, 배정자가 가장 사랑하던 사람인 이토 히로부미가 하얼빈 역에서 조선독립군 대장인 안중근이 쏜 총에 목숨을 잃었다. 이토의 사망을 알게 된 배정자는 세상의 종말이 온 것처럼 슬피 울면서, 너무나 상심하여 거의 죽기 직전까지 갔다.

그렇게 다 죽어 가던 배정자를 극적으로 살려 놓은 사건은 1910년 8월 29일에 공표된 한일합병조약이었다. 뜻있는 사람들과 백성들은 나라를 일본에 빼앗겼다는 사실에 피눈물을 흘렸지만, 오히려 배정자는 조약이 발표되자 얼굴에 화색을 띠며 미친 사람처럼 웃음을 그치지 않았다.

한일합방이 이루어지자 배정자는 다시 기운을 차리고 일본을 위한 스파이로 나섰다. 배정자는 만주로 파견되어 마적단의 두목과 동거를 하면서 정보를 입수해 일본군에 알려 주는 일도 적극적으로 벌였다. 그리고 일본을 피해 만주로 도망쳐 온 조선인들을 감시하는 역할을 맡았다가, 다시 조선으로 돌아와 조선총독부의 경무국촉탁으로 근무하면서 독립운동을 감시하며 밀고하는 일을 하였다. 그녀의 공로가 얼마나 컸는지, 총독부는 그녀에게 500평의 토지를 포상하기도 했다.

1941년 일본이 미국에 선전포고를 하면서 태평양 전쟁이 일어나자, 배정자는 일본군 장병들을 위로한다는 명목하에 약 100명의 위안부 여성들을 모집해 일본군에 넘겼다고 한다. 같은 조선인 여성들을 성욕에 굶주린 일본군들의 노리갯감으로 바치면서까지 일제의 승리를 위해 충성을 다했던 것이다.

배정자는 뛰어난 미모 못지않게 무척이나 방탕한 성생활로 악명이 자자했다. 배정자는 공식적으로만 세 번이나 결혼을 했으며, 그 밖에도 은행원이나 부호들과 항상 어울렸다. 또 57세의 나이에도 자기보다 20세나 어린 일본인 순사와 동거하고 있다고 해서 세간의 화제가 되기도 했다.

그러나 1945년 8월 15일 일제가 패망하고 조선이 독립하자, 배정자는 그동안 자기가 해 오던 짓 때문에 혹시 보복을 당할까 두려워 바

깥출입을 일체 삼가고 집에 틀어박혀 있었다.

마침내 1948년, 친일 반민족 매국노들을 찾아 고발하고 처벌하는 반민특위가 결성되자, 배정자는 곧바로 반민특위에 체포되어 끌려갔다. 자신의 죄상을 묻는 질문에 배정자는 옛날 일이라 잘 기억이 안 난다고 시치미를 떼기에 바빴다. 그 모습이 얼마나 한심하고 가증스러웠는지, 곁에서 보고 있던 그녀의 젊은 손자가 솔직하게 죄를 시인하고 잘못을 빌라며 꾸짖었다.

유감스럽게도 1년 후인 1949년, 반민특위가 이승만의 명령으로 해산되자 배정자는 석방되어 집으로 돌아올 수 있었다. 하지만 이미 그녀는 79세의 고령인 데다 일제의 패망으로 인해 가진 재산도 전혀 없는 빈털터리였다. 결국 그녀는 2년 후인 1951년, 아무도 슬퍼하지 않는 죽음을 맞았다. 조선인이면서 조선을 증오하고 일제를 사랑했으며, 일제를 위해 국제 간첩이자 위안부 모집책의 역할을 톡톡히 해냈던 한 여인은 그렇게 해서 우여곡절이 많은 인생을 마감했다.

비록 이완용의 명성(?)에 가려져 그녀의 이름을 아는 사람은 별로 없으나, 이 정도면 이완용을 능가하는 슈퍼스타급 친일 매국노이다. 하물며 배정자와 같은 인물들이 정계에 득실거렸던 조선이 일본에 망했던 이유가 이제 확실해지지 않았는가? 조선은 일본의 조종을 받고 활동했던 간첩들의 준동으로 무너지고 말았던 것이다.

문호를 개방하고 외국 투자 자본을 수용했다가
오히려 식민지가 된 이집트

외국에 문호를 개방한다고 해서 그 나라가 무조건 강대국이 되고 성공한다는 인식이야말로 대단히 잘못된 것이다. 19세기의 세계사를 보면 오히려 그 반대의 경우가 훨씬 많았다.

사람들은 조선의 식민지가 쇄국 때문이라고 비분강개하지만, 당시 지구상의 비서구권 국가들 중에서 서구 열강의 식민지가 되지 않고 자력으로 제국주의 국가로 발돋움한 나라는 일본밖에 없었다. 그나마 일본의 메이지 유신도 대내외적인 행운이 대단히 크게 작용했다. 서구 열강은 일본보다 훨씬 거대한 시장인 중국을 상대로 이권을 뜯어내느라 상대적으로 일본에 주의를 소홀히 했다. 그리고 일본 역시, 청일전쟁을 일으켜 청나라에게 5000만 냥이라는 거액의 배상금을 얻어내기 전까지는 사실상 서구 열강의 반식민지나 다름없던 신세였다. 러일전쟁 때에도 마찬가지였다. 일본은 전쟁에 쓰일 자금을 영국과 미국에게서 빌려 왔다. 그래서 러일전쟁 말기에 영국과 미국이 일본에 자금을 빌려 주지 않겠다고 통보하자, 더 이상 러시아와 전쟁을 치를 돈이 없어 서둘러 종전 협상에 나섰던 것이다.

서구 열강에 적극적으로 문호를 개방했지만 강대국이 되기는커녕 오히려 식민지가 되고 만 이집트의 경우를 한번 보자.

1517년 이집트를 다스리던 맘루크 왕조가 터키에게 멸망당한 이후, 이집트는 터키가 임명한 총독이 지배하는 식민지로 전락했다. 그

수에즈 운하 건설권을 따낸 페르디낭 드 르셉스.

러나 18세기에 들어서 터키가 쇠약해지면서 이집트에 대한 통제가 느슨해지자, 이집트를 다스리던 총독들은 후임 총독 자리를 아들에게 물려주는 등 사실상 독립된 국왕 행세를 하게 된다. 그리고 1805년 이집트의 총독이 된 무함마드 알리는 종주국인 터키에 반기를 들어 1839년 6월 네지브 전투에서 터키군을 크게 격파했다. 패전의 여파로 알렉산드리아에 주둔하고 있던 터키 함대도 이집트에 항복함으로써 터키 제국은 사실상 멸망 직전의 위기에 처했다.

무함마드 알리의 후계자로 이집트 총독이 된 그의 넷째 아들인 무함마드 사이드는 1854년 11월 30일, 프랑스인인 페르디낭 드 르셉스에게 지중해와 홍해를 잇는 수에즈 운하의 건설을 승인해 주었다. 원래 르셉스는 사이드의 아버지인 알리 시대에 수에즈 운하를 착공하려 했으나, 현실성이 없다는 알리의 반대에 부딪쳐 시행하지 못하고 있다가 자신과 절친한 사이인 사이드가 총독이 되자, 그를 설득하여 건설 허가를 받아낸 것이다.

르셉스는 사이드에게 "이집트가 운하를 건설한다면 동서양을 오가는 중계무역에서 막대한 수수료를 얻어 큰 부를 이룰 수 있으며, 대외적으로 이집트의 국제적 위상이 크게 올라가 터키와 서구 열강과

당당히 겨룰 수 있는 강대국이 될 것이
다."라고 설득하여 운하 건설 허가를 얻
었다.

그리하여 1856년, 사이드는 르셉스
에게 수에즈 운하 건설을 하는 데 치외
법권과 노동자들을 강제로 징집할 수
있는 권한까지 주었다. 수십만 명의 이
집트인 노동자가 르셉스가 운영하는 운
하 건설 회사에 징집되었고, 운하 회사
는 이집트인 노동자들에게 강제로 노역
을 시켰다.

1881년 그려진 수에즈 운하의 모습

하지만 운하 건설에 필요한 자금이 모자라자 사이드는 운하 회사가
발행한 8900만 프랑어치의 40만 주 중에 상당한 주식을 부채로 사들
였다. 그 뒤, 재정이 어려워진 사이드가 이 부채를 1863년부터 1875
년 사이에 연분할상환 방식으로 청산키로 해 그 주식의 대부분이 프
랑스인에게 돌아갔다. 그리고 운하 건설이 무리하게 진행되면서 사이
드 정부와 그 뒤를 이은 이스마일 정부의 국가 예산에 심각한 영향을
미쳐 이집트의 국가재정은 위기에 몰렸다.

빚까지 얻어 가며 운하 건설에 매달린 결과, 마침내 1869년 11월
수에즈 운하가 개통되었다. 그러나 수에즈 운하의 완성은 사이드가
기대했던 것과 상반된 결과를 가져다주었다. 무리한 강제 노동의 결
과로 12만 명이나 되는 이집트인 노동자들이 과로와 질병, 영양실조

로 비참하게 죽어 갔다. 또 이집트 정부도 재정이 파산 상태에 빠져 1875년에는 수에즈 운하의 주식 지분 44퍼센트를 영국에 팔아넘겼다. 이에 영국은 수에즈 운하의 경영권을 장악했으며, 원래 이집트 소유였던 수에즈 운하 회사의 순이익금 15퍼센트마저 받아 챙겼다.

그리고 1876년, 사이드의 후임인 총독 이스마일은 영국으로부터 무분별하게 차관을 받아들여 1000만 파운드의 부채를 지게 되었다. 이렇게 영국에 많은 빚을 지게 되자, 이집트는 영국과 프랑스의 내정간섭을 받게 되었으며, 부채를 줄이기 위해 군대마저 4만 5000명에서 1만 8000명으로 축소하였다.

영국의 내정간섭에 분노한 이집트에서는 외세에 저항하는 민족주의 운동이 크게 일어나, 이집트 국내의 친영파들을 몰아내고 의회를 장악하기에 이르렀다. 그러자 이집트에서 자국의 세력이 약해질 것을 우려한 영국은 1882년 7월, 이집트에 선전포고를 하고 텔 알 카비르 전투에서 이집트군을 격파하여 마침내 이집트 전역을 식민지로 삼기에 이르렀다.

이집트는 외국인 투자자를 무비판적으로 맹신하고, 무분별하게 외국 자본을 투기하여 무모한 토목사업을 벌였고, 온 나라가 빚더미에 깔려 신음하다가 외국의 식민지가 된 것이다. 이 사례가 우리에게 가르쳐 주는 것은 무엇일까? 무조건적인 쇄국이 위험하다면, 무조건적인 개방 역시 위험한 것이 아닐까?

20

중공군
인해전술의
비밀

북한이 남침해 온 6·25를 말할 때 항상 빠지지 않고 등장하는 이야깃거리가 있다. 바로 중공군의 인해전술이다. 인해전술이란 말을 들으면 많은 사람들은 중공군이 100만이나 되는 엄청난 대군이었을 것이라고 생각한다. 그래서 용맹한 우리 국군과 유엔군(주로 미군)들이 아무리 열심히 싸워도 도서히 버틸 수가 없어 어쩔 수 없이 후퇴했다고 여긴다.

그러나 과연 중공군이 영화에나 나오는 좀비군단처럼 아무리 죽어도 숫자로만 밀고 오는 인해전술을 썼을까?

알고 보면 국군과 유엔군보다 더 적었던 중공군!

'중공군 100만이 개떼처럼 몰려왔다가 다 죽었다.' 라는 인식은 한국 내에서만 도는 통설이다. 한국에 파견왔던 쿵칭둥 교수는 그의 저서인 《한국 쾌담》에서 그런 말을 듣고는 깜짝 놀라서 다음과 같이 서술했다.

> 내가 가르치던 어느 학생이 6·25 때, 중공군 100만이 왔다가 그중 90만이 한국군에게 죽었다는 말을 했다. 나는 그 말을 듣고 깜짝 놀랐다. 만약 중공군 100만이 죽었다면 지금쯤 휴전선은 양자강에 걸쳐져 있을 텐데…….

실제로 중공군이 투입되기 직전, 북진을 하고 있던 상태였던 국군과 미군 등 연합군의 수는 약 42만 명이었고, 여기에 맞서 투입된 중

서울로 진격해 오는 북한군의 탱크.

공군의 수는 약 26만 명이었으며, 북한군의 수를 더해도 33만 명 안팎이었다.(《다시 쓰는 한국현대사》) 국군과 연합군의 인원인 42만에 비하면, 40퍼센트나 적다. 이런 중공군을 가리켜 인해 전술이라고 하기에는 뭔가 말의 앞뒤가 맞지 않는다.

6·25에 참전했던 미군들.

　그렇다면 중공군이 왜 인해전술을 썼다고 알려졌을까?

　이는 중공군의 전술에서 다분히 유래했다. 미군에 비해 공군력이 약했던 중공군은 미군의 폭격을 피하기 위해 주로 밤중에 미군을 기습하는 야습을 선호했다. 중공군의 야습 실력이 얼마나 탁월했는가 하면, 발자국 소리도 내지 않고 조용히 다가와서 미군을 덮치는 바람에 미군들은 밤이면 노이로제에 걸릴 정도였다.

　그리고 중공군은 미리 미군의 배후나 측면에 병력을 보내 매복시킨 다음, 재빨리 미군의 전열 중심부로 돌격해 미군을 분열시키고는 후방과 측면에 배치해 둔 병력과 연계하여 미군을 포위 섬멸하는 작전을 폈다.

　이렇게 중공군의 전술에 걸려든 국군이나 미군은 중공군이 이미 그들을 포위했다는 사실을 모르고, 사방에서 공격해 오는 중공군을 보고 자신들보다 수가 월등히 많아서 졌다고 착각했던 것이다. 중공군의 전술을 몰랐던 국군과 미군들이 인해전술이라는 인식에 빠진 것이 그들의 입을 통해 대중에 유포되어 어느새 한국 사회도 중공군, 하면 인해전술을 떠올리게 되었다.

그렇다면 여기서 한 가지 의문이 생긴다. 중공군의 침입에 대해서 국군은 그렇다 치고, 미군은 과연 어떻게 대처했을까? 그리고 인천상륙작전으로 북한군을 몰아내며 기세 좋게 북진했던 미군은 왜 중공군이 침입하자 호되게 얻어맞고 계속 후퇴만 해야 했을까?

교만한 군대는 반드시 패한다

미국의 유명한 역사학자이자 기자인 데이비드 핼버스탬^{David Halberstam}은 6·25를 다룬 그의 저서, 《콜디스트 윈터》에서 우리가 알지 못했던 6·25의 숨은 진실들을 적나라하게 폭로하고 있다.

《콜디스트 윈터》에서는 놀라운 사실 하나를 다루고 있는데, 미군이 6·25 내내, 인천상륙작전을 제외하면 대부분의 전쟁에서 예상과 달리 그다지 좋은 전과를 거두지 못하고 북한군과 중공군에 밀린 이유에 대해서 다음과 같이 말하고 있다. 당시 맥아더를 비롯한 미군의 수뇌부 내에는 동양인을 멸시하는 인종차별적

전쟁으로 폐허가 된 서울의 모습.

인 사고관이 팽배했다. 그래서 미군은 북한군과 중공군을 지나치게 깔보고 전쟁에 임했다가 실전으로 단련된 적에게 연패했다는 것이다.

이러한 사고방식은 극동 방면 미군 총사령관이던 맥아더 개인의 성격에서 비롯된 바가 크다.

인천상륙작전의 성공으로 한국에서 맥아더는 거의 신격화된 인물로 인식된다. 그러나 맥아더는 분명히 천재적인 면이 있었지만, 그런 장점을 무력화시킬 정도로 크나큰 결점을 가지고 있었다. 그것은 지나친 오만함과 독선이었다.

그는 1945년 8월 15일, 자신이 일본을 굴복시키고 항복 문서를 받아 낸 이후부터 극도로 거만해졌고, 자신의 판단은 모두 옳으며 다른 사람들의 의견이나 생각은 자신의 천재성을 알지 못하거나 질투하는 어리석은 것들이니 전혀 들을 가치도 없다는 태도로 일관했다.

맥아더의 오만함이 어느 정도였나 하면, 중국에 파견된 미군의 정보원들이 중국은 북한을 도와 6·25에 반드시 참전한다는 첩보를 전해 왔음에도 불구하고, 맥아더는 이렇게 말하면서 첩보들을 무시했다.

"중국은 현대화된 항공기도 없고 해군이나 포병도 형편없으며 근대화된 공업 국가도 아니니 전혀 두려워할 필요가 없다."

나중에 맥아더는 그런 자신의

더글라스 아서 맥아더. 한국에서는 거의 신격화된 인물이지만, 그의 지나친 오만과 중공군을 깔본 교만으로 인해 미군은 중공군에게 최악의 패배를 맛보는 치욕을 겪었다.

6·25 참전을 결정한 중국의 국가주
석 마오쩌둥.

견해를 그대로 미국 청문회에서 밝혔다
가 중국 정부로부터 엄청난 분노를 사게
되어 6·25의 휴전 시기가 1년이나 더 늦
어지게 되었다.

《손자병법》에 교병필패驕兵必敗라는
격언이 있다. 교만한 군대는 반드시 진
다는 말이다. 6·25 당시, 중국의 지도
자였던 마오쩌둥은 첩보원으로부터 맥
아더가 매우 오만한 인물이고, 미군 수뇌부가 중국군의 공격에 대해
서 전혀 대비하고 있지 않다는 말을 듣고는 크게 기뻐하며 이렇게 말
했다.

"좋아, 좋아! 맥아더가 오만한 인물이라면, 그는 우리의 공격에 대
해서 전혀 알지 못할 것이야. 아주 좋지!"

이렇듯 맥아더를 비롯한 미군 수뇌부는 중공군을 지나치게 깔보고
그들의 침입에 대비하지도 않은 채, 삼팔선을 넘어 북진한 각 부대들
을 여러 갈래로 분산시킴으로써 결과적으로 중공군에게 포위되어 각
개격파당하는 꼴을 연출하고 말았다.

또한 앞서 말한 대로 미군 상층부에는 동양인을 깔보는 인종차별
적인 시각도 가득했다. 제2차 세계대전에서 일본을 굴복시킨 이후,
미군 수뇌부들은 모두 동양인들을 업신여기고 멸시하는 풍조에 물들
었다. 동양인들은 모두 미개하거나 무능하며, 우수한 백인들을 결코
이길 수 없다는 식으로 말이다.

여기에 미국 내에서 살고 있던 많은 수의 중국인 이민자(화교)들이 3D 업종인 세탁소에서 일하는 장면을 어릴 때부터 보고 자랐던 미군 장성과 장교들은 중국인들을 싸잡아 '세탁업자들'이라고 부르며 경멸하였고, 나중에 참전한 중공군을 보고서도 "저기 세탁업자들이 온다!"라고 조롱할 정도였다.

물론 그렇게 거만했던 미군은 중공군에게 아주 톡톡히 박살이 나고 혼비백산하게 된다.

"한국군은 전력으로 넣지도 마라!"

동양인을 깔보았던 미군은 동맹군인 한국군을 상대로도 같은 시각을 가지고 있었다. 6·25를 다룬 조정래의 대하소설인 《태백산맥》에 등장하는 한 미군은 "한국군은 전부 글러먹었어! 장교들은 물자를 빼내서 팔아먹고, 계집질할 생각이나 하고, 병사들은 전쟁이 터지면 죄다 도망갈 생각이나 하고 있어!"라고 거침없이 말한다.

《태백산맥》의 묘사는 결코 과장이 아니었다. 한국전에 참전한 미군들은 대부분 저런 인식을 지니고 있었다.

물론 한국에 대한 미군들의 부정적인 이미지가 자리 잡은 데에는 한국군의 부실한 전력도 한몫했다. 실제로 전쟁 초기, 남한군으로 하여금 미군의 측면을 엄호하게 했다가, 북한군이나 중공군의 공격을 받고 남한 부대가 도망가 버리는 바람에 미군 부대는 여러 차례 낭패를 당하기도 했다. 이러한 모습을 지켜본 미군 수뇌부들은 남한군을 상당히 불신했다. 맥아더의 후임으로 유엔군 사령관에 임명된 리지웨이 장군은 부하들 앞에서 "남한군은 너무나 형편없으니, 아예 전력으로 생각하지도 마라!"라고 단언할 정도였다.

여기에는 한국군의 부실했던 상황도 있었다. 6·25가 벌어질 무렵 남한군은 무기나 장비도 변변치 못했거니와 제대로 된 훈련도 받지 못한 조직이었다. 게다가 구 일본군 치하에서 복무한 장교들이 병사들을 상대로 구타와 가혹행위를 일삼는 바람에 병사들의 사기도 매우 낮았다. 그 밖에 군 내부의 부정부패와 비리도 심각해서, 전반적으로 군의 질이 저하된 상태였다. 사령관과 부사령관을 비롯한 고위 장성들이 할당된 예산을 왕창 횡령하는 바람에 10만 명이 비참하게 굶어 죽고 얼어 죽었던 국민방위군 사건이 대표적인 경우였다.

더욱이 당시 전쟁에서 싸웠던 미군들은 한국이 지구상에 존재하고 있는 나라인지도 몰랐을 정도로 한국에 대해 어두웠다. 또한 미군 병사들은 한국이라는 나라를 지독히 싫어하고 혐오했다. 한국에서 돌아와 귀국한 미군들은 한국에서 활동했던 소감을 다음과 같이 털어놓았다.

"한국은 사방이 온통 똥냄새투성이였고, 사람들은 지저분하고 볼만한 곳도 없었다. 게다가 한국인들은 틈만 나면 우리가 쓰는 물건을 훔쳐 가려 했으며, 북한군이나 중공군과 똑같이 생겨서 누가 첩자인지 구분이 안 갔다. 그래서 늘 기습을 당할까 봐 불안했다."

이런 판국에 무섭게 몰아붙이는 중공군의 모습까지 직접 본 미군들로서는 한국이라는 땅을 서둘러 떠나고 싶은 생각이 간절했을 것이다.

그나마 한 가지 위안이 되는 사실이 있다. 《콜디스트 윈터》에 기록된 조사 결과에 의하면 한국전에 참가한 미군 병사 중에서 한국을 식민지로 만든다거나 지배하기 위해서 전쟁에 왔다는 인식을 가진 사람은 없었으며, 많은 수의 미군 병사들은 진심으로 한국인들의 자유와 안전을 지키기 위해서 왔다고 여겼다는 것이다. 물론 그렇게라도 생각하지 않으면 한국에 올 명분이 없었을 것이다.

콜디스트 윈터, 가장 추운 겨울이란 뜻처럼 6·25는 어쩌면 미군들에게 있어서 가장 고통스럽고 괴로운 전쟁으로 남았을지도 모른다.

핵무기를 지나치게 믿다가 큰코다친 미군

앞에서 얘기했듯 미군은 실제 중공군을 지나치게 깔보다 중공군이 개입하자 후퇴했다. 그런데 중공군이 개입하기 전인 6·25 초기에도 미군은 북한군을 맞아 싸우면서 고전을 면치 못하고 대구까지 후퇴했다. 독일과 일본을 굴복시킨 세계 최강의 군대라는 명성에 걸맞지 않았다. 대체 무슨 이유에서였을까?

이 부분은 많은 사람들의 의견이 엇갈리고, 심지어 일부 사람들은 "미국이 제2차 세계대전에서 미처 소비하지 못한 포탄과 총탄 같은 군수물자를 써 버리기 위해서 일부러 북한의 남침을 유도했다."라고 음모론을 펼치고 있지만, 《콜디스트 윈터》를 쓴 데이비드 핼버스탬의 견해는 다르다.

그의 주장에 따르면 당시 미국 정부와 군부는 1945년 두 발의 핵폭탄을 떨어뜨려 일본을 굴복시킨 이후로 핵폭탄의 위력을 너무나 믿었던 나머지 재래식 전력을 줄여도 핵폭탄만 있으면 앞으로 세계의 어떤 나라도 미국에게 감히 덤비지 못할 것이라는 터무니없는 자신감에 도취되어 있었다고 한다.

따라서 북한이 남한을 침공할 엄두조차 내지 못할 것이라고 여겨서, 미군을 철수시키고 한국을 애치슨 방어선에서 제외했다고 보고 있다. 일본도 핵폭탄 두 발에 무릎을 꿇었는데 북한 따위가 어쩌랴, 하는 식으로 말이다.

그런데 막상 북한은 미국의 핵무기를 전혀 염두에 두거나 두려워하지 않았고, 남한군을 파죽지세로 밀어붙였다. 서둘러 투입한 미군 부대가 예상과는 달리 재래식 전쟁에서 북한에게 계속 참패를 당하자 미군 상층부는 매우 당황했다고 한다.

미군이 만든 최초의 원자폭탄, 팻맨.

오늘날 일부 사람들이 흔히 빠지기 쉬운 함정 중의 하나가, 적보다 우수한 무기를 가지고 있으면 무조건 이긴다는 생각인데, 전쟁의 승패를 결정짓는 요인은 무기 하나만이 아니다.

이 밖에 미국은 6·25 발발 직전, 동아시아 국가들을 소련과 중국 등 공산주의 국가들로부터 보호한다는 군사적 방어선인 '애치슨 라인'을 선포한 바 있는데, 놀랍게도 이 애치슨 라인에서 한국을 제외시켰다.

그 이유는 확실치 않지만, 자국의 군사력을 지나치게 과신하고 중국이나 북한을 깔보았기 때문이라고 추측된다.

특히나 일본을 굴복시킨 이후로 미국 고위층에서는 동양인을 멸시하는 분위기가 팽배했고, 애치슨 라인에서 한국을 빼도 중국이나 북한 따위는 감히 미국에게 덤비지 못한다는 예상을 하고 있었다. 그리고 한국을 일본보다 상대적으로 낮게 평가했던 경향도 한몫했다. 일본은 최우선 방어거점이고, 한국은 그 다음이라는 식이었다.

하지만 한국을 애치슨 라인에서 제외시킨 미국의 태도를 본 북한과 중국은 자신들이 남한을 침략해도 미국이 남한을 돕거나 전쟁에 참가하지 않으리라는 판단을 하고 만다. 물론 잘못된 판단이었으나, 미국이 한국을 애치슨 라인에서 빼 버린 일은 명백한 실수였다. 그로 인해서 미국은 김일성과 마오쩌둥이 전쟁을 결심하는 계기를 만들어 주고 말았다.

상당한 강군이었던 중공군

얼마 전 무료 배포 일간지인 〈메트로〉에서는 "6·25 당시, 술에 취한

압록강을 건너오는 중공군의 모습.

중공군 병사가 막대기 수류탄을 들고 국군과 미군 진지로 돌진했다. 이처럼 중공군은 형편없던 당나라 군대였다."라는 식의 기사를 내보낸 바 있었다.

그러나 이는 6·25의 전황을 잘 모르는 터무니없는 착각이다. 오늘날 많은 사람들이 업신여기는 것과는 달리, 6·25에 중공군은 국군과 미군들이 두려워할 만큼 상당한 강군이었다.

약 20년에 걸친 국민당과 공산당 간의 내전을 거치면서 중공군은 정확한 사격술과 적에게 들키지 않고 조용히 접근하는 은폐술, 동료들이 옆에서 죽어 나가도 달아나지 않고 계속 전진하는 높은 군율과 사기까지 갖춘 상태였다.

실제로 나중에 미군들과 싸운 중공군은 미군들이 연이어 퍼부어 대는 포탄의 화망에 아군들이 계속 죽어 나가는데도 불구하고 그대로 전진하는 모습을 보여 미군들을 경악케 할 정도였다.

게다가 6·25 후반으로 가면 미군과 중공군의 대결 양상은 서로 참호를 파고 방어하는 참호전으로 바뀌게 되는데, 《콜디스트 윈터》에 따르면 이때도 중공군은 참호전에 놀라울 정도로 잘 적응해서 미군과 거의 대등하게 싸웠다고 한다. 심지어 저격수를 동원한 저격전에서도 미군을 압도하는 모습을 보이기도 했다.

왜 미국인들은 6·25를
'잊어버린 전쟁'이라고 부를까?

오늘날 미국인들은 베트남전은 잘 기억하면서도, 이상하게 6·25는 잘 알지 못하고 기억하지도 못해, 그들 스스로도 '잊어버린 전쟁'이라고 부른다. 그 이유는 무엇일까?

결론부터 말하자면 그들 스스로 기억하고 싶지 않은 전쟁이기 때문이다. 제2차 세계대전 이후, 미군이 대규모로 참전했다가 왕창 깨지고 끝내 이기지 못했으니 말이다.

대규모로 편성된 미군이 참전했다가 패배한 것은 베트남도 마찬가지이다. 하지만 6·25는 베트남전과 결정적으로 다르다. 베트남전에서는 공중 폭격이나 정글 속 부비 트랩, 게릴라전 때문에 미군이 미처 전력을 발휘하지 못했다고 핑계를 댈 수 있지만, 6·25는 그렇지 않았다. 적인 북한군과 중공군을 직접적으로 맞닥뜨리며 싸웠다가 헤아릴 수 없이 참패하고 깨졌기 때문이다.

더욱이 여러 차례 언급한 대로 밤을 틈탄 중공군의 기습과 은밀한 포위는 미군들을 노이로제에 걸리게 할 만큼, 공포의 대상이었다. 쉽게 말해서 그다지 자랑할 구석이 없는 전쟁이었으니, 기억하고 싶지 않은 것이다.

21
최악의
부패 정부,
이승만
정권

2008년, 이명박 정부가 출범한 이후로 한국 사회의 보수 우경화 현상은 갈수록 심해지고 있다. 겉으로는 민주주의를 외치면서 사실은 민주주의의 근본정신을 부정하고 독재와 권위주의 체제를 찬양하는 보수 세력들의 외침이 점점 커지는 판국이다. 그중 하나가 한국의 초대 대통령인 이승만에 대한 평가이다. 한국의 일부 보수 세력들은 이승만을 위대한 지도자라고 열렬히 찬양하며, 그를 가리켜 미국의 초대 대통령인 조지 워싱턴에 비교하기도 한다.

이승만은 1960년 4·19 혁명으로 전 국민적인 저항을 받아 쫓겨난 대통령이다. 그런 자를 가리켜 무비판적으로 찬양해야 한다는 시각이야말로 크게 잘못된 것이 아닐까?

국민들 앞에서
거짓말을 한 대통령

1950년 6월 25일 새벽 4시, 북한군의 남침으로 6·25가 시작됐다. 이승만은 1950년 6월 27일 새벽 2시에 대전행 특별열차를 타고 각료들과 함께 서울을 떠나 대전으로 도망쳤다. 그리고 1950년 6월 27일 밤 9시, 이승만이 피난을 가 있던 대전방송국에서는 서울중앙방송국으로 이승만의 담화를 그대로 방송하라는 전화를 했다.

> 정부는 대통령 이하 전원이 평상시와 같이 중앙청에서 근무하고 국회도 수도 서울을 사수하기로 결정하였으며, 일선에서도 용감한 국군 장병들이 싸워서 오늘 아침에는 의정부를 탈환하고 물러가는 적들을 추격 중이니, 국민은 군과 정부를 믿고 동요함 없이 생업에 종사하라.

그러나 이 담화는 이승만이 서울을 떠나기 전에 미리 녹음해 둔 것이었다. 그런데 이것을 마치 서울에서 직접 방송하는 것처럼 꾸며서 국민을 속인 것이다. 이승만의 육성 녹음은 밤 10시부터 11시까지 서너 차례 방송되었다.

그리고 나서 육군은 6월 28일 새벽 2시

대한민국 1~3대 대통령 이승만.

무너진 한강 인도교. 한강을 못 건너가 서울에 남아 있던 시민들과 군인들은 북한군에게 잡혀 큰 고초를 겪었다.

30분경, 한강 다리를 폭파해 버렸다. 이는 6·25에서 가장 큰 잘못으로 평가받고 있다. 당시 서울에는 10만 명의 육군 주력부대가 남아서 북한군을 막고 있었으며, 정부의 라디오 방송만 철석같이 믿고 아직 피난가지 못한 시민들도 100만에 달했다.

결국 이승만 정권의 비겁함과 거짓말로 인해 수많은 국민들은 북한군에게 붙잡혀 온갖 고초를 겪었다. 맥아더의 인천상륙작전으로 국군이 서울을 수복하고 정부가 돌아왔지만, 이승만은 북한군의 협박과 강요에 시달리며 강제 노동을 하던 시민들에게 사과는 못할망정 오히려 그들을 부역자로 몰며 처벌했으니 파렴치도 이만저만이 아니었던 것이다.

10만 명이 얼어 죽고 굶어 죽고 병들어 죽은 국민방위군 사건

6·25 내내 이승만 정권의 무능과 부패와 비양심적인 비리는 끊이지 않았다. 그중 너무나 수치스러워서 한국군 사상 최악의 참사임에도

기억 속에서 철저히 잊힌 사건이 있다. 10만 명의 장병들이 적과 싸우기도 전에 수뇌부들의 공금횡령으로 보급을 받지 못한 채, 비참하게 굶어 죽고 얼어 죽고 병들어 죽었던 국민방위군 사건이다.

전쟁이 한창이던 1950년 12월 16일, 임시 수도인 부산의 국회에서는 국민방위군 설치 법안이 통과되었다. 법안의 내용은, 전국의 만 17세 이상 40세 이하의 모든 청장년들을 강제 징집하여 각 지역에 51개의 교육대에 1만 명씩 나누어 훈련시킨 뒤, 부산으로 집결시켰다가 다시 북쪽의 전선으로 올려 보낸다는 것이었다.

이 국민방위군을 총괄할 사령관으로 임명된 인물은 김윤근이었다. 그는 출생 연도조차 확실치 않은데, 1900년대 초반에 태어났을 것으로 추정된다. 김윤근은 일제 치하였던 1928년, 제2회 전국 씨름 대회에서 전 대회의 우승자 이도남을 물리치고 우승한 경력이 있는 씨름꾼이기도 했다. 그 뒤로 일곱 번 정도 우승을 한 후, 일본군에 입대했다고 전해진다.

해방이 된 지 3년 후인 1948년, 그는 우익 성향의 어용 단체인 대한청년단에 들어갔다. 청년단에서 일하는 그는 뜻하지 않은 행운을 얻었는데, 이승만이 청년

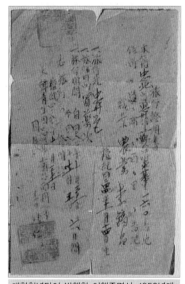

대한청년단이 발행한 여행증명서. 1950년대의 한국은 여행조차 마음대로 할 수 없었다.

단을 방문하던 날, 우렁찬 목소리로 그의 눈에 들게 된 것이었다. 이 일을 계기로 김윤근은 이승만의 총애를 받게 되었다.

고작 목소리가 좋다고 최고 권력자의 눈에 들어 출세를 하게 되었다니, 전제 왕조 시대의 일화 같지만 이승만이란 인물 자체가 민주공화국의 대통령이라기보다는 봉건 왕조의 왕에 더 가까운 성격이어서 충분히 그럴 만했다.

실제로 이승만은 조선의 왕족인 양녕대군의 후손이었고 미국 유학 시절, 이를 미국인들에게 자랑하고 다녔다. 그리고 귀국 후에 정권을 잡게 되자, 그의 추종자들은 "세종의 후손들이 나라를 망쳤으니, 이제 양녕대군의 후손인 대통령 각하께서 이 나라를 일으켜 세울 것이다."라는 얼토당토않은 유언비어를 퍼뜨리며 사람들을 현혹했다. 이런 풍문을 보고도 이승만은 아무런 제지나 단속도 하지 않았다. 오히려 내심 흐뭇한 마음으로 지켜보지 않았을까?

1950년에 발발한 6·25는 김윤근에게 고속 출세의 발판을 마련해 주었다. 전쟁이 터지자 대한청년단은 이승만의 지시에 의해 청년방위대로 증설되었고, 후방에서 치안 유지를 담당하는 역할까지 맡았다. 이로 인해 대한청년단의 간부들은 국민들을 상대로 무소불위의 권력을 마구 휘두르며 잇속을 채워 나갔다.

대한청년단의 일원이었던 김윤근은 이승만의 오른팔인 국방장관 신성모와도 끈끈한 인맥을 맺어 그의 소개로 결혼까지 했으며, 1950년 말에는 대한청년단의 최고 권력자인 단장에 취임했다.

청년단의 단장이 된 그에게 이승만은 더욱 큰 감투를 내려 주었는데, 그것이 바로 새로 창설된 국민방위군의 사령관 자리였다. 방위군 사령관에 임명된 김윤근은 육군 준장의 계급을 받았다. 일제 말기에 일본군 사병 노릇을 잠깐 했다는 것이 군 경력의 전부이며, 당시 엄연히 민간인 신분이었던 김윤근은 이렇게 해서 졸지에 준장이라는 장성 직에 올랐던 것이다.

국민방위군은 자원입대도 가능했지만, 그보다는 강제 징집의 경우가 더 많았고, 징집이 일상적으로 이루어졌다. 영화 〈태극기 휘날리며〉의 도입 부분에 나오는, 두 주인공이 군인들에게 강제로 끌려가는 장면이나, 소설 《태백산맥》의 국민방위군 사건을 떠올려 보면 될 것이다.

하지만 국민방위군은 출발부터 삐걱거리기 시작했다. 병사들에게 군복이나 군화 같은 보급품이 전혀 주어지지 않았다. 12월의 한겨울이라 무척 추운 날씨였음에도 정부는 군복과 군화를 전혀 주지 않았다. 옷과 신발도 지급받지 못한 국민방위군 장병들은 지독한 추위에

국민방위군에 끌려가는 장정들. 그러나 제대로 된 방한복조차 없었던 이들은 끔찍한 지옥을 겪게 된다.

시달려야 했다.

국민방위군 부대에 할당된 예산인 209억 원은 사령관인 김윤근과 부사령관인 윤익헌 등 고위 간부들이 대부분 횡령해, 실제로 장병들에게 돌아간 액수는 얼마 되지도 않았다. 나중에 국회 조사단이 밝힌 자료에 의하면 전체 예산의 4분의 1인 약 55억 원이 횡령되었다고 전해진다.

막대한 양의 예산이 횡령되었으니, 방위군 병사들에게 제대로 식량이 돌아갈 리 없었다. 방위군에 소집된 지 얼마 지나지 않아, 병사들은 한 끼 식사도 못 하고 굶주린 배를 안은 상태에서 여기저기로 정처 없이 끌려 다녀야 했다. 북한군에게 끌려갔다가 탈출해 국민방위군에 자원한 서태원 씨는 "인민군 시절에는 그나마 세 끼 식사라도 꼬박꼬박 지급됐지만, 방위군 시절에는 아무도 먹을 것을 갖다주지 않았다. 그래서 병사들은 자기들이 각자 알아서 끼니를 해결해야 했다. 그렇지 못하면 추위와 굶주림에 지쳐 죽어 갈 수밖에 없었다."라고 회고하기도 했다.

사태가 이 지경까지 이르자, 국민방위군에 징집된 장병들은 소지한 금반지나 각종 패물들을 장교에게 주고 징병을 면제받거나 아예 감시가 느슨한 밤을 틈타 도망가 버리는 일이 비일비재했다. 그럴 재산도 기운도 없는 사람들은 열악한 처우에 대해 불평을 털어놓았다가 빨갱이로 몰려 죽임을 당하기도 했다.

면제받거나 도망치지도 못하고, 해골처럼 인솔자들을 따르며 이리저리 끌려다니던 국민방위군 병사들은 추위와 굶주림에 시달리다 무수히 죽어 나갔다. 이렇게 국민방위군에서 죽어 간 사람들의 수는 저마다 의견이 분분한데, 유영익 교수는 약 9만 명이 죽었다고 추정했다. 그러나 당시 소문으로는 10만에서 20만이나 되는 사람들이 죽었다는 말도 떠돌았다. 어째든 억울하게 많은 사람들이 죽어 간 것만은 분명하다.

그런데 휘하 병사들이 추위와 배고픔, 그리고 이와 전염병 등으로 인해 무수히 죽어 가고 있음에도 방위군의 총사령관인 김윤근과 부사령관인 윤익헌 등은 이런 병사들의 처우 개선을 위한 어떠한 노력도 하지 않았다. 그들은 횡령해 먹은 수십억의 예산액을 어떤 용도로 썼을까? 놀랍게도 부산 시내에서 영업 중이던 기생집들을 돌면서, 밤이면 밤마다 돈을 트럭에 싣고 와서 기생들에게 선심 쓰듯 뿌렸다고 한다.

이런 끔찍한 참상이 탈출한 국민방위군 병사들의 입을 통해 사실로 드러나자, 무능하고 부패한 정권을 성토하는 민심이 끓어올랐다. 야당인 민주당도 이 문제를 국회에 정식 거론하여 이승만 정권이 저지르는 엄청난 비리를 공격했다.

사태가 이 지경까지 이르렀음에도 불구하고 책임자인 김윤근은 1951년 1월 8일 발표한 성명에서 "국민방위군 50만 병사들에게는 먹을 식량과 군수품이 산더미같이 쌓여 있다."라는 얼토당토않은 거짓말을 늘어놓았다. 다음날인 1월 9일, 이승만도 "국민방위군과 청년단 수십만 명을 앞세우고 다 같이 일어나서 (중공군의) 인해전을 인해전으로 막아야 할 것."이라고 거들었다.

다른 때 같았으면 달랐을지 모르지만 국민방위군 병사들이 비참하게 죽어 가는 모습을 본 사람들이 워낙 많았기에 이렇게 진실을 은폐, 축소하려는 권력자들의 사탕발림은 통하지 않았다.

다시 12일 후인 1951년 1월 20일의 기자회견에서 김윤근은 현재까지 한국 보수 세력들이 단골로 써먹는 메뉴를 내놓았다. "국민방위군 100만 명은 정상적으로 훈련을 받고 있으며, 방위군 병사들이 열악한 처우에 놓였다는 이야기는 일부 불순 세력들이 퍼뜨린 낭설이다."라는 식으로 색깔론을 펼친 것이다. 김윤근의 뒤를 봐주던 국방부장관 신성모도 "제5열(스파이)의 책동에 동요하지 마라."라며 그를 응원했다.

하지만 권력층들이 아무리 애를 써도 국민방위군에 징집되었다가 탈출한 병사들의 참상을 목도한 수많은 사람들의 기억까지 조작할 수는 없는 노릇이었다. 갈수록 여론은 악화되었고 방위군 사건의 진상을 밝히라는 시위가 연일 계속되었다. 민주당 의원들도 여당 측의 협박에 굴하지 않고 계속 이 사건의 비리를 다룬 정보들을 수집해 나갔다.

국민 여론과 야당의 공세에 더 이상 진실을 은폐하는 데 한계를 느낀 정권의 수뇌부들은 사건을 덮기 위해 꼼수를 부렸다. 국민방위군 사건을 다룬 재판을 총괄하게 된 신성모는 자신의 심복인 김윤근을 보호하기 위해 자신과 절친한 친구인 국방부 정훈국장 이선근을 재판장에 임명했다. 이선근은 재판을 한 지 불과 3일 만에 서둘러 김윤근에게 무죄, 윤익헌에게 징역 3년 6개월이라는 가벼운 형만을 선고했고 그 외 나머지 간부들은 모두 무죄 처리하여 사건을 축소시키려 했다.

하지만 정말 골치 아프게 된 것은 이 정도로 했으면 적당히 알아서 잠잠해졌어야 할 여론이 더욱 악화되어 도대체 수그러질 기미를 보이지 않고 야당의 공세도 거세지기만 했다는 사실이다. 민중들의 격렬한 분노 앞에서 이승만 정권의 수뇌부들은 무척 난감하기만 했다. 하지만 이대로 흥분한 여론을 방치했다가는 언제 정권을 타도하자는 목소리로 바뀔지 모르는 일이었다.

결국 이승만은 생살을 깎는 아픔을 무릅쓰고 중대한 결단을 내렸다. 자신의 심복인 신성모와 김윤근을 쳐내기로 한 것이었다. 아무리 충실한 부하라고 해도 자신의 권력보다 더 소중할 수는 없는 노릇 아닌가.

이승만의 지시로 신성모는 국방부 장관에서 해임되었고 대신 이승만의 아내인 프란체스카와 절친한 사이였던 박마리아의 남편 이기붕이 국방부 장관에 임명되었다. 이기붕은 이승만의 의향을 간파하고 재판을 다시 열었다. 원래 군사재판은 비공개가 원칙이지만 워낙 여론이 들끓다 보니 정부에서도 재판을 공개 진행으로 처리하였고, 그 바람에 재판을 구경하려는 사람들이 몰려들었다.

1951년 7월 5일, 대구 동인초등학교 강당에서 열린 육군고등군법회의장에서 검찰관인 중령 김태청은 증인인 전 육군참모총장 정일권에게 "엄연한 민간인인 김윤근이 어떻게 하루아침에 준장 자리까지 올랐는가?"라고 물었다. 그에 대한 정일권의 답변은 모두 이승만의 명령에 의해서였다는 것이었다.

사실 따지고 보면 결코 틀린 말이 아니다. 김윤근이 군인이 되어 6·25에서 무수한 전공을 세운 것도 아니고, 그렇다고 재산이 많아 가

총살되는 김윤근 이하 국민방위군 간부들.

난한 국고에 거액을 헌납한 것도 아닌 상황에서 그가 국민방위군의 사령관에 임명된 것은 전적으로 이승만의 입김에 의해서였다.

결국 김윤근과 윤익헌 등 국민방위군의 최고 간부 다섯 명은 빗발치는 여론과 그들이 저지른 공금 횡령 등의 비리가 모두 드러나 사형선고를 받았고, 대구 교외의 야산에서 모두 공개 총살형에 처해졌다. 굳이 사형을 공개한 이유는 이승만의 총애를 받던 김윤근이 권력층의 비호로 외국으로 빼돌려질 것이라는 소문이 파다했기 때문이었다.

최고 권력자의 눈에 들어 민간인 신분에서 하루아침에 육군 장성이 되었다가 자신이 저지른 천문학적인 공금횡령으로 인해 처형된 김윤근의 경우는 제1공화국 당시, 한국 사회가 얼마나 원칙을 잃고 무분별하게 운영되었는지를 여실히 보여 주는 증거라 하겠다.

"못 살겠으면 북으로 가라!"라는 말은 언제 생겨났을까?

10만 명의 자기 나라 국민들을 굶겨 죽였다는 사건 하나만으로도 이승만 정권에 대한 국민들의 지지는 바닥에 떨어졌다. 그러나 이승만 정권과 자유당은 여전히 국민들을 우습게 여기고, 부패와 비리에 빠져 있었다.

그러자 야당인 민주당에서는 분노한 국민들의 민심을 파악하여, 1956년 3월 28일, 신익희와 장면을 각각 대통령 후보와 부통령 후보로 지명하고 탑골공원 근처 5층 건물의 민주당 중앙당사의 스피커를 통해서 "못 살겠다, 갈아 보자!"라는 선거 구호를 연일 방송했다.

당시 이승만 정권의 연이은 실정과 최악의 부정부패, 30퍼센트가 넘는 실업률과 빈곤으로 인해 넌더리가 나 있던 국민들에게 "못 살겠다, 갈아 보자!"라는 구호는 그야말로 가뭄 끝에 단비처럼 시원하면서도 흥분되는 것이었다. 민주당이 내건 구호는 순식간에 많은 서민들로부터 열렬한 공감대를 얻었고, 장안의 유행어가 되기도 했다.

그러자 이대로 있다가는 다음 대통령 선거에서 정권을 잃을지도 모른다는 위기감에 사로잡힌 자유당 측은 "갈아 봤자 소용없다. 구관이 명관이다."라는 맞구호를 만들어 퍼뜨렸다.

하지만 "갈아 봤자 소용없다."라는 구호는 그다지 사람들의 호응을 얻지 못했다. 이미 비참하고 암울한 현실에 질려 있던 사람들에게 구관은 곧 탐관오리였고, 그들이 계속 통치하기를 바라는 이는 거의 없

이승만 정권의 부정부패와 실정을 맹렬히 비판하여 강력한 대통령 후보로 올랐으나, 심장마비로 급사한 민주당의 정치인 신익희.

었다. 자유당이 외치는 구호를 듣는 서울 시민들은 오히려 욕을 하면서 거부 반응을 보였다.

모처럼 생각해낸 구호가 별로 소용이 없자, 자유당 측은 고심 끝에 새로운 방법을 내놓았다. 바로 국민들의 뿌리 깊은 반공주의와 대북 공포증을 이용하자는 것이었는데, 그것은 "못 살겠으면 북으로 가라!"라는 구호였다.

같은 해, 4월 26일 이리여고 강당에서 문교부장관 이선근은 전라 북도의 학교 교직원들을 모아 놓고 이렇게 연설했다.

> 대체 뭐가 못 살겠다고 갈아 보자는 거야? 빨갱이들이나 그따위 말을 하는 거야. 이 나라에서 못 살겠다고? 그러면 삼팔선 북쪽으로 가 버리면 돼! 어떤 놈들이 나라의 아버지이신 이승만 대통령 각하한테 건방지게 대드는 거야?

이 글을 읽는 독자들은 "한국에서 살기 싫으면 북으로 가라!"라는 말이 왜 문제가 되는 건지 모르겠다는 생각이 들기도 할 것이다. 그러나 지금이야 한국에서 살기 싫으면 캐나다나 미국, 호주, 유럽 같은 다른 나라로 마음대로 이민을 떠날 수 있지만 1980년대까지 한국인들에게 "이 나라에서 살기 싫으면 북으로 가라!"라는 구호는 상당히 공포스러웠다.

1980년대 말인 노태우 정부에서 해외여행 자유화를 추진하기 전까지, 한국인들은 해외여행을 한번 하려고 해도 정부의 허가를 받아야 했고, 가까운 일본이나 최고 우방인 미국에 가려고 해도 그 나라 대사관에서 비자를 발급해 주지 않으면 갈 수 없었다. 1992년 중국과 수교하기 전까지는 중국에도 못 들어갔다. 그리고 웬만큼 잘사는 사람이 아니면 해외여행을 갈 경비 마련하기도 어려웠다.

이러니 사실상 한국은 세계와 고립된 섬이나 다름없었고, 일반인들이 외국을 마음대로 나갔다 오기도 어려웠다. 그러니 일반인들이 쉽게 갈 수 있는 곳은 바로 붙어 있는 북한뿐인데 거기는 적국이었다. 따라서 못 살겠으면 북으로 가라는 말은 한국이 아니면 아무 데도 살 곳이 없으니, 불평하지 말라는 뜻이었다.

군대 내에 팽배해 있던 비리와 부패

1950년대 당시, 한국 사회는 거의 모든 곳에 부정과 부패가 팽배했지만, 그중에서 가장 심한 곳은 군대였다. 빨치산 출신이었지만 전향해서 반공 인사가 된 이영식은 한국 군대를 체험하고 나서 다음과 같이 소감을 털어놓았다.

나는 나중에 국군 졸병 생활을 했는데, 국군 훈련소에 들어가 보니까 말이죠, 정말 한심한 생각이 듭디다. 세상에 이런 군대를 가지고 어떻게 전쟁을 했나 싶어요. 매일 졸병이나 두들겨 패고 밥 같은 것 같다 주면 중간에서 다 떼어먹고 말이지. (장비를) 훔쳐가 놓고 잃어버린 사병한테는 잃어버렸다고 두들겨 패서 돈 대면 도로 갖다 주고, 참기가 막힙디다. 국군 생활에서 (허구한 날) 두들겨 패는 데 질렸어요. 인민군은 그런 게 없었어요. 두들겨 팼다가는 당장 그날로 가지요.

- 이영식, 《강동정치학원과 지리산 유격대》 중에서

1957년 8월 16일, 육군 소령으로 전역한 리영희와 그 밖의 여러 사람들의 증언도 비슷하다.

후방 부산의 장교들의 사치, 향락, 타락, 부패는 일선 근무를 오래하고 내려온 나의 눈에 불이 나게 하였다. 전방 전투지에서 죽음에 들어가는 100명의 보충병을 보면서 나라를 위해 죽으러 가는 자와 도피하여 향락하는 자에 대해 격분했던 감정이 후방에서는 일상적 감정이 되어 버렸다.

- 리영희, 《분단을 넘어서》 중에서

병역 부정도 만만치 않았다. 1955년, 서울 지구 대학 졸업자 제1차 소집에서 영장이 발부된 수는 1209건이었는데, 응소자는 163명이었고, 그중 입대한 사람은 112명으로 입대률은 10퍼센트도 되지 않았다. 1951년에서 1956년 말까지 유학간 3769명 중에서 입대한 자는 1957년 2월까지 단 한 명도 없었다.

- 서중석, 《조봉암과 1950년대(상)》 중에서

1950년대 한국 군대에서 유행했던 돈벌이 사업(?) 중 하나가 산의 나무를 베어서 파는 일이었는데, 이걸 군인들은 '후생사업'이라는 점잖은 말로 불렀다. 하지만 너무나 많은 군부대가 산의 나무들을 닥치는 대로 베어 팔다 보니, 1950년대 한국의 삼림은 황폐해질 대로 황폐해졌다. 이런 식의 후생사업에 열광한 나머지, 송충이라는 별명을 얻은 군 장성도 있었다.

– 백선엽,《군과 나》중에서

전쟁 직후에 고급 장교들이 고철 수집과 벌목 등 후생사업을 통해 치부하고, 각 부대의 간부들이 사병들의 몫을 횡령, 착복함으로써 훈련소 같은 곳에서는 훈련병의 사망률이 높아 원성의 대상이 되었는데도 군내 부정은 심해져서 1955년도는 군내 부정의 대표적인 해로 일컬어지게 됨으로써 뜻 있는 소장파 장교들의 불만은 점점 커져 갔다.

– 한용원,《군부의 제도적 성장과 정치적 행동주의》중에서

군 장성들은 사병들의 부식비를 떼어 치부하였고, 미군 원조물자로 들어오는 목재를 써서 아방궁 같은 개인 저택을 짓는 데 바빴고, 시야를 확보한다는 이유로 벌목된 목재를 팔아 아내의 보석을 사주는 데 여념이 없었다.

– 김경재,《혁명과 우상: 김형욱 회고록》중에서

그러나 유념해야 할 점은 군인들이 공금을 횡령하는 등의 부정부패를 저지르는 이유는 그들의 인성 문제도 있겠지만, 근본적으로는 국가에서 지급하는 월급이 너무나 적어서 월급만으로는 도저히 먹고 살기가 어려웠기 때문이었다.

참모총장으로 부임했던 백선엽은 이승만에게 이런 제안을 한 일이 있었다.

"각하, 현재 군인의 봉급이 너무나 적습니다. 본인은 겨우 먹고살 정도이나 가족을 부양하기에는 턱없이 부족한 실정입니다. 이 때문에 장교나 하사관이 병사들의 먹을 것을 빼앗아 간다거나 부대 차량을 후생사업에 빼돌리는 불미한 사건들이 빚어지고 있습니다. 선처가 있으시기를 바랍니다."

그러나 이승만의 반응은 완강했다.

"그래, 군인이 돈맛을 알면 어떡하나. 군인이 돈을 사랑하면 나라가 망해. 군인은 자원봉사하고 서비스하는 거야."

백선엽은 "나는 그 후로 다시는 이 문제를 거론할 용기를 되찾지 못했다."라고 쓰고 있다.

군인들의 월급이나 처우에 대한 대통령의 생각이 저러니, 나라나 정부에서 상이군인들에 대해서 좋은 대우를 해 줄 리가 없었다. 6·25에서 다친 상이군인들은 사실상 먹고살 길이 없어 거지나 다름없었다.

이런 상황에서 상이군인들이 할 수 있는 일이라고는 진짜 거지가 되어 거리로 나가 구걸을 하거나, 집단으로 몰려다니면서 시민들을 상대로 싸구려 상품을 강매하는 것밖에 없었다.

6·25 직후의 상이군인들이 파는 물건들은 쓸모없는 것들이 많았다. 그러니 상이군인들은 돈을 벌려고 해도 뜻대로 안 되었고, 물건 강매를 강요받은 시민들로부터도 외면을 받게 되었다.

그러자 상이군인들은 자신들을 가난과 궁핍 속에 내버려 두고 외면하는 정부에 대해 깊은 불만을 품게 되었다. 나중에 발생하는 5·16 쿠데타도 이러한 사회 분위기의 연장선상에 있었다.

1950년대를 살았던 사람들은 그 시대를 어떻게 보았을까?

이승만 정부 시절의 무수한 부정부패 사례들을 거론하면, 일부에서는 "그 시절을 살아 보지 않으면서 그 시대에 대해서 평가하지 말라!"라고 하면서 말을 막는다.

그러나 그런 식의 논리라면 전 세계의 모든 역사학자들은 직업을 그만둬야 할 것이다. 그 시대에 살아 보지 않은 사람들이 어떻게 그 시대에 대해서 알 수 있겠는가?

또 정작 1950년대 이승만 정부 시기를 살던 사람들이 과연 지금의 보수 세력들처럼 그 시절을 "자유민주주의가 넘쳐나는 행복하고 번영한 시절"이라고 생각할까?

1961년 5·16 쿠데타를 일으켜 집권한 박정희는 1962년 〈우리 민족의 나아갈 길〉이란 글을 발표해서 이승만 정권에 대해 이렇게 평가했다.

이승만의 자유당이야말로 자신들의 이익만 챙기던 정당이었으며, 세계 역사에서 그 예를 찾아볼 수 없을 만큼 불법과 부정을 꾸미고 이를 국민들에게 강요했다.

대한민국의 국민 기본법은 종이 위에 적어 놓은 글자에 불과했으며, 자유당은 국민의 권리와 자유를 짓밟기 일쑤였다. 이승만 자유당 독재 정권은 12년 동안 농촌에 전기도 제대로 보내지 못하면서 사치스러운 소비 경제에 빠져, 농촌을 메말라 병들게 했다. 자유당 독재 12년 동안, 농촌의 경제는 파탄하고 관기는 문란해졌으며, 부정 축재자들은 더욱 썩어 빠져 갔다. 해방 16년에 남한에서는 이승만 노인의 패거리인 자유당이 날뛰어 겨레의 장래는 갈수록 어두워져만 갔다.

이것이 바로 같은 보수반공정권이었던 박정희의 평가다. 이승만 정권 시절은 이미 4·19를 통해 역사적 평가가 끝난 상황이라고 할 수 있다. 정권의 부정부패와 독재로 인해 모든 국민이 고통에 빠져 있던 그 시절은 다시는 돌아가지 말아야 할 아픈 우리 역사의 흔적이다.

22

한국인의 암 발생률이 높아지는 원인

현대 의학은 나날이 발전하고 있다. 그런데 그와 비례해서 암의 발병률도 계속 높아지고 있다. 불과 30~40년 전만 해도 우리나라에서 암은 매우 희귀한 병이었지만, 지금은 한국인의 사망률 1위를 차지할 정도로 흔한 질병이 되어 버렸다. 그 원인은 무엇일까?

각국에서 자행된 핵실험,
엄청난 방사능이 유출되다

나가사키에 투하된 원자폭탄이 폭발하면서 발생한 버섯구름. 그런데 우습게도 미군 수뇌부는 처음 원폭이 투하되었을 당시, 일본인들이 방사능에 피폭되어 사망했다는 언론사들의 취재 결과를 부인했다.

신체에 암을 일으키는 원인 중 가장 대표적인 것은 방사능 축적과 자외선 과다 노출이다. 이 두 가지는 현대 문명의 진보와 더불어 계속 상승해 왔다. 그중에서 특히 엄청난 방사능을 유출시키는 핵실험이 한몫하고 있다.

최초의 원자폭탄이 쓰인 히로시마를 시작으로 핵무기 보유국들은 핵폭탄 실험을 끊임없이 벌이고 있다. 물론 그럴 때마다 각국 정부들은 "핵실험에서 유출된 방사능은 얼마 후면 자연 속에서 분해되어 사라지고 인체에 큰 피해를 주지 않는다."라고 변명한다.

하지만 1990년 미국국립암협회가 발표한 보고서에 따르면 암에 걸린 미국인 환자 약 10만 명이 미국에서 벌어진 핵실험에서 발생한 방사능에 피폭되어 병에 걸렸다고 한다.

공정성을 기해 말하자면 핵실험은 미국만 하지 않았다. 영국과 프랑스, 소련과 중국 등 핵무기를 가진 나라들은 모두 핵실험을 했다.

1966년 12월 28일, 중국 정부는 고비 사막에서 핵폭탄의 위력을 실험했는데, 이 실험에 참가한 군인들과 인근 지역에 살던 주민들 중약 19만 명이 각종 암과 백혈병에 걸려 죽어 갔다. 특히 임산부들이유산을 하거나 기형아를 낳는 경우가 속출했다. 더욱이 이때 발생한방사능은 미국 서해안까지 날아갔다. 당연히 미국보다 가까운 한국과일본에도 중국의 핵실험에서 유출된 방사능이 퍼졌다. 정확한 통계가잡히지는 않았지만, 방사능 노출로 인해 수많은 사람들이 암과 백혈병에 걸렸음은 두말할 나위가 없다.

또한 영국은 호주의 사막에서 핵실험을 했으며, 프랑스 역시 자국의 영토인 남태평양의 무루로아 환초 지역에서 그린피스 같은 환경단체들의 반발에도 불구하고 핵실험을 강행했다. 소련은 카자흐스탄의 도시 세미팔라틴스크 인근 지역에서 자주 핵실험을 했는데, 그 결과 지금도 세미팔라틴스크에는 방사능 유출로 인해 백혈병과 암 환자가 발생하는 일과 기형아가 태어나는 일이 많다고 한다. 2011년경기도 파주 DMZ영화제 개막작인 영국 영화 〈재앙의 묵시록〉은 바로 소련 시절에 있었던 핵실험 때문에 고통을 받고 있는 세미팔라틴스크 주민들의 실상을 다루었다.

핵폭탄이 아닌, 방사능이 포함된 무기를 사용할 경우에도 똑같이방사능에 피폭되어 백혈병과 심장병에 걸릴 수 있다. 2003년, 이라크전에서 미군이 사용한 열화우라늄탄도 방사능이 포함된 무기였다. 이열화우라늄탄은 20만 명이 넘는 이라크 군인과 민간인들에게 끔찍한피해를 입혔으며, 심지어 그 무기를 사용했던 미군 본인들마저 전역후 미국으로 돌아와서 심장병과 백혈병에 걸려 비참하게 죽어 가거나 병원 신세를 져야 했다. 그럼에도 불구하고 미군 당국은 이러한 사실들을 모두 부인한 채, 열화우라늄탄은 인체에 전혀 해롭지 않다는 설득력 없는 주장만 되풀이할 뿐이었다.

이 밖에 미국은 핵무기를 운반하던 도중, 실수로 추락시켜 뜻하지 않게 방사능 유출 사고를 일으키기도 했다. 1966년 1월 17일, 네 기의 핵폭탄을 탑재한 채로 스페인을 비행 중이던 B-52 폭격기가 기계 고장으로 추락한 것이다. 이 중 두 기의 핵폭탄은 미군에 의해 회수되었으나, 남은 두 기는 지상과 충돌하여 폭발해 버렸다.

또한 스페인에서의 사고가 있은 지 2년 후인 1968년 1월, 미군이 그린란드에 설치한 툴레 기지에서 B-52 폭격기가 핵폭탄 네 기를 싣고 비행을 하다가 실수로 세 기가 폭발해 버렸고, 남은 한 기는 그린란드 인근 바다에 추락하여 아직까지 그 행방을 찾지 못하고 있다.

미군의 폭격기가 핵폭탄을 싣고 하늘을 날아다니고 있는 모습을 본 사람이라면, 행여나 실수로 핵폭탄이 떨어지지 않기를 간절히 바라야 할 것이다.

그린란드의 주민들. 이곳에 미군이 실수로 원자폭탄을 떨어뜨리는 바람에 방사능 피폭이 일어났고, 그 때문에 주민들 사이에 미군에 대한 반미 감정이 존재한다고 한다.

인공위성 사고로
방사능이 대기권에 유출

그나마 핵실험은 해당 지역이 아니면 비교적 위험성이 덜하다고 할 수 있다. 하지만 지구 대기 전체에 노출되는 방사능과 플루토늄은 더욱 위험하다.

현재 많은 인공위성이나 우주왕복선에 쓰이는 연료들은 플루토늄을 비롯한 방사능 물질이 들어가는데, 그중 포함되는 플루토늄-238은 핵폭탄의 제조 원료로 쓰이는 플루토늄-239보다 무려 100배나 높은 방사능이 함유되어 있다. 이 플루토늄의 해독성이 사라지려면 무려 2만 년이 지나야 한다고 한다.

1964년에는 미국에서 쏘아올린 인공위성이 추락하면서 연료로 싣고 있던 플루토늄-238이 외부로 유출된 일이 있었다. 캘리포니아 대학교의 고프먼 교수는 이때의 플루토늄 유출로 인하여, 미국에서 암 발생 확률이 늘어날지도 모른다고 우려를 표명했다.

이런 문제는 아직도 여전하다. 2011년 12월, 궤도 진입에 실패해 추락한 러시아 위성인 포보스-그룬트에는 인체에 유해한 방사성 물질인 코발트-57이 엔진 가동용으로 실려 있었다. 미국의 국토 보안부는 만약 러시아 위성이 추락할 경우, 대기 중에 막대한 양의 방사능이 누출되어 큰 피해가 일어날 것이라고 경고했다. 이에 대해 러시아 정부는 방사능의 유출량이 적어서 문제가 없다고 밝혔으나, 0이 아닌 이상 절대적으로 안전한 방사능 수치는 없다.

발암물질인 라듐이 들어간
비누와 틀니, 담배

지금 여러분들에게 누군가가 인체에 위험한 라듐이 들어간 비누나 틀니를 사용하라고 하면 펄쩍 뛰면서 화를 낼 것이다. 그러나 1942년부터 1980년대 중반까지 미국을 포함한 세계 각국에서는 인공 치아인 틀니에 형광 물질로 우라늄을 사용했다. 또한 인체에 유해한 방사성 물질인 라듐이 들어간 생수와 비누, 치약도 버젓이 생산되어 판매되었다.

라듐이 들어간 비누나 틀니, 치약이 생산되었던 이유는 알고 보면 이랬다. 1980년대 초반까지 미국의 원자력 발전소들은 원자력 가동 과정에서 발생하는 라듐을 처리하기 위해서, 비누와 틀니, 치약을 제조하는 회사들에게 라듐이 들어간 제품이 건강에 좋다는 엉터리 정보를 제공했다. 그 말을 그대로 믿은 생활용품 제조 회사들은 원자력 발전소에서 버려지는 라듐을 가져다가 비누, 틀니, 치약에 함유시키고 소비자들에게 버젓이 판매했다.

라듐이 들어간 항문 좌약. 실제로 판매되었던 제품이다. 저런 걸 항문에 발랐다가 나중에 끔찍한 고통을 당했던 사람들이 떠올라 섬뜩하다.

하지만 시간이 지나면서 방사능과 라듐의 위험성이 대중들에게 알려지기 시작했다. 특히 일본에서는 라듐이 포함된 비누를 사용하다가 방사능 피폭으로 얼굴이 끔찍하게 망가진 여성 모델의 사진이 공개되면서 사회적으로 엄청난 충격과 파장이 일어났다. 이 밖에 히로시마와 나가사키에 투하된 핵폭탄으로 인해 일본인들이 백혈병과 각종 암으로 끔찍한 고통을 받고 있다는 사실이 알려지자, 전 세계적으로 라듐과 방사능에 대한 경각심이 일어났다.

그리하여 1980년대 중엽, 라듐과 우라늄이 포함된 비누, 치약, 틀니 등의 상품들은 전 세계에서 제조와 판매가 중단되었다.

하지만 안심하기에는 이르다. 병원에서 환자들의 신체와 병을 살필 때 사용되는 CT촬영기에도 방사능이 사용된다. 이 CT 촬영을 한 번 할 때마다, 평균적으로 약 1000밀리렘이 넘는 방사능이 인체에 피폭된다. CT 촬영을 많이 받은 사람들이 공항 검색대를 통과할 때면 경고음이 울리기도 하는데, 이는 신체에 쌓인 방사능의 양이 높아졌기 때문이다. 당연히 건강에도 악영향을 끼친다.

지금이야 라듐 상품을 사용할 리가 없고, CT 촬영도 몸이 아프지 않으면 받을 필요도 없다고 생각하며 안심할 사람이 있을지 모른다. 하지만 그렇다고 우리가 암의 위험에서 완전히 자유로워질 수는 없다. 우리나라 성인 사망 원인 1위가 암이고, 그 암을 유발하는 가장 큰 원인 중의 하나는 바로 흡연이다. 한국의 성인 흡연율은 평균적으로 터키와 불가리아 등에 이어 세계 3위에 오를 정도로 매우 높다.

흡연이 암을 일으킨다는 것이야 이미 상식이 된 지 오래이나, 사실로 밝혀지기까지 꽤 오랜 시간이 걸렸다. 놀랍게도 1980년대까지 미국에서는 흡연이 암을 일으키지 않는다는 보고서나 연구 결과들도 계속 발표되고 있었다.

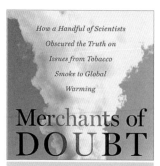

미국의 군산복합체와 대기업과 결탁한 사이비 과학자들을 폭로한 책, 《의문의 상인들》.

캘리포니아 대학교의 나오미 오레스케스 교수는 2010년에 출간한 《의문의 상인들Merchants of Doubt》이란 저서에서 대기업과 결탁하여 수십 년 동안이나 진실을 은폐했던 사이비 과학자들을 신랄하게 비판했다. 그녀의 주장에 따르면 프레드 싱어와 프리드릭 사이츠 같은 보수 성향의 과학자들은 필립 모리스 등의 미국 담배 회사들로부터 거액의 연구비를 받고, 그 대가로 흡연은 암이나 다른 질병을 일으키지 않는다는 허위 보고서를 발표했다는 것이다. 1960년대부터 1980년대까지 미국의 담배회사들은 자기 회사들의 돈벌이와 이익을 보호하기 위해 무려 1억 7000만 달러나 되는 거액으로 사이비 과학자들을 동원하여 "흡연은 암을 일으키지 않는다."라는 거짓말 투성이 연구 보고서와 논문 및 서적을 발표했다.

더욱 충격적인 사실은 담배 회사와 그들의 연구를 도왔던 과학자들 스스로가 1960년대에 흡연이 폐암 같은 질병을 일으킨다는 사실을 알았으면서도, 돈벌이를 위해서 일부러 침묵했다는 것이다.

이렇게 대기업으로부터 거액의 연구비를 받고, 그들의 입맛에 맞는 거짓 보고서를 발표하는 일들은 이미 세계에서 공공연한 비밀이 된 지 오래이다. 따라서 우리들은 신문이나 뉴스에서 어느 식품이 건강에 좋고, 병을 일으키지 않는다는 말을 하는 소위 전문가나 과학자들을 보게 되면, 그들이 대기업으로부터 돈을 받고 거짓말을 한 것이 아닌가 하는 의심을 한 번쯤 품어 보아야 한다.

체르노빌과 후쿠시마, 원자력 발전소 폭발 사고

단기간 내에 가장 많은 사람들에게 암을 일으키게 하는 원인은 바로 원자력 발전소가 폭발하면서 방사능이 공중으로 유출되는 사고이다.

전 세계적으로 가장 유명한 원자력 발전소 사고인 체르노빌이 그 대표적인 예이다. 1986년 4월 26일, 원자로의 과열로 인해 체르노빌의 핵발전소 4호기가 폭발하면서 세계 환경 오염사에 악명 높은 사고가 발생했다. 무려 50톤에 달하는 엄청난 양의 방사능이 유출되면서 인근 지역에 살던 주민들과 사고의 뒷수습을 하러 왔던 군인들 중 무려 4만 4000명이 피부암과 백혈병에 걸려 사망했다.

체르노빌 발전소 폭발 사고로 유출된 방사능은 우크라이나 일대에만 국한되지 않았다. 방사능은 바람을 타고 동유럽 각국은 물론 영국과 프랑스, 독일, 이탈리아 같은 서유럽 국가들과 심지어는 아이슬란드와 일본까지 퍼져 나갔다. 이 때문에 독일과 이탈리아, 프랑스 정부는 국민들에게 방사능 축적 함유량이 높은 식물과 육류, 유제품 등을 절대 먹지 말라는 권고를 내리기까지 했다.

한 가지 눈여겨 볼 점은 체르노빌 사고를 기점으로 한국에서도 백혈

체르노빌 사고가 일어났던 원자력 발전소의 사진. 아직도 폭파 당시의 흔적이 그대로 남아 있다.

병과 심장병 환자들이 급증했다는 점이다. 일설에 의하면 체르노빌 사고에서 유출된 방사능이 한반도 상공에까지 퍼졌으며, 체르노빌에서 방사능에 오염된 우유로 만들어진 분유가 한국에 수입되어 많은 산모와 아이들이 병에 걸렸다고 한다.

원자력 발전소 사고의 위험성은 오늘날에도 사라지지 않았다. 2011년 3월, 일본 동북부 후쿠시마에서 일어난 원전 사고는 아직까지도 완전히 수습되지 않았다.

사고의 가장 큰 책임자인 도쿄 전력과 일본 정부는 후쿠시마 문제를 가급적 축소하고 은폐하는 데 여념이 없다. 사고 초반기에 그렇게 집중적으로 보도했던 한국 언론도 일본에서 보도자료를 제공하지 않자, 매우 잠잠하다. 독자적으로 취재할 능력이 없는 언론의 서글픈 현실이다.

그러나 언론에서 보도하지 않는다고 해서 문제가 해결된 것은 아니다. 2011년 9월 12일, 일본의 문부 과학성에서는 79킬로미터 떨어진 곳에서도 뼈에 치명적인 위험을 끼치는 방사성 물질인 스트론튬이 발견되었다고 공식적으로 발표했다. 9월 30일, 일본 〈마이니치 신문〉 기사에 의하면 후쿠시마 현 내의 비교적 오염이 적은 곳에서도 1평방

미터당 6만~10만 베크렐이 측정되었다고 한다. 참고로 체르노빌 사태 당시 유출된 방사능양은 평균 3만 7000베크렐이었다. 체르노빌보다 두 배나 더 높은 수치인 것이다.

또한 2011년 9월 22일 〈요미우리 신문〉은 일본 이와테 현의 젖소 고기에서 기준치인 500베크렐보다 높은 1킬로그램당 541베크렐의 세슘이 검출됐다고 보도했다. 후쿠시마 방사능의 영향 때문이다.

러시아의 방사능 연구가인 유리 반다체프스키 교수에 의하면 아주 적은 양의 세슘이라도 인체에 계속 축적될 경우, 뼈와 심장에 치명적인 질환이 발생할 수 있다고 한다. 양이 적다고 해서 안심할 수 있는 게 아니란 뜻이다.

원전에서 유출된 방사능 문제가 나오면 "자연에서도 항상 방사능이 나오고 있는데, 그렇다면 원전에서 방사능이 유출된다고 해도 괜찮지 않느냐?"라고 태연하게 말할 사람이 분명히 있을 것이다.

그러나 사이타마 대학의 이치카와 사다오 교수의 주장에 의하면 자연 상태에서 존재하는 방사능과 사람이 원자력 발전소에서 인공적으로 만든 방사능은 확연히 다르다고 한다. 자연 상태의 방사선은 인체에 농축되거나 축적되지 않지만 인공 방사선은 농축과 축적이 가능해서 사람의 몸에 쌓여 각종 질병과 유전자 결함을 유발한다는 것이다. 참으로 무서운 일이다.

자연 상태에서도 방사능이 나오니, 원자력 발전소에서 방사능이 유출되어도 신경 쓰지 말라는 주장은 원자력에 관계된 기업가들이 자신들이 하고 있는 원전 사업의 위험성을 일반 대중들이 알고 원자력에 반대할까 봐 지어낸 거짓 근거에 불과하다.

발암물질이 들어간
음식들

하지만 위에서 열거한 방사능 관련 원인들 이외에도 더 많은 암 발생 요인들이 우리 주위에 퍼져 있다. 바로 우리가 매일 먹고 있는 음식들에 암을 일으키는 성분들이 잔뜩 포함되어 있다면 믿겠는가?

소시지나 햄에는 붉은 색을 내는 착색제인 질산나트륨이 포함된다. 그런데 이것이 인체에 들어가면 암을 유발하는 물질인 니트로소아민을 생성한다. 이러한 가공육을 많이 먹게 되면 암 발생률이 급격히 올라간다는 사실은 많은 사람들이 알고 있을 것이다.

또한 술안주나 간식거리로 즐겨먹는 감자튀김이나 감자칩도 위험하기는 마찬가지다. 감자를 고온으로 가열할 때, 아크릴아마이드acrylamide라는 화학물질이 생성되는데 이것이 인체에 들어가게 되면 심장병이나 암을 유발시킨다. 미국의 빌 클린턴 대통령은 가난한 어린 시절을 보내 감자튀김 같은 싸구려 음식인 패스트푸드를 즐겨 먹었는데, 그런 식습관 때문에 심장병에 걸려 바이패스 수술을 받아야 했다.

고기를 즉석에서 구워 먹는 것을 좋아하는 우리나라 사람들이 조심해야 할 사실이 하나 더 있다. 고기를 구울 때, 숯불에 육즙이 떨어지게 되면 발암물질인 헤테로사이클릭 아민heterocyclic amines이 생성된다. 최근 한국인들의 사망 원인 중 암이 1위를 차지한 것도 이런 식습관과 긴밀한 관계가 있을 것이다.

물론 고기를 많이 먹는다고 해서 무조건 암 발생률이 높아지는 것은 아니다. 일본의 오키나와는 세계적인 장수촌인데, 이 지역 사람들은 한국인에 못지않을 만큼 돼지고기를 즐겨 먹는다. 단, 굽거나 튀기지 않고 오랫동안 삶거나 쪄서 먹기에 암 발생률이 매우 낮다. 그러니 고기를 먹으려면 가급적 삶거나, 굽더라도 석쇠가 아닌 호일을 깐 프라이팬에서 굽는 것이 몸에 좋다.

정리하자면, 현대 문명의 발달에 따라 암을 일으키는 방사능과 자외선 및 기타 물질들이 공기나 식탁을 통해 대량으로 유출되고, 암 발생률을 높이는 잘못된 식습관으로 인해 우리들이 그만큼 더 많이 암에 걸리게 된 것이다.

23

일본의
독도
영유권 주장,
그 속셈은
무엇인가?

국사 교과서에서는 잘 다루어지지 않지만, 한국 현대사에서 빼놓을 수 없는 주제 중 하나가 바로 독도 영유권 문제이다.

특히나 독도를 자기들의 고유 영토라고 주장하는 일본의 행태는 최근의 일이 아니다. 6·25가 한창인 1951년에도 한국이 북한과의 전쟁에 바빠 독도 관리에 소홀한 틈을 타서 아사히 TV 기자들이 독도에 무단 상륙하여 독도의 풍경을 사진으로 찍어 가는 일까지 벌였을 정도였다.

그리고 한국과 일본 두 나라가 정식으로 외교 관계를 맺은 1965년 이후에도 일본의 독도 영유권 주장은 그로부터 47년이 지난 지금까지도 끊이지 않고 반복되어, 두 나라의 사이를 좀처럼 가깝게 좁힐 수 없게 만들고 있다.

일본은 왜 독도를 자신들의 땅이라고 주장하고 있으며, 우리는 그들의 주장에 대해 어떻게 대처해야 할까?

일본이 독도 영유권을
주장하는 근거는?

일본이 독도를 자신들의 영토라고 우기는 결정적인 근거가 바로 1951년 5월 8일에 체결된 샌프란시스코 평화조약이다. 조약에서 "일본은 한국의 독립을 승인하고 제주도, 거문도, 울릉도를 포함한 한국에 대한 모든 권리, 권원權原, 그리고 청구권을 포기한다."라는 구절이 있는데, 이 중 독도가 포함되어 있지 않다는 이유로 일본은 연합국 측이 독도를 일본 영토로 인정했다는 근거가 아니냐고 내세우고 있다.

또한 1951년 8월 10일, 미국의 국무성 극동담당 차관보인 딘 러스크가 한국 정부에 보낸 '러스크 서한'에서 "독도 혹은 다케시마나 리

'우리 땅' 독도의 전경.

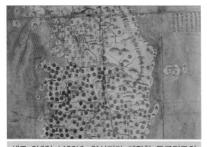
세조 9년인 1463년, 양성지가 제작한 동국지도의 동쪽 끝, 울릉도 옆에 독도의 모습이 그려져 있다.

앙쿠르 암으로 알려진 이 섬은 1905년부터 일본 시마네현의 관할하에 있다."라고 명시된 내용을 근거로 일본은 독도가 러일전쟁 이후부터 자신들의 영토가 되었고, 한국은 이에 대해 어떠한 권리도 없다고 주장한다.

그러나 샌프란시스코 평화조약에서 제주도와 거문도와 울릉도만 포함되어 독도가 한국 영토가 아니라고 한다면, 강화도나 거제도 역시 한국 영토가 아니라고 보아야 하는가? 다분히 억지스러운 주장이다.

그리고 일본인이지만 일본의 막무가내식 독도 영유권 주장에 염증을 느껴 한국으로 귀화하여 한국의 독도 영유권 확립에 도움을 주고 있는 호사카 유지 교수에 의하면, 러스크 서한 역시 많은 문제점을 지니고 있어 결코 맹신할 수 없다고 한다.

호사카 유지 교수는 러스크 서한이 미국의 일방적인 의견이며, 다른 나라나 국제기구로부터 공인을 받지 않았다고 말한다. 그리고 일본을 상대로 싸워 이긴 영국이나 중국, 소련 같은 다른 연합국 국가들은 독도 문제에 대해 합의를 하거나 인정하지 않았기 때문에 결코 러스크 서한은 국제법적인 효력이 있다고 볼 수 없다는 것이다.

또한 미국 정부는 러스크 서한을 비밀리에, 그것도 한국 정부에만 보냈으며 한국 정부는 러스크 서한의 내용을 받아들이지도 않았다.

실제로 1953년 7월 22일 작성된 미국 국무부 문서인 버매스터 각서에는 "독도에 대한 미국의 의견은 일본 정부에 정식으로 전해지지 않았다. 만일 독도 문제로 한국과 일본이 충돌을 빚는다면 미국은 참여하지 말아야 하며, 어느 나라가 중재를 요청해도 거절해야 한다."라고 기록되어 있다.

즉, 일본이 주장하는 독도 영유권 근거는 이미 그 적합성을 모두 상실한 셈이다.

독도 영유권 해결은 국제사법재판소에서?

독도 영유권 문제가 불거지면 꼭 나오는 소리가 있다. 일본이 독도 문제를 국제사법재판소에 심의해서 다루자고 하면, 한국에서는 어김없이 국제사법재판소에서 독도 문제를 다룰 경우, 우리한테 불리하니 그냥 가만히 있자는 식이다.

그러나 호사카 유지 교수의 주장에 의하면 그런 인식도 매우 잘못되었다고 한다. 우선 1965년에 체결된 한일조약에서 독도의 영유권을 국제사법재판소에 가져가 판결하자는 제안 자체가 거부되었으며, 두 나라 간의 합의에 의해서만 결정하기로 했다는 것이다.

더구나 1965년 6월 22일자 〈아사히 신문〉에는 이 한일조약이 체결됨에 따라 사실상 일본 정부가 독도 영유권 문제를 포기한 것이나 다름없다는 비판적인 사설까지 실렸다.

이명박 대통령이 기습적으로 독도를 방문한 2012년 8월에 와서는 일본 정부가 그동안의 방침을 바꾸어 한국에 국제사법재판소로 독도 문제를 가져가자고 요구하고 있다. 그러나 일본 측은 정작 자신들이 현재 지배하고 있으면서 중국이나 대만과 영유권 분쟁을 벌이고 있는 댜오위다오(센카쿠 열도)에 대해서는 국제사법재판소로 가져가려는 움직임이 전혀 없다. 자신들의 땅이라고 주장하고 있는데, 무엇하러 국제사법재판소로 가져가겠는가?

일본이 독도를 노리는 이유는?

1965년 한일 수교 이전까지 일본은 매년 '한국이 독도를 불법으로 점거하고 있다'는 내용의 항의를 보냈으나 한일 기본 조약 체결 이후 몇 년간은 항의서를 보내지 않았다.

그러다가 1970년대 이후 야당의 공세에 밀려, 특히 1970년대 후반부터 200해리 영해 시대가 시작돼 독도의 경제적 가치가 커지면서 다시 영유권 주장을 강화하고 나선 것이다. 1977년 일본의 후쿠다 다케오 총리는 "일본의 고유 영토인 다케시마(독도)를 한국이 불법 점거하고 있다."라는 망언을 공식적으로 했으며, 1984년 아베 신타로 외상도 그와 같은 영유권 망언을 한 바 있다.

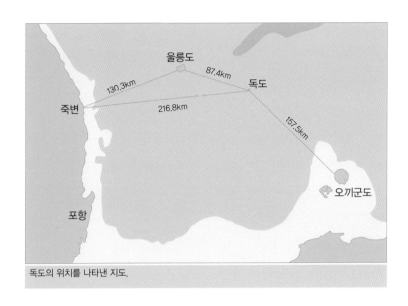

독도의 위치를 나타낸 지도.

　여기서 한 가지 주목해야 할 부분이 있다. 1970년대 일본 정계의 집권 여당이던 자민당에 독도 문제로 공세를 가한 일본의 야당은 민주당이다. 독도 문제에 관한 자민당이나 민주당이나 아무런 차이가 없음이 드러난 것이다. 실제로 2008년 집권한 민주당의 하토야마 총리도 "다케시마(독도)는 엄연한 일본의 고유 영토."라는 발언을 했다. 아시아 외교를 중시하는 민주당이 집권하면 독도를 비롯한 한국과 일본의 갈등이 해결되리라고 믿었던 일부 한국인들이 참으로 잘못된 오해를 하고 있었던 셈이다.

　작은 바위섬인 독도에 무슨 자원이 있겠느냐고 의문을 제기할 사람이 있을지도 모른다. 그러나 2008년에 SBS TV를 비롯한 국내 언론사들에 의해 밝혀진 사실에 의하면 독도의 주변 해저에는 하이드레이트^{Hydrate}라 불리는 기화된 메탄수소가 약 6억 톤 가량이 매장되어 있다고 한다. 이 하이드레이트는 석유나 천연가스와는 달리, 환경오염을 일으키지 않고 연비성도 뛰어나서 미래형 에너지원으로 각광받고 있다.

더구나 하이드레이트는 차가운 바닷속에 묻혀 있을 경우, 이산화탄소를 생성하고 플랑크톤에게 먹이를 제공하여, 플랑크톤을 먹으러 오는 물고기들을 늘려 결과적으로 보다 많은 어족 자원을 확보할 수 있다.

지금 세계 각국에서는 하이드레이트 발굴 사업이 한창 진행 중인데, 그중 가장 앞선 나라가 일본이다. 일본은 자국의 연해에서 하이드레이트의 발굴에 열을 쏟고 있는데, 이미 많은 양을 확보했음에도 불구하고 독도 인근 해저에 매장된 하이드레이트마저 차지하려는 계획을 세우고 독도 영유권을 끈질기게 주장하고 있는 것이다.

그런데 독도가 아닌 일본 연해에도 많은 하이드레이트가 매장되어 있는데, 뭐하러 독도를 일본이 탐내겠느냐는 식으로 생각할 사람들이 있을지 모른다. 하지만 그런 식의 논리라면 지금도 넓은 영토를 가진 중국은 왜 카자흐스탄이나 키르키스스탄 및 인도 같은 주변국들과 영토 분쟁까지 벌이면서 기존의 국토를 넓히는데 열심인 것일까? 세계에서 가장 넓은 영토를 가진 러시아는 왜 미국, 캐나다와 마찰을 빚으면서까지 북극권 선점에 나섰을까? 영토든 에너지 자원이든 미래를 대비해 조금이라도 더 많이 선점하려는 모습은 강대국들에게 당연한 일이다. 오히려 그런 사업을 게을리하는 한국 쪽이 더 이상하다.

이 밖에 독도는 동해의 한가운데에 위치해 있어 이 섬을 손에 넣게 되면 북한, 남한, 러시아, 일본 등 4개 나라를 한꺼번에 연결할 수 있는 해상 교통로를 장악하게 된다. 아울러 독도 주변을 콘크리트로 매립하고 미사일 기지나 해군, 공군 기지를 설치한다면 군사적으로 큰 이익을 얻을 수 있다.

일본은 독도에 관심이 없다?

독도 얘기가 나오면 꼭 따라붙는 코멘트가 있다. "일본은 독도에 전혀 관심이 없고 일본인들은 독도가 뭔지도 모른다. 그러니 한국이 가만히 있으면 독도는 저절로 한국 땅이 되니, 너무 흥분하면 안 된다."

하지만 이런 식의 안이한 현실 인식이야말로 위험하다. 많은 전문가들은 한국 측이 취하고 있는 "독도는 한국 땅인 것이 확실하니, 일본의 태도에 흥분하지 말고 가만히 있으면 된다."라는 식의 정책이야말로 위험천만하다고 지적한다. 전 세계에서 독도를 한국 영토로 표기하고 있는 지역은 한국이 유일하며, 많은 나라들은 일본의 입장에 동조해 독도를 다케시마나 리앙쿠르 암초라고 부르고 있다.

이런 현실에서 일본이 로비와 외교력을 동원해 다른 나라들을 상대로 여론 조성에 나서게 되면, 세계인들은 '한국이 일본의 영토인 다케시마를 불법 점거하고 있다.'는 인식을 심어 주게 된다는 것이다. 만에 하나, 일본이 유엔 상임 이사국에 진출이라도 하게 된다면 그때는 일본의 외교력이 더욱 강화되어 한국으로서는 꼼짝없이 덤터기를 쓸 수 있다.

또한 일본인들이 독도에 관심이 없다거나 잘 모른다는 생각도 사실과 다르다. 유명한 영화 배우 기타노 다케시만 해도 "일본 땅인 다케시마를 빼앗은 한국의 드라마를 보아선 안 된다."라고 공식 회견장에서 말했고, 여배우 나카네 카스미는 한국을 가리켜 "(다케시마를 점거하고 있는) 파렴치하고 뻔뻔한 나라."라는 극단적인 발언까지 한 바 있다.

민간인들만이 아닌 일본 정부의 입장도 한결같다. 2008년 12월, 일본 외무성은 "다케시마(독도)는 역사적으로 일본의 고유한 영토이다."라는 메시지를 담은 전단지를 대량 인쇄하여 일본에 주재하는 각 외국의 대사관들에 전달했다. 또한 일본 외무성의 홈페이지에는 '다케시마(독도)는 엄연한 일본 고유의 영토인데, 한국이 불법 점거하고 있다.'는 내용이 영어와 중국어 및 아랍어 등 세계 각국의 언어로 번역되어 게재되어 있는데, 그중에는 한국어도 있어 눈길을 끈다. 한국인들을 대상으로도 독도가 일본의 영토라는 점을 강조하려는 조치로 보인다.

일본 정부가 외국을 상대로 한 독도 로비가 얼마나 집요한지를 알려 주는 적나라한 예가 하나 있다. 한국의 인터넷 언론인 〈오마이뉴스〉가 2009년 6월 11일, 보도한 기사에 의하면 일본은 유럽의 작은 나라인 리투아니아에까지 독도가 일본 영토임을 주장하는 홍보 자료를 꾸

준히 보내고 있다고 한다. 일본 정부가 뭐하러 저런 짓을 할까? 돈이 남아도니 심심해서?

호사카 유지 교수도 이러한 안이한 식의 독도 인식을 자신의 저서인《대한민국 독도: 일본 논리의 종언》에서 비판하고 있다. 일본은 정부가 직접 나서서 기회가 있을 때마다 전 세계 각국의 정부에 독도가 일본 영토라고 알리는 홍보를 계속해 오고 있다는 것이다. 수시로 한국을 모욕하는 망언을 즐겨 하는 일본 〈산케이 신문〉의 파견원 구로다 가쓰히로도 평화방송과의 인터뷰에서 그런 말을 했다. 과연 일본 정부가 아무런 생각없이 독도 홍보 작업을 할까?

더구나 2011년부터 일본 정부는 초등학생들을 대상으로 한 교과서에도 독도가 자국의 고유 영토라는 구절을 넣기로 결정하였다. 이런 교과서로 공부한 일본 아이들이 장차 한국을 어떻게 생각할까? 일본 땅인 독도를 수십 년째 불법 점거하고 있는 뻔뻔하고 파렴치한 도둑 국가라고 악감정을 가지게 될 것이다.

독도 무력 강점까지
고려하고 있는 일본

단순히 일본이 말만으로 독도 영유권을 주장한다면 그냥 무시해 버릴 수도 있다. 그러나 독도를 둘러싸고 지금 일본이 벌이고 있는 행동을 본다면 우리로서는 결코 속 편하게 그들의 태도를 바라만 볼 수 없다.

2011년 8월 3일, 〈아시아경제신문〉이 보도한 기사에 의하면 일본은 방위백서에서 교토부 마이즈루항에 주둔한 해상자위대 제3호위대군이 다케시마(독도)를 관할한다고 명시했다고 한다.

즉, 이것은 일본이 독도가 자국 기관인 해상자위대가 관할하는 지역임을 공표한 것이며, 만에 하나 유사시에 언제든지 독도에 해상자위대를 보내 관여하겠다는 뜻을 밝힌 것이다.

이런 일본의 태도가 갑작스러운 것일까? 그렇지는 않다. 일본은 이미 2005년 이후 방위백서에서부터 독도가 일본의 고유 영토라고 기술했다. 심지어 2008년에는 해상 자위대를 동원해 독도를 탈환한다는 가상훈련까지 한 바 있다.

국내 최고의 군사 소설가로 호평을 받고 있는 김경진과 윤민혁 작가는 2008년 발간한 소설 《독도왜란》을 통해 일본이 무력 충돌을 빌미로 독도를 점령하려는 시도를 할지 모른다고 경고한 바 있다.

《독도왜란》은 일본의 극우 민간 단체가 독도에 불법 상륙해서 독

독도를 지키고 있는 독도경비대. 그러나 일본은 자위대를 동원해 독도를 탈환한다는 가상훈련까지 마친 상태이다. 독도를 둘러싸고 일본과의 충돌이 벌어질 경우에 대비하여 해군력과 공군력의 증강도 절실하다. ⓒ독도경비대

도 경비대와 충돌을 일으키면, 일본 정부가 그들을 구출한다는 핑계를 대고 일본 해상 자위대와 공중 자위대를 보내 독도를 공격해서 점거한다는 내용을 담고 있다.

물론 소설 속에서 일어난 일이지만, 일본 정부가 방위백서에 독도를 자국의 관할 구역으로 지정한 점이나, 실제로 2004년 일본의 극우 단체들이 독도에 상륙을 시도하려고 한 사실들로 미루어 볼 때, 결코 소설이라고 가볍게 무시할 수는 없다. 정말로 저런 일이 벌어지지 않는다고 누가 장담할까? 이러다가 소설 《독도왜란》이 현실화되는 건 아닌지 우려된다.

독도에 대한
우리의 대비책은?

일본이 이렇게 무력을 동원한다는 방침까지 세워 놓고 있는 와중임에도 우리의 대응책은 매우 미비한 실정이다.

호사카 유지 교수가 한탄한 것처럼 독도가 한국 영토라는 주장을 입증할 근거는 매우 많다. 그런데도 독도 영유권 문제에 대해서 한국 정부는 뒷짐을 지고 방관하는 입장을 견지하고 있는 관계로, 시민 단체들이 나서서 하고 있는 형편이다.

더욱이 일본의 해군력과 공군력에 비하면 한국의 해군과 공군은 매우 취약하기 그지없다. 한 예로 일본의 이지스함은 현재 여섯 척인

데 반해, 한국은 이제 겨우 한 척이 취임했을 뿐이다. 이러니 만에 하나 독도를 놓고 국지전이나 분쟁이라도 일어날 경우, 한국은 해군력에서 도저히 일본의 상대가 되지 못한다. 군사 전문가들 사이에서 한국과 일본이 해전을 벌일 경우, 한국 해군은 세 시간 안에 일본 해군에게 전멸당한다는 소리가 괜히 나오는 것이 아니다.

한국 정부는 우리가 독도를 실효 지배하고 있으니, 가만히 있으면 된다는 조용한 외교를 강조하고 있다. 그러나 자신의 소유물에 대한 명확한 근거를 주장하지 않고, 묵비권만 행사하다가는 타인과의 소송이나 분쟁에 휩쓸리기 마련이다. 한 개인의 집이나 토지에 대해서도 남과의 분쟁에서 유리한 근거를 차지하기 위해 집문서와 땅문서를 구비하는데, 영토 문제에 대해서 너무나 속 편한 입장만 보이고 있지는 않은지 생각해 봐야 할 것이다.

또한 독도에 기후를 예측하는 관측소나 민간인들의 출입에 도움이 되는 항구 시설을 설치하려 해도, 독도가 자국 영토이니 하지 말라는 일본 측의 억지 요구도 나날이 거세어지는 요즘의 현실을 보면, 앞으로 30년 후에도 독도가 과연 한국 영토로 남아 있을지 걱정이 된다.

그렇다면 우리는 어떤 대비책을 세워야 할까? 매번 나왔던 결론이지만 독도에 대한 한국의 영유권 근거를 뒷받침할 자료들을 모으는 한편, 독도를 둘러싼 일본과의 분쟁에 대비하기 위해서 육군에만 지나치게 치우친 현재의 군 제도를 개혁하여 해군과 공군에도 힘을 쏟는 방안이 절실하다고 본다.

특히나 공군력의 개선이 절실하다. 2011년 리비아 혁명 당시 보았듯이, 카다피는 강력한 육군을 거느렸지만, 미국과 영국, 프랑스가 투입한 우수한 공군력에서 밀려 제공권을 빼앗기는 바람에 오합지졸인 시민군에게 질질 끌려 다니다가 끝내 비참한 최후를 맞이하고 말았다. 1991년의 걸프전에서도 볼 수 있듯이 현대전의 핵심은 바로 공군이다. 현재 한국군은 지나치게 육군에만 치중하고 있는데, 앞으로 북한이나 일본과의 분쟁에 대비해서라도 공군력을 더 증강할 필요가 있다.

강덕상, 김동수 · 박수철 옮김, 《학살의 기억, 관동대지진》, 역사비평사

강준만, 《미국사 산책 10: 베트남전쟁과 워터게이트》, 인물과사상사

강준만, 《한국 현대사 산책 1950년대편》, 인물과사상사

강준만, 《한국 현대사 산책 1960년대편》, 인물과사상사

강항, 이을호 옮김, 《간양록》, 서해문집

권쾌현, 《아주 특별한 베트남 이야기》, 연합뉴스

김경진 · 윤민혁, 《독도왜란》, 들녘

김규현, 《티베트 역사 산책》, 정신세계사

김대중, 《다시, 새로운 시작을 위하여》, 김영사

김부식, 《삼국사기》, 을유문화사

김용만, 《새로 쓰는 연개소문전》, 바다출판사

김위현, 《요금사 연구》, 유풍출판사

김정위, 《중동사》, 미래엔

김희영, 《이야기 일본사》, 청아출판사

김희영, 《이야기 중국사》, 청아출판사

남경태, 《상식 밖의 한국사》, 새길

동북아역사재단, 《구당서 외국전 역주》, 동북아역사재단

동북아역사재단, 《신당서 외국전 역주》, 동북아역사재단

동북아역사재단 엮음, 《주서 수서 외국전 역주》, 동북아역사재단

데이비드 매리어트 · 칼 라크우와, 김승완 · 황미영 옮김, 《왜 중국은 세계의 패권을 쥘 수 없는가》,
평사리

데이비드 사우스웰, 안소연 옮김, 《세계를 속인 200가지 비밀과 거짓말》, 이마고

데이비드 핼버스탬, 정윤미·이은진 옮김, 《콜디스트 윈터》, 살림출판사

도현신, 《옛사람에게 전쟁을 묻다》, 타임스퀘어

도현신, 《임진왜란, 잘못 알려진 상식 깨부수기》, 역사넷

라츠네프스키, 김호동 옮김, 《칭기스칸》, 지식산업사

르네 그루세, 김호동·유원수·정재훈 옮김, 《유라시아 유목제국사》, 사계절

마이클 매클리어, 유경찬 옮김, 《베트남 10000일의 전쟁》, 을유문화사

사마천, 임동석 옮김, 《사기》, 동서문화사

백선엽, 《군과 나》, 시대정신

백지원, 《왕을 참하라》, 진명출판사

사에키 신이치, 김병두 옮김, 《무사도는 없다》, 리빙북스

서병국, 《고구려 제국사》, 혜안

손주영·송경근, 《이집트 역사 100장면》, 가람기획

스티븐 턴불, 남정우 옮김, 《사무라이》, 플래닛미디어

신태수 편저, 《위구르와 중국 이슬람》, 종려나무

아드리안 골즈워디, 강유리 옮김, 《로마전쟁영웅사》, 말글빛냄

안나 레이드, 윤철희 옮김, 《샤먼의 코트》, 미다스북스

안쩐, 정근희 옮김, 《천추흥망: 명나라 대항해의 선구자》, 따뜻한손

야스카와 주노스케, 이향철 옮김, 《후쿠자와 유키치의 아시아 침략사상을 묻는다》, 역사비평사

에드워드 기번, 윤수인·김희용 옮김, 《로마제국 쇠망사》, 민음사

에릭 힐딩거, 채만식 옮김, 《초원의 전사들》, 일조각

오노 야스마로, 강용자 옮김, 《고사기》, 지만지

오카다 히데히로, 이진복 옮김, 《세계사의 탄생》, 황금가지

오항녕, 《조선의 힘》, 역사비평사

오홍엽, 《중국 신장: 위구르족과 한족의 갈등》, 친디루스

유인선, 《새로 쓴 베트남의 역사》, 이산

유향 엮음, 임동석 옮김, 《전국책》, 동서문화사

윤명수, 《금사》, 완안출판사

이긍익, 한국고전번역원, 《연려실기술》

이도학, 《백제 장군 흑치상지 평전》, 주류성

이승한, 《고려 무인 이야기》, 푸른역사

이원복 글·그림, 《가로세로 세계사 1: 발칸반도, 강인한 민족들의 땅》, 김영사

일연, 김원중 옮김, 《삼국유사》, 을유문화사

잭 웨더포드, 정영목 옮김, 《칭기스칸, 잠든 유럽을 깨우다》, 사계절

전용신 엮음, 《일본서기》 일지사

제임스 더글러스, 송설희·엄자현 옮김, 《케네디와 말할 수 없는 진실》, 말글빛냄

조너선 닐, 정병선 옮김, 《미국의 베트남 전쟁: 미국은 어떻게 베트남에서 패배했는가》, 책갈피

조나단 와츠, 윤태경 옮김, 《중국 없는 세계》, 랜덤하우스코리아

조성린, 《조선 행정이 서양 행정보다 앞섰다》, 동서문화사

조정래, 《태백산맥》, 해냄

존 줄리오스 노리치, 남경태 옮김, 《비잔티움 연대기》, 바다출판사

증선지 엮음, 임동석 옮김, 《십팔사략》, 동서문화사

진재운, 《백두산에 묻힌 발해를 찾아서》, 산지니

최병욱, 《동남아시아사》, 미래엔

쿤가 삼텐 데와창, 홍성녕 옮김, 《티벳 전사》, 그물코

토머스 레어드, 황정연 옮김, 《티베트 이야기: 달라이 라마가 들려주는》, 웅진지식하우스

폴 인그램, 홍성녕 옮김, 《티베트 말하지 못한 진실》, 알마

한명기, 《광해군》, 역사비평사

호사카 유지, 《대한민국 독도》, 세종대 독도종합연구소 , 책문

호사카 유지, 《우리역사 독도》, 책문

후민·마쉐창, 이원길 옮김, 《중국을 말한다 13: 집권과 분열》, 신원문화사

────────, 오찬욱 옮김, 《헤이케 이야기》, 문학과지성사

────────, 한국고전번역원, 《고려사》

────────, 한국고전번역원, 《고려사절요》

────────, 한국고전번역원, 《고려사 지리지》

────────, 한국고전번역원, 《국역 조선왕조실록》